M.L.スタックハウス

公共神学と経済

深井智朗［監訳］

Max L. Stackhouse

PUBLIC THEOLOGY AND POLITICAL ECONOMY

聖学院大学出版会

First published in the United States
by University Press of America, Lanham, Maryland U.S.A.

目次

日本語版のための新しい序文――日本の読者へ

私はこの書物が、私の信頼する若き神学者深井智朗氏と彼の協力者によって翻訳されることに大変感謝しています。そして私は、私がかつて出版した書物が日本において興味を持っていただけたということを大変光栄に思っております。私は二〇〇〇年九月に聖学院の大木英夫理事長にご招待いただき、聖学院大学総合研究所と聖学院大学大学院での講義やシンポジウムに加わることができました。この滞在期間中、古屋安雄教授や飯坂良明学長にあたたかく迎えていただきましたし、翻訳者に直接お会いすることができなかったのは残念ですが、美しい日本の国土を見ることができ、さらには国際基督教大学に滞在させていただき、さまざまな交流をすることができました。私にとって最初の日本滞在は大変思い出深い経験となりました。それはかつての教師を通して、またアメリカやヨーロッパに留学した何人かの学生から、またいくらかの読書から、そして私の二人の子供たちから（そのひとりは東京で弁護士としての実習をした国際弁護士なのですが）与えられ、知っていただけの日本文化についての私の理解を大きく拡大することになりました。

二〇〇〇年から二〇〇一年へと暦が移り行く中で書いているこの「日本語版への序文」において、私は日本の読者に対して、この書物を書く際に影響を受けた二つのコンテクストについて説明しておきたいと思います。ひとつはこのような議論を展開するようになった私自身の必然性についての説明であり、もうひとつは「公共神学《パブリック・セオロジー》」と

「経済」という本書のタイトルにおける二つの鍵になる概念についての説明です。まずは私の知的巡礼の中でのこの書物の位置ですが、それについては私がジェームズ・ルーサー・アダムズ、パウル・ティリッヒ、そしてロバート・ベラーのもとで書き上げた、社会的福音（とりわけワルター・ラウシェンブッシュ）とキリスト教現実主義（ラインホールド・ニーバーによって確立されたもの）との比較研究である私の博士論文にまで遡って説明を開始しなければなりません。私はその論文を書き終えた後、社会システムの道徳的な構造を内的に規定する一連の諸原則や義務、目的と期待、価値や美徳の形成や維持において何が重要であるのか、という問題と取り組むことが極めて重要なことだと考えるようになりました。冷戦構造の只中で、わたしはこの課題と取り組むために現代社会における三つの課題の必要性（もちろんそれは既に他の仕方で論じられていることではありましたが）ということを考えました。ひとつは国民的なアイデンティティを生み出す政治的＝軍事的機構、もうひとつは近代化の動向の核心である、文化多元主義を生み出す都市的＝産業的な会社《コーポレーション》、そして三つ目はネクロポリス化し、メトロポリス化し、さらにはコスモポリス化することによって、実際にはその主権が相対化してしまっている国家を超えた国際関係からの影響の増大ということです。

それで私は結果的に以下のように三部作となった、著作計画を考えたのでした。それが『ネクロポリスの倫理――軍事的・産業的複合体と公正な平和の探求』（一九七一年）、『倫理と都市エートス――現代の社会理論と神学的再構築』（一九七三年）、そして『信条、社会、そして人権――三つの文化における研究』（一九八四年）でした。そして私はこれらの三部作を書く中で、当時マルクス主義の理論の中ではある役割を果たしていた第二、第三と呼ばれていた世界の役割や意味に気付かされたのでした。それは、私の恩師たちの影響もあって、当時キリスト教社会民主主義者としての自覚を持っていた私を魅了したのでした。私は夏の休暇や研究学期を使って、東欧、南アジア、東南アジアを訪ねました。そして（一時的には）中央アメリカを訪ねましたが、その中で私は一方で旧ソ連邦の公式のレーニン主義的なドグマを語り、他方で植民地支配からの解放や解放後に誕生した国々の政治や経済制度の将来的な再構築についても語るいわゆるリベラルな神学における不思議な結びつきに気がついたのでした。その試みは前者については神学的に見て、後者については社会理論として、どちらも共に限界のある、創意に欠けるものであるように私には思えました。ですから私は経済分析と、神学における新しい可能性の研究へと向かうことになったのでした。

　私にはその中で、政治学においても経済学においても、近代化と世俗化とを同一視するような理論を展開することは誤りであるということが分かってきました。近代化がもっとも急速に進んだ国々がもっとも世俗化するのではない、ということからもそのような見方は誤りでありました。元来宗教的であった諸国は、彼らの宗教的な再構築によって、国家自体を新しくしようとしたのでした。事実、歴史的に見れば、キリスト教のいくつかの教派は、法の普遍的な支配に基づいた立憲制、少数者の権利の承認、市民社会を支え、展開して行くことになる自由な自発的結社や、団体、会社《コーポレーション》、政党、クラブ、弁護士制度などによる政治的な権威の制約というようなエートスの形成に重要な根源的な力を与えたのでした。もちろんこれらのものを生み出した宗教的なグループは、このような諸機構と同一視されるべきものではなく、元来宗教的、霊的なものであったことは確かなことでありますが、他方でこれらのグループは、われわれが今日公共神学《パブリック・セオロジー》と呼ぶようになった現代のキリスト教思想の形成者であったことも確かなことなのです。

　改革派のキリスト教が、古代ギリシアのデモクラシーから外的形態においても、内的な道徳においても区別され、またフランス革命的なヒューマニスティックなデモクラシーからも区別され、さらにその国の人々の中で神聖視されるような人気者を選び出す原始的な人民政治からも区別される現代の立憲デモクラシーを発展させた歴史的エートスを形成したことを明らかにする研究は今日では多く見出すことができます。確かに立憲デモクラシーの形成はこれらの諸国においても歴史的に見て単にキリスト教的なエートスにだけ帰すことができないものですが、キリスト教的なエートスなしに他の諸要素が意味を持つことがあり得たのかどうかは、なお開かれた問いであると思います。しかしさらに重要なことは、実際には、これらの諸国において、このようなエートスを持ったキリスト者は少数であったことを思い起さねばなりません。彼らは全ての者は、神の形に造られたという神学的な洞察を以ってこの公共の価値を形成することになったのです。みな神によって造られたというところに、また全ての者は罪人であるということに、そしてそれ故にひとつの普遍的な神の道徳法のもとに生きねばならないということに、そして神の前に自分の行動の説明責任性（accountability）を果たさねばならないということに、そしてそれ故に人間は救済を必要としているということの上に、自由の可能性が基礎付けられているのです。

またごく少数ですが、人間の経済的な生活のエートスと宗教や信仰との結びつきについての研究を展開した学者がおります。ドイツの著名な社会学者マックス・ヴェーバーは、彼の有名な『プロテスタンティズムの倫理と資本主義の精神』の中で、現代の経済的な生活の背後にある宗教的に先鋭化されたエートスを確認したのでした。というのは、彼はマルクス主義や自由主義的な経済学が想定したように、現代の産業社会の背後に物質主義があると考えることは間違いだと考えたからでした。しかしヴェーバーは神学者ではありませんので、彼の分析は社会的＝歴史的な動向と人間の倫理的な側面へと集約されていました。現代の、そしてますます世界的に拡大して行く経済システムの神学的な理解に必要なことは、ヴェーバーがなしたような考察と平行して、立憲的政治的デモクラシーを超えて行く力を生み出すエートスについての研究なのです。そのような認識が私の研究の視野を拡大して行きました。そのように考えるようになった頃のことでしたが、私は一九八五年、アメリカ合衆国教会協議会の「スチュワードシップ」についての研究部門で、キリスト教倫理、デモクラシー、そして経済的な変革についての一連の講演を行なったのでした。それらの諸講演が本書となったのでした。

この書物では多くの主題の取り扱いが暗示的、啓発的、あるいは断片的であると思います。しかしだからといってそれが体系的なものを避けているということでも、また議論の歴史的な背景についての研究が欠落しているということでもありません。確かにこの分野についての神学的な省察についての起源やその発展については十分に触れられておりませんし、現代経済学がいかに倫理的な問題を取り扱っているのかということについても十分な考察をしておりません。進展し続けているグローバリゼーションの衝撃についてもこの研究では十分には検討されておりません。ですから私が本書において最終的な形で提示した研究は、本書で主題として取り上げた問題について、将来さらにそれを広げて取り扱うための準備であったと言うことができるかもしれません。私は、一方では、人権の問題や、ますますグローバルな視野が必要となる経済の問題について、さらに改訂と補足を将来なすべきだと考えております。他方で、本書で扱いましたこれらの問題についての今日的な状況、あるいは私のさらなる見解についてご理解いただくために助けとなるであろういくつかの論文を書いておりますので、それをここでご紹介することができます。それは以下のような書物に収録されております。すなわち、デニス・マッカンとの共編著『道徳的ビジネス——倫理と経済生活についての古典的、現代的知恵』（一九九五年）、ピーター・バーガー、シェリー・ロールズ、ディヴィッド・クルーガー、トーマス・デールとの共著で、四巻本として出版された『キリスト教倫理と経済生活についてのアビングドン連続講演』（一九九六〜一九九八年）、二〇〇〇年にインドで出版されたJ・モーハン・ラズとの共著『グローバリゼーションについての対話』、また二〇〇〇年に中国で出版されたベオ・リミンとの共著『近代化の価値をめぐっての対話』、さらにこれらの問題を発展させるために準備されたシリーズで、二〇〇〇年と二〇〇一年に出版され、さらに出版が計画されている『神とグローバリゼーション』シリーズです。

　これらの本書の後になされた研究の中で、またさまざまな調査研究によって、本書で私が言おうとしていたことが、さらに改良されたり、また明確に語られていると考えていますが、他方で読者は私が根本的なところで受け身になっていると感じるかもしれません。私は決して本書で展開したような主要な見解を、既に放棄してしまったということではありません。それにもかかわらず、そこにはひとつの新しい立場を見出すことができると思います。それは経済的生活についての考察を「経済《ポリティカル・エコノミー》」として取り扱うことが、次第に減って行くようになったということです。そのことは今日経済的な生活に影響力を持っていた国家の境界線が崩壊し、個々の政府によるコントロールがどんどん希薄になっている現実と関係があります。もはや経済それ自体が国家によるコントロールを望んでいないのです。たとえ国家がそのことを望んだとしても、いかに生きるか、また判断するか、また交渉して行くか、ということは、もはやその次元で考えることはできなくなっているのであり、この問題は準国家的な力や原理（地方公共団体や企業）、また超国家的な力や原理（国際通貨基金や世界銀行、WTO等）との関係の中で、力や原理や権威、そして支配について考えることによってなされねばならないことなのです。ですからたとえ私がそれらの考察のために聖書的な言語を用いているとしても、それがわれわれ共通の運命であるグローバル化を阻止しようとするような意図をもっているわけではないのです。これらのグローバルな機構の独自な、経済的な活動は、複雑な神経組織に巣食う結節腫《ガングリオン》のように、ほとんどすべての国において、政治的機構と経済的な機構との関係を切断してしまっているのです。もちろん経済と政治との関係は続いておりますし、経済は政治を必要とし、政治も経済を必要としています。すなわち政府の政治的な決定には、経済的な判断や企業の力が影響力をもっているのであり、その結果政府は企業の悪名高き溜まり場となっているのです。しかしテクノロジーやメディアによる、高度な、そして敏速な情報の伝達が、国境を越えた経済活動を可能にし、もはや単純な「経済《ポリティカル・エコノミー》」という枠組みでの分析は意味をもたなくなりつつあり、グローバルなエートスによる分析が必要とされてきているのです。問題は、われわれがこのような新しい現実と、深くそして広範囲にわたって十分に取り組みえるような、また同時に正義と憐れみという課題をも担えるような道徳的枠組みを持ち得るかどうか、ということでありましょう。私は思うのですが、それは社会的な成熟と道徳的に研ぎ澄まされた神学的な視野を必要とする課題だと思います。

私がこの序文の中で、経済的な生活と政治経済の概念という問題に続いてさらに申し上げたいことは、私が本書の中でしばしば用いている「公共神学《パブリック・セオロジー》」という用語についてです。これもまた本書で試みたことの中では重要な概念となっています。「公共神学《パブリック・セオロジー》」という言葉は、アメリカ宗教史の専門家マーティン・マーティー教授によって書かれた、ラインホールド・ニーバーの思想について分析した研究論文の中で最初に用いられたものです。その後この概念は、聖書的洞察、哲学的分析、そして歴史的な洞察、そして社会的な形成とを相互に結びつける神学的な省察の方法としてさらに深められ、広められてきました。この概念は公共的な生についての解釈の視点を与え、また道徳や霊的なヴィジョンに根源的な規準を与えるものと考えられてきました。それは神学にとって欠くことのできないものとして要請されてきたのでした。

このような視点の起源は預言者たちに見出すことができますし、またそれはイエスにおいて「語られ教えられてきたこと」、パウロにおいてはあのアクロポリスの丘でなされたことでした。またアウグスティヌスの『神の国』の中に、トマス・アクイナスの正義に関する諸著作の中に、また宗教改革者たちの、創造の秩序や、召命、契約や福音と律法との関係についての教説の中で欠くことのできないものとして考えられてきたものでした。またさらに時代を進めれば、オランダの首相を経験し、また著名な神学者でもあったオランダ改革派のアブラハム・カイパーによって、この視点がより洗練されたものとして展開されたことが思い起こされます。カイパーは「領域主権の神学」を展開し、社会についての多元論的な神学を展開したのでした。その理論はカイパーの友人であり、リベラルなルター派神学者エルンスト・トレルチや、トレルチの同僚マックス・ヴェーバーの考えとかなりの点で重なり合うところがあるものです。二〇世紀の初頭、カイパーは現代社会における「キリスト教社会哲学」からの意味ある、そして重厚な書物を書いたのでした。そのような仕事は、今日ではルイス・ルーゴやジェームズ・スキレンによって受け継がれています。

アメリカのバプテスト派の神学者であったウォルター・ラウシェンブッシュは、彼の時代の発展に大きな影響を与え、またその発展を導くようになった「社会的福音のための神学」を創設しました。「神学」が個人の信仰や特定の信仰の共同体、そして具体的な社会的な状況と関係しているという場合、その神学の最善の姿というのは、事柄のあるべき姿についての既に決定されてしまった理想や不当な要求というようなものではないのです。そうではなく神学の最善の姿というのは公共的な生における道徳的、霊的な構造物を提供するものなのです。この伝統はリベラルな神学とは異なるものです。他方でこの伝統は社会正義への関心を共有し、コンテクストの理論やマルクス主義の分析の使用には反対したのでした。私はこれらは還元主義だと見ていますし、最終的には正義と真理とを破壊することになるでしょう。

「公共神学《パブリック・セオロジー》」という言葉は他の者たちによっても展開されました。カトリックの偉大な神学者ジョン・カートニー・マレーはディヴィット・トレイシーの後継者であり、マーティン・マーティーの同僚であった人です。彼らは社会についての回勅や第二ヴァチカン会議において展開されたローマ・カトリック教会の教説を、近年の国連の立場、人種問題、戦争、人権、さらには今日の多元化した状況等の問題と結び付けようと努力したのでした。トレイシーは、今日公共の道徳や意識の基盤が人間の経験に見出され、またこの経験がより多元化することで宗教的な教説が排除されるようになって、最終的には宗教的なものが意味を持たなくなっているという状況を指摘しておりました。公共について論じる多種多様な様式が、現代の諸経験の意味を認識するために必要とされているのです。

ですからマレーは、公共神学《パブリック・セオロジー》ということで、とりわけグローバリゼーションという視点から議論し、現代のわれわれの生活世界を構成する公共性の多様化について語ったのでした。それらはこれから述べるような一連の諸問題との取り組みによって発見されたのでした。先ず第一に宗教的な公共性の問題は次のような問いとの取り組みによって明らかにされたのでした。すなわち、信仰的な生活を探求し、聖なるものについて考えている人々に対して、何を説教し、教えることができるのか、またそうすべきなのか、すなわち人間が指摘することができる、もっとも包括的で、宗教的な、そして認識可能な現実とは何か、という問いです。もちろんキリスト者はこの問いに答えようとし、その問いを教会的な生へと結び付けてきたのでした。しかし今日私たちは諸宗教との出会いによってその解答が試されているのです。信仰や教会は既に誰も信じていない何かについて語るのでしょうか。

第二は政治的な公共性ということです。その問いはこのようなものです。すなわち、公共的な生活を活性化するような権力の行使の最良のヴィジョンと動機とは何か、という問いです。それは別の言い方をすれば公共神学《パブリック・セオロジー》は単に信仰共同体の事柄としては理解されていないのであり、さまざまな政治的機構や共和制に先立つものとしての「市民社会」について考えることを助けるものでもあるということなのです。公共神学《パブリック・セオロジー》は、政治神学が、政治というものを、必然性や社会的な構築に不可避的に制約されたものだとは考えずに、もっとも包括的な機構であると考えている点で、政治神学からは区別されるものです。宗教や社会、そして文化や大衆は、たとえ政府が政変によって変わったり、破壊されたりしても、なお存在し続けるものです。公共神学《パブリック・セオロジー》は、市民社会の複雑さは政治的な秩序よりもより包括的だという意味では、社会の政治的な理論よりも、政治の社会的な理論と似たものであると思います。

第三にアカデミックな公共性ということです。それは次のような問いを生じさせるものです。すなわち、どのような要請が、真理や正当と呼ばれるのにもっとも相応しいものなのか、という問いです。というのは、真理や正当性についての問いは、社会についての批判的な分析や説得力のある根拠による分析を拒むものなのです。何がそのような分析を拒むのでしょうか。この問いとの取り組みは、公共神学《パブリック・セオロジー》が、哲学や科学、あるいは専門家のためだけのものではなくて、アカデミックな公共性という問題についても貢献し得るものだということを意味しているわけです。

私たちはさらに経済的な公共性についても付け加えねばなりませんし、その上で次のように問うことができるでありましょう。すなわち、今日のグローバル化、多種多様な創造性、複雑でボーダーラインを失った経済システム、また人間性の物質主義的なものへの傾倒の中で、生産や財政、また金融システムのどのような在り方がわれわれにとってもっとも適当なものなのか、という問いです。さらに今日、男性と女性、両親と子供たち、そして義務と責任との関係のような家族生活の問題もまた公共的な関心のひとつなのです。多くの伝統的なガイドラインは既に使い古され、まったく疑わしいもののように思われているのです。ですから、道徳性や人間の相互関係や助け合いというような、われわれがこれまで愛や正義ということでもっともよいものと見なしてきたものが、結婚という形態によって本当に成就し得るのか、ということが問われてしまっているのです。要するに公共神学《パブリック・セオロジー》における「公共」という言葉の使い方は、市民社会という概念を含まねばなりませんし、生における経済と家族形態との両方を含まねばならないものなのです。

そこに公共神学《パブリック・セオロジー》に対する異議も存在していると思います。すなわち神学というのは本質的には公共的な事柄とは結び付いておらず、また公共への関心とはそぐわないものなのではないだろうか、という疑義です。多くの信者たちがそう考えているように、神学というのは本質的には社会的であるよりは、個人的な問題なのだという見方です。あるいは個人的とまでは言わなくとも、神学というのは、信者の共同体における信仰の問題と関係しているのだという批判です。しかし公共神学《パブリック・セオロジー》の主張者たちは、神学がこのようなドグマティックで信条的な狭隘さを超えて、弁証学《アポロゲティーク》としての力を持つべきだと考えているのです。私はそのことは、われわれが何を信じているのかを明らかにするならば、決して否定できないことだと思うのです。すなわち、まず第一に信仰はその深い理解においては理性とは対立していないものだということです。第二に信仰の事柄は、それを誰かが信じているか信じていないかということではなくて、すべての人間に対して適合する真理でなければならないはずです。批判者たちは、啓示と信仰とは神から与えられたものなのであり、それはすべての人に同じような正当性をもって与えられているのではなく、また公共的な講話や議論と同じではないと主張するのです。公共神学《パブリック・セオロジー》を主張する神学者たちは、われわれが知っている聖なるものや正義、真理や創造性、そして愛についてのもっとも普遍的な解釈を一致させることは可能であるし、また必要であると考えているのです。ですから公共神学《パブリック・セオロジー》を主張する神学者たちは、しばしば、仏教徒や儒教者、ヒンドゥー教徒やイスラム教徒、さらには国家主義者やマルクス主義者、そしてヒューマニストとの対話や批判的な討論をしてきたのでした。

しかし公共神学《パブリック・セオロジー》はこのような対立を超えて、二つの方向性を提示してきました。そのひとつは神学の信仰主義的な定義という深刻な負債の問題でありであり、それはこのような主張を支えることができるような普遍的な論拠を求めてポスト・モダンの思想と同盟を組もうとしたのでした。この点では信者たちに、信仰の目を通して何を知ることができるのかをはっきりと示す必要があったのです。実際多くの人は現代の視点からは確証できないような解決を、ただ差し出され当惑しているのです。信者たちが必要としていることは、避けがたい多元化という状況を踏まえて、公正な価値観に基づいた公共の正義について議論を可能にするような場が与えられるということなのです。

ふたつ目の方向性は、さまざまな言語によって制約されている人間の意味理解や活動範囲を超えて、われわれにとって重要な問題である人権、環境問題、公平な取引、健全なテクノロジー、平等な医療の提供、正当な裁判などについてのエキュメニカルな公共性の確立ということです。この点については他方で「自然法」について語る文脈なのかも知れませんが、本書では、ここで「自然」ということについても、「法」ということについても、その理念が歴史的にもまた現代的にも混乱している自然法を持ち出すことを避けてきたのでした。この問題においてわれわれは、われわれは何ができるのか、また何をしなければならないのか、ということを考えてきたのでした。

公共神学《パブリック・セオロジー》を主張する神学者たちは、「近代」ということの解釈においては多様である。西洋文化の発展の現実は、たとえば社会学的な研究が宗教が人間の生活に対して力をもち得ることを完全に否定してしまうような見方を拒否していますが、しかし他方で神学が、それにどれだけ貢献し、また市民社会にとって必要なものなのかどうかということが疑問に付されています。同じように宗教は紛争の根源であるように言われております。ですから宗教を個人の問題へと制約し、公共の領域から追い出すことが必要だと考えられているのです。宗教なしにも、科学、哲学、そして政治的な実践は確固たる基盤を持ち、市民社会はその明確な基盤を得ていると考えているのです。しかし公共神学《パブリック・セオロジー》を主張する神学者たちは、このような見方は間違っていると考えるのです。信仰主義的な立場には、神学という学問は、科学や哲学、そして政治については、主観的に、あるいは非合理的な省察のもとに取り扱うべきだという傾向があります。他方で弁証《アポロゲティーク》学の立場は現代というのは妥当な方向性をもっているのだと考えられているのです。しかし実際には両者はその基盤を誤って理解しているのです。現代の科学、哲学、政治、経済、家族の問題等については、それについての一般的な知識よりも、神学的な基盤の方がより普遍的で、合理的な視点を与えられ得ると私は考えているのです。ですから真にエキュメニカルな公共神学《パブリック・セオロジー》の視点は、ポストモダンにおける、またグローバル化する現代文明に対して適切な解釈と導きを与えることができるのです。

私はこの日本の読者に向けて書かれた「新しい序文」が、私が十分には理解できているとは言いがたい日本のコンテクストでの本書の諸命題の理解に少しでも役立つようにと願っています。最後に私はここからさらに対話が開始され、継続されていくことを心から願っております。そして最後に、本書の日本語訳を用意してくださったことに対して、また私たちの間でなされた翻訳について手紙を交換する中で明らかになったことですが驚くべきことに本書の主張を正確に理解し、かつ批判をしてくれたことに対して、さらにはこの「日本語版への序文」を書くように勧めてくださり、本書について改めて考え直す機会を与えてくれたことに対して翻訳者にお礼を述べたいと思います。

アメリカ合衆国マサチューセッツ州バークシャーにて
二〇〇〇年一二月から二〇〇一年一月への世紀の変わり目の中で

マックス・L・スタックハウス

謝辞

私は合衆国キリスト教協議会のスチュワードシップ・コミッションから委託され、この著作の中で提起されている諸問題と取り組んでいたが、その間に、他のいくつかの団体からも講演をするようと招かれた。私は、そうした機会に、本書に含まれているいくつかの主題を用いて議論を展開し、それによって私が準備してきた原稿を改訂することができた。さらに本書の一部は、そのような仕方でなされた講演を元に、さらに手を加えて、本書とは別の形態で発表されたものである。その点で私はバージニア州リッチモンドのユニオン神学校に感謝の意を表したい。私はそこではじめて、本書の第一章と第二章で論じられている主題のいくつかを展開したのである。(1) 私はまた、テキサス・クリスチャン大学にも感謝したい。というのは、この大学は、毎年行なわれる教職者再教育週間において、私に第七、八、九章に見出されるような主題について語る機会を与えてくれたからである。さらに私は、研究者集団である「聖書的神学者」（Biblical Theologians）にも深く感謝したい。私は彼らの前で、後に文化協会から一部修正して出版され、またそれをさらに修正、加筆して本書の第三、四、五章にも収録した議論を最初に展開する機会を与えられたからである。(2) 最後に、第九章の一部は、インドで開かれた協議会において行なわれた講演である。インドにおいては、多元的状況と諸宗教間の対話は格別に先鋭化した問題なのである。(3) なお本書全体は、バンクーバー神学校における一九八六年の夏期集中講座で講演したものであり、そのことに対しても私は深く感謝したいと思う。また私はアードマン社のカイ・コグリン氏、エディス・ガン氏に対して、とりわけメアリー・ヒートブリンク氏に対しても感謝したい。これらの人々から出版に際して多くの手助けを得たからである。

---

(1)それについては This World, (Spring/Summer 1984), 47–79. に掲載されている、私が以前に書いた論文 An Ecumenist's Plea for Public Theology を参照していただきたい。

(2)私の議論の最初の形態については The Bible in American Law, Politics, and Political Rhetoric, ed. James T. Johnson (Chico Calif.: Scholars Press, 1985) 107–51. に収録されている、Jesus and Economics を参照のこと。

(3) Christian Institute for the Study of Religion and Society, Bangalore, India によって出版された Religion and Society, Vol.29, 1-31. を参照のこと。

序――神の言葉と世界のスチュワードシップ

私は、まず合衆国キリスト教協議会のスチュワードシップに関する委員会に感謝したい。なぜなら彼らは、過去三年間にわたって、冬季大会で後に本書に収録することになった一連の講演を行うようにと私を招いてくれたからである。それによって本書の種子が蒔かれたのである。この委員会が議論している諸問題は、今日のエキュメニカルな教会においてなされているもっとも重要な議論のいくつかに触れ合うものである。一九七〇年代の初頭に、この委員会がこれらの問題について検討するためにと私を招いてくれて以来、私はいつかはそれらの事柄に関する私の初期の省察を拡張し、修正したいと願っていた。(1)

私はその間、東ヨーロッパやアジアにこの委員会のプロジェクトのために出かけたが、それによって宗教や社会の諸問題に関する、異文化的、また非西洋的な歴史的見解からの研究に注意を払うようになった。そのような仕方で諸文化や諸理念に触れたことによって、私は、私が政治的、経済的生に関して持っていた見方のいくつかを修正することになった。私にとってとりわけ興味深かったのは、神学的な諸理念が、一方で文明の中で人権が発展するのを支援し、他方でそれを妨げる社会的諸勢力や諸構造に深く影響を与えているという事実であり、またエキュメニカルな神学的関心が世界中の多様なコンテクストと相互に影響し合うことができる方法であった。(2)

それらを通して次第に明らかになってきたことは、神学的な諸理念が社会的生において実際に決定的な役割を果たしているということであった。しかし神学的な諸理念が果たしている役割は、現代における社会分析のさまざまな方法によって曖昧にされ、神学の本質や特徴も曖昧な仕方で理解されているのが実状である。そしてこの種の役割がどれほど重要なものであるかということを十分に認識し得ないことによって、宗教団体においても、また社会分析を行うしても、危い判断がなされることになるのである。聖職者の一部の人々も含めて、多くの人々はなお、宗教的な諸理念が公共の領域において客観的に見て何か大きな影響を与えるとか、それがあるとないとでは大きな相違が生じると考えることに懐疑的なのである。しかしだからと言って彼らがこのような宗教的な諸理念が元来持っている大きな力を疑っているということではないのである。また、他方で多くの人々は、いかにしてわれわれのこの現代の社会的状況を理解すべきかについてはまったく不確かなのである。いくつかのものはキリスト教的な諸価値を表現しているように見えるが、現実には現代社会はそのような諸価値とまったく矛盾する状況にあるようにも思えるのである。この種の混乱は、とりわけ現代的な生の状況においては、経済《ポリティカル・エコノミー》に関する諸問題において顕著である。

私が一九八三年、一九八四年、そして一九八五年の冬季大会で、「消費社会、テクノロジー社会、そして多元的社会において、言葉は肉体となる」という主題で講演するように依頼されたこの主題については、よく検討された草稿を準備する必要性を感じていた。この表題の「言葉」(Word)という用語が、新約聖書に出てくる「ロゴス」というギリシア語の訳語であり、またこの「ロゴス」がさまざまなレベルの意味を持つ言葉であるということを、そしてそれによって現代社会の本質や特徴を解釈しようと試みることが、厳密な神学的問題に関する議論に負けず劣らず複雑なものであるということを認識するなら、そのことを理解してもらえると思う。

しかし、私はこの種の努力はそれに値するものだと考えている。啓蒙主義以来、宗教や倫理や価値や意味に関する事柄は、一般的には個人に関する、私的で「主観的」な生の領域へと追いやられ、生の公共的で、社会的で「客観的」なものからは完全に排除されているかのように考えられている。事実、今日著作活動を続けている優れた社会科学者たちの何人かは、この種の移行によってわれわれは結果的に、文明を生き延びさせるために不可欠な何かを失ってしまったのかもしれない、と考えているのである。(3)

これらの諸問題についての考察を続けている間に、私は、スチュワードシップというキリスト教的な理念の現代における取り扱いは、以下のような二つの焦点を含んでいなければならないということに気づいた。すなわち現代におけるキリスト教的なスチュワードシップの取り扱いは、公共の生にとって重要性を持ち、またそれは、公共性についての議論の中で表明され得るような、信頼できる神学的諸主題の解釈と、現代的における経済《ポリティカル・エコノミー》的な諸構造の解釈との両方を含んでいなければならないということである。事実後者はそれを導く道徳的、精神的な価値(それが創造的なものであるにせよ破壊的なものであるにせよ)との関連において理解されなければならないものである。神学的伝統に含まれるすべてのものがいずれも現代文明にとって妥当性を持っているわけではないし、現代的なもの、と考えられている全てのものが神学的伝統によってなされる批評や議論に服するわけでもない。政治的問い、また経済的な問いの、非常に広範囲にわたる学問領域について言及することは、原則的には専門的であるか、あるいは慎重な扱いを要するか、あるいはその両方であることを要求されるのであり、キリスト教神学がそうした問題の全てを扱う何らかの特別な能力を持っていると主張すべきであるかどうかは大いに疑わしいことである。多くのキリスト者たちが、個々の学問領域においてそれぞれの専門的な業績を持っているはずであり、さらに多くの人はその専門領域について、その研究に基づいた非常に強固な見解を持っているはずである。しかしそれにも関わらず、それらの人々が専門的で慎重を要する種類の問題に関して異なる見解を持っているが故に、あるいは教会の指導者たちとは違った意見を持っているが故に、それによってキリスト教的な交わりに加えられることが妨げられるなどとは、誰も考えていないであろう。

確かに諸宗教はその昔から、政治的・経済的な世界に対して影響を与え、また逆にそれらから影響を受けてきたが、われわれの生きている現代の状況は、そのような視点からすれば非常に特殊なものであろう。なぜなら今日、学者としてであれ、実践家としてであれ、経済的、政治的な問題を扱う者は、彼らが「現実の状況」を理解するその仕方の中に、あるいは彼らが「仕事をする」その仕方の中に、何か「宗教的なもの」を持ち込むことが適切なことであるかどうか迷っているからである。他の人の個人的な敬虔や信仰の問題は受け入れられ得るとしても、多くの人は、神学者が公共的な領域における経済的な問題や政治的な問題を扱うことは、要するに出過ぎたマネであると考えているのである。確かに、宗教的な右翼と考えられているファンダメンタリストと、左翼と考えられている解放の神学者の提唱者たちは、そのようなマネを行っているのであり、それは結局は政治的、経済的思想の周辺をさまよっているに過ぎないと見なされているのであり、また一方のグループが他方のグループを怒らせたりしているに過ぎないと見なされているのである。そしてほとんどの人にとって、信仰は断固として個人的な事柄であり、権力や信仰の問題の公共の領域への影響というような問題は結局それからは切り離されてしまっているのである。

しかし、神が事柄の一部分であり、その他にマモンの神が存在し、われわれは両者を別々なものとして切り離しておくことで、両者にもっともよく仕えることができる、という見解は決して神学的に正当化することができない態度である。また、両者を切り離したままにしておけるような文明が存在するかどうかということは社会学的に見ても疑わしいことである。もしひとが徹底的な宗教的、社会科学的な現実理解を試みようとするならば、そのような二元論によって満足させられるということはないはずである。確かに、神的なものをこの世のものと同一視することはできないし、それどころか両者は区別されねばならないのである。しかしわれわれがここで注意を払うべき超越的な現実は、われわれがこの地上において考えたり行ったりすることとまったく無関係ではない。永遠的なものは歴史と関わりを持つのである。逆に究極的なものは相対的なものに関わるのである。理念的なものは物質的なものを修正する。全ての宗教はこのような視点を持っていることで一致している。もちろんキリスト教神学も、それが生ける神について語る場合、世界中がそれを知らないでいるとしても、世界中を支配している何ものかについて語っているという確信を持っているのである。この神は、われわれがいかにして現世的な事柄を処理するかということとも直接的な関係を持っているし、また持っていなければならない。それ故にわれわれが、経済《ポリティカル・エコノミー》における権力や富と言うような「現世的な」事柄を扱おうとする場合、われわれが語るべきことは、単なる風変わりな個人的確信の表現の一つであったり、社会勢力や経済的利害関係に決定的に規定された奇妙な表現の一つというようなものではあり得ないのである。それは、公共領域において重要性を持つ問題との取り組みにおいて、規範となるべきであり、また導き手となるようなものであるべきなのである。

それ故に私は、「公共神学《パブリック・セオロジー》」が求められている、ということを論じたいのである。「神学」は、もしそれ自体が正しく理解されるなら、単なる個人的、あるいは特殊な信仰の合理化ではないはずである。われわれはそのことを明らかにするための特別の言葉を持っているのである。それは「告白」(confession)である。神学は、信仰の告白を批判的に吟味し、それが神(theos)のロゴス(logos)についての反証可能な理解に照らし合わせた上で、それが真に保持されるに値するものであるかどうかを決定するという作業を含んでいる。すなわち、神学は、この種の告白が、神的現実についての信頼に足る首尾一貫した知識を言い表す能力を持っているかどうかという観点からそれを評価、吟味するのである。神学についてこのような仕方で考えるということは、公共の領域において、他の学問と相互に影響し合い、また神学以外の人々にその意味を理解してもらえるような仕方で、例えば神について、あるいは他の重要な問題について語ることが可能である、という確信を必然的に伴っている。そのような神学は、二つの理由から「公共《パブリック》」神学と呼ばれるのである。第一に、私たちがキリスト者として、世界に対してその救いのために提示しなければならないと信じていることは、秘儀的なものでも特権的なものでも非合理的なものでもないし、また近寄り難いものでもないからである。すなわちそれらは、すべての人々にとって理解可能であり、また不可欠なものであり、ヒンドゥー教徒や仏教徒やユダヤ教徒やイスラム教徒、あるいはまたヒューマニストやマルクス主義者と、その内容について理性的に議論することが可能なものである、とわれわれは確信しているのである。第二に、そのように理解された神学は、公共の領域におけるの生の構造と政策に対して何らかの寄与をすることができるはずだからである。このような神学は本質的には倫理的である。われわれが弁証しようとする真理は、正義についての永続的な要素を含んでいなければならないのであるが、その妥当性は実はこの倫理的な基盤の上で試されるものなのである。

あらゆる宗教は前理性的、また超理性的な諸要素を持っており、とりわけ神についてのさまざまな理念の中にそれが存在しているということは動かしがたい事実である。しかし、宗教だけがそのような構造を持っているというわけではない。現代の政治学や経済学、またテクノロジーについても、そうした分野に関わる論述や社会的生の中に含まれている前理性的な、また超理性的な要素を併せて認識することなしに解釈することは困難である。また私は、人間が神に関する真理に論理的に言及することができると強硬に主張しようとは思ってもいない。一般的には現実に関する唯一の論理的な見解は、神と名づけられ得るようなより高次な現実、存在、あるいは力が存在しており、それについてのさまざまな論述はわれわれの理解を超えたものであるとしても、このような超越的な「他者」

が存在しているという確信から引き出され得る、と考えられている。しかし私のここでの議論はさらに限定されたものである。私は、現代世界における公共的な生の根底にある基盤を探求するに際して、神学と社会分析とを結びつけるという作業は意味のあることだと考えており、そのことをここで提示したいと思う〔特に第一章と第二章を参照のこと〕。

われわれが経済《ポリティカル・エコノミー》についての現在行っているような議論（特に神学者たちによって行われている議論）は、デモクラティックな資本主義者とデモクラティックな社会主義者との間に両極化されている。私はこの両極との対話を心がけてきたわけだが、私はその際、それぞれの名詞〔つまり「資本主義者」と「社会主義者」のこと——訳注〕がその議論の中心となってしまい、私の対話の相手が共通の形容詞〔つまり「デモクラティックな」ということ——訳注〕を犠牲にしてしまうことを欲している場合には、議論を中断することにした。ある一つの政治システムが、他のシステムにくらべて常に「キリスト教的」であると言うことはできないのであるが、他方で聖書的、神学的諸原理は、キリスト教をデモクラティックな方向へと駆りたてていることは確かである。私は、デモクラシーはそのあらゆる弱点にも関わらず、神学の根本的な諸原理を、現代の社会的生の中においてもっともよく表現しているものと考えている。基本的な人権、また少数者や非国教従たちを保護する法のもとで、多元的でデモクラティックな統治を行うことの可能性を支持しようとしないあらゆる政治的、経済的システムは、現代の公共性についての論述の中では、神学的にも倫理的にも支持され得ないものである。社会のデモクラシー化は、公共の生を形成する諸制度が、公正な機会のもとに構成され、多元的な仕方で秩序づけられ、それらが人々と人類の未来に及ぼす影響に対して責任を負うものであるべきである、という議論をも含んでいるのである。またそこにはあらゆる事柄を国家の手中へと集約させる社会主義、またすべてのものを特権的エリートの「独占的個人主義」へと委ねさせている資本主義は、現実の社会的状況の分析からも、また理念的、規範的な観点からしても、端的に不適切である、という考え方が含まれているのである。

もし「社会民主主義」（social democracy）という言葉をヨーロッパのいくつかの政党が既に使っていなかったなら、私は迷うことなくこの言葉を用いることができたと思う。なぜならこの言葉はキリスト者が、政治的、経済的な諸問題についてよりよく考えるために適切と思われる方法を記述しているからである。この言葉の名詞は「デモクラシー」である。その形容詞は、統御を行うような社会的良心を意味している。デモクラティックな諸価値と社会的な諸関心とが、経済的な生命力と共に一点に収斂されるときに、経済《ポリティカル・エコノミー》は道徳的に秩序づけられ、あるいは評価され得るようになるのである。これらの用語は近代的なものであるが、この言葉が言おうとしている根本的な理念それ自体は古くから存在していた。それは、キリスト教がギリシア・ローマの文明に接触した際に生じた初期の神学的諸伝統の形成の中に、また宗教改革の主要な諸要素の中に、そして、「キリスト教社会科学」を発展させようとした過去一世紀間の努力の中に含まれていたのである。この著作の中心的な目的は、現代の諸状況という観点から、そうした諸伝統を再生させ、あるいは再構築することになる（特に第三章、第四章、第五章を参照のこと）。

公共神学《パブリック・セオロジー》と、経済に関する社会学的見方を結び合わせている用語は「スチュワードシップ」である。スチュワードシップの第一の挑戦は、理性的な神学のスチュワードシップということであり、それによってさまざまな信仰についての「言葉」が評価され、洗練され、そしてそれが適切に取り扱われている場所には信仰についての理性的な弁証がなされるのである。第二の挑戦は、神学の鍵となる諸主題は経済に対して規範的なものを提供することができるし、また提供しているものなのだ、ということを示すことである。これらの神学的な問題についての研究を知っている者は、英語の「スチュワードシップ」という言葉が聖書に出てくるギリシャ語の単語オイコノミア（oikonomia）の翻訳であり、それは西洋世界においては二通りの仕方でこれまで用いられてきたのだということを知っているはずである。その一つの定義は「居住されている世界すべて」へと向かい、それによって、神の下での新しい相互依存関係をこの世界に対してもたらしたような文明の諸構造を意味している。もう一つの定義は、「家政の『規則』や管理」という意味を持っている。前者からは、もっとも広くまた深い意味における「エキュメニカル」な生の現代的な解釈を引き出してきたのであり、後者からは、諸国民の生の中で形成されてきた近代の経済学研究が誕生したのであった。さらに後者の意味には、公共生活の資源を管理すること、および技術を発展させること、そしてそれらを効果的に行うための諸制度を整備すること等についての共同的な諸決断ということが含まれているのである。「スチュワードシップ」は、元来神の言葉の世界に対する関係を意味しており、ここでもエキュメニカルな神学の経済に対する関係を意味しているのである。

オイコノミアを「スチュワードシップ」と訳すことは、ここで取り上げられている事柄にとって意味深いことである。それは英語の古い用法に基づくもので、とりわけ信頼できる労働者たちを豚-小屋（pig sty）の管理人（warden）に、すなわち「小屋の管理人」（sty-ward）に任命する古い習慣に基づく言葉なのである。ある領地の「君主」（Lord）の「言葉」に従って生きる、そのような管理人たちは、共同体全体の生と幸福にとって不可欠な資産の、信頼できる管理者となるべきであった。彼らは、また可能な限りの愛情と慎重さとをもって、自らの権限下に置かれているものの世話をしたのであった。

古代の聖書が英語に翻訳された時、学者たちにこの用語を採用させ、適合させたのは、霊感によるものであったに違いない。この用語の選択は、人を動かさずにはいない福音の理解に対しても、また共同体において責任をもって生きることに対しても、決定的であるような諸動機のいくつかを相互に結び合わせることに成功している。すべての人がスチュワードとなるべきなのである。すなわち、エキュメニカルな主のしもべとなるべきなのである。われわれは公共的な生に対して責任ある「職務」を担った人間となるべきである。われわれは生存に必要な物質的資産に対して責任があるのであり、またわれわれは世界の中で割り当てられた極めてこの世的な仕事に対しても勤勉であることを期待されているのである。なぜなら、共同体の運命は、まさにわれわれ自身がどれほど信頼できる管理職であり得るかということにかかっているからである。(4) このような文脈においてのみ、「スチュワードシップ」の狭義の意味、すなわち教会への自発的な献身は意味を持ってくるのである。事実、われわれは主の言葉への霊的な服従が、この世の物質的な事柄に対しても具体的に意味あるものとなる時に、自己犠牲的な行為へと駆り立てられるのである。

「スチュワードシップ」という用語のより深く広い意味の中に含まれているのは、制度的なものの調整という考え方である。公共の生における決定的な制度は、かつては家庭であった。変化にはそれなりに十分な理由があったのであるが、かつての諸制度は過ぎ去り、新しい諸制度がそれに取って代わることになった。そして今日では、「家政《ハウス・エコノミー》」は、かつてそうであったように決定的な問題ではないし、制度的な問題の中心的な課題ではなくなっているのである。現代の複雑な社会にあっては、個々の家庭は、人類史のほとんどの期間においてほとんどの地域文明を支配していた農耕社会においてそうであったような意味を持つことはなくなっているし、王国の偉大なる統治者の個人的な好みでさえ、生産や流通の中心になり得ることはないのであり、消費の中心ですらないのである。工場や産業、多国籍企業、グローバル・マーケット、核兵器、コンピューター、これらのすべてのものがわれわれの経済的状況を決定的な仕方で変えてしまったのであった。しかしながら、多くの宗教団体は、それらの出来事がエキュメニカルな視野をもって目撃されているさまざまな局面において、彼らが真実であると信じている「神の言葉」が、どのようにしてそうした諸問題の発展と関係しているのかということについて、単にその場しのぎの省察を提供することしか出来ないでいたのである。

われわれがこれから見るように、キリスト教はそうした諸変化のいくつかに大きな影響を与えてきたが、この世に対するスチュワードシップについてのキリスト教の取り扱いは近代の会社《コーポレーション》、現代のテクノロジーの諸問題、また専門的な技術職というような、現代の制度的な生の鍵となるような諸問題をほとんど理解しようとしないままでいたのである。事実、スチュワードシップについて書かれた現代の著作のほとんどは、その中に真剣な制度についての分析を見出すことができないのである。近年アメリカとカナダのローマ・カトリックの司教団や、アメリカ長老派教会によって、あるいはキリストの教会連合によって公にされたような神学と経済に関するよく知られた声明ですら、全体に占める割合から見るならば、その方面に関する事柄はほとんど含まれていないに等しいのである。このようなアンバランスな状況を是正するため、私は、現代文明の制度が生み出した組織的な問題の取り扱いのために多くの頁を提供しようと考えているのである。われわれはこのような制度の中において、またこのような制度のために、われわれもまたスチュワードシップを実践するべきなのである(この点については特に第六章と第九章を参照のこと)。

賢明な読者は既に気づいていることであろうが、スチュワードシップとは教会に自発的に与えられる以上のことは意味しないと理解している人は、その視野においてあまりにも制約され過ぎているということが、この著作において重要な視点なのである。本書の各章の隠されたメッセージは、教会がスチュワードシップのより深くより広い意味を回復し、作り直し、教え、実行し、現代の経済の複雑さに対して解釈的で規範的な手引きを提供することができる時に、またその時に初めて、このような視野を持つようになった人々が自分の持っているものを犠牲的に捧げようとすることへと導かれて行くに違いない、ということなのである。

各章の最後の部分は、教会や教室で用いられるために、一連の主題と学習の手引きとなるような問いによって構成されている。これらの教材は、「スチュワードシップ委員会」のポーラ・ウォーターズ女史からの要請によって準備されたものである。彼女自身はマサチューセッツ州ロックスベリーの第一二バプテスト教会に所属し、長年にわたって信徒の神学者、あるいは日曜学校の教師として奉仕している人物であり、スチュワードシップの擁護者である。ウォーターズ女史は現在、アンドーヴァー・ニュートン神学校の副学長、またビジネス・マネージャーでもあり、多くの地域団体の財務コンサルタントもしている人物である。

---

(1) Andover Newton Quartery 14 (1974): 245-66.に収録された私の論文 "Toward a Stewardship Ethic"を参照。この論文は Teaching and Preaching Stewardship, ed. Nordan C. Murphy (New York: National Council of the Churches of Christ in the U. S. A., 1985), pp. 87-111.に再録された。

(2) 私の以下の著作を参照。Creeds, Society and Human Rights: A Study in Three Cultures (Grand Rapids: Eerdmans, 1984). また、もうすぐ出版される以下の著作も参照。Apologia: Contextualization, Globalization, and Mission in Theological Education.〔既に出版されている——訳者注〕

(3) 以下の著作を参照。Robert Bellah et al, Habits of the Heart: Individualism and Commitment in American Life (Berkeley and Los Angeles: University of California Press, 1985).

(4) 以下の著作を参照。Douglas John Hall, The Steward (New York: Friendship Press, 1984).

第一章　何の権威によって？

ここ数年間、世界中のエキュメニカルな方向性を持った諸教会は、政治や経済の問題について精力的な発言を続けている。それこそ、元来教会のあるべき姿なのである。なぜならわれわれは、富裕と貧困、飽食と飢餓、チャンスをものにすることと逸すること、というような不均衡に直面しているからであり、それらは良心にとって躓きとなるからである。事実そのような不平等を見出すために、われわれは遠くを見る必要はないのである。宗教的、あるいは道徳的なセンスのある人々であるなら、暴飲暴食といえるほどの豊かさを享受している者たちと、ホームレスの家族や、失業して目的を失っているマイノリティーの若者など、永遠に下層階級を形成し続けそうに見える者たちとの間の不釣り合いといったものに直面して、苦悩を感じないということはないであろう。

この苦悩が、優れた政治的あるいは経済的な思想によって克服され得るかどうかは明らかなことではない。今日において支配的な傾向は、われわれは、国家的な利益に関する明晰な理解、技術に関する鋭敏な感覚、政府の政策の賢明な運用といったものを相互に結び合わせれば、これらのわれわれの問題を必ずや解決することができる、という考えである。それに対してわれわれは人間の利害関心や、新しい技術の使用や政府の政策が引き起こすかもしれない影響などについての、より現実的な洞察を必要としている、ということが論じられることはほとんどないのである。しかし、問題は恐らくそれよりももっと深いのである。スチュワードシップの決定的な問題は、生における、より深い道徳的・精神的諸要因に基づいている。近代文明においては、何が生の道徳的指針であるかが定かではなく、自己中心的なナショナリズムや快楽主義的な消費主義や個人的な好みなどによってそれが規定されており、さらに文明が長期にわたって生存して行くために必要であるような、道徳的、霊的な諸原理をそのようなものによって代替させるという危険をおかしているのである。

ここで鍵となる問題は、今日われわれは深みのある公共神学《パブリック・セオロジー》を持っていないということである。つまり、破壊され、分断されることに脅かされているこの世界での私たちの公共的な行為の中に、神はわれわれに何を求めているのかということを考えるための、深く、また広い視野に立った概念を持っていないのである。確かにわれわれは、狭く、ごく限られた小さなコンテクストから発せられ、ある特定の「聖書に基づいた政治」が究極の啓示であるとわれわれに語ろうとする、さまざまな試みについても知っている。また、われわれは、さまざまな種類の「市民宗教」を世界中の至るところに見出すことができる。また宗教の装いをした階級的、民族的イデオロギーをいくらでも見出すことができる。それらが力を持ち、国家的な、あるいは国際的な政策に影響を与えることもまれではない。しかしわれわれが持っていないのは、それを用いてわれわれがそうした問題の相対的な意味を、あるいは無意味さを評価することができるような、信頼のおける「科学（学問）」なのである。実際、私たちは、公共の領域において神学的な事柄を語るための、つまり、共同体における人間の生の背後にある究極的現実の必要性を公共の領域で語るために必要な共通言語を持っていないのである。公共的で、道徳的、霊的な言述のための言語は破壊されてしまっているのである。人々は、自らの生に統御をもたらす原理や、生の目的といったことに意識的に注意を向けることをしないまま、自らに利益をもたらせてくれるであろう技術的な、あるいは経済的な、またあるいは政治的な賭けをしようとしているのである。

もちろん、われわれは多くの場合には、深い個人的な敬虔さを持っているものである。しかし、われわれが公共的な領域における政治形態や政策の問題に関係する問題、すなわちわれわれの政治的、あるいは経済的な生における構造や機能に関する問いに直面する時、われわれはそのような個人的な確信がそもそもわれわれの個人的な敬虔さがそれらの問題の対処の仕方に何らかの客観的な違いを作り出すのか、また作り出すべきなのかどうか、ということを疑っているのである。というのはエキュメニカルな教会によってなされる社会的、政治的、経済的問題に関するさまざまな声明、ファンダメンタリストたちによってなされる政治的影響力を奪取しようとする新たな試み、宗教的新左翼の間での解放運動の高まりなどにも関わらず、実際には道徳的また霊的な分析という土台は侵食されつつあり、しかもそうした土台の管理者たちはもはやその土台を支えようとはしていないからである。別の視点から見るなら（いささか対決的な言い方ではあるが）、エキュメニカルな方向性を持った教会は、常にそのようなよき宝のスチュワードであったというわけではなかったのである。その宝とは包容力のある神学であり、それは公共的な論述において神学的な弁証を試みることが可能な神学であり、個人的な事柄と社会的な事柄、理念的実在と物質的実在、記憶と希望、個人的視野と公共の視野とを結び付けることを可能とするものなのである。

数年前のこと、ウォラス・フィッシャーは、スチュワードシップとは、神の言葉、すなわち神学的真理のスチュワードであることともっとも密接に関係するものである、と指摘したが、まさにそのような視点こそ、何にも増して、われわれはそれを育て、洗練させ、そして大事にし、利用すべきものなのである。(1) もしそのことが明らかになるなら、人々はその生活の中でそのようなものを具現化し、それぞれが持っているものをこころよく分かち合おうとすることであろう。私は、われわれが置かれている現在の状況を見まわしてみて、われわれのエキュメニカルな教会は、神の言葉のスチュワードシップのために、そしてそれがわれわれの複雑な文明の中で具体化されるように、真剣にその時間やエネルギーやタラントを投入してきているかどうか、疑わしく感じているのである。われわれは神学的な資本を、再補充することなく使い果たしてしまっているのではないだろうか。さらに私は、それは人間の生の政治的、経済的な舞台でだけ特殊なこととして起こっていることではないのではないか、と疑ってもいるのである。

しかし公共神学《パブリック・セオロジー》は、生のどの領域においても、今日不在であるということではないのである。一九七九年に、世界教会協議会は、マサチューセッツ工科大学によって主催された、信仰と科学と未来に関する協議会を後援した。(2) それは、ガリレオ以来途絶えていた、宗教と現代科学との間の新しい対話を再開させたのである。この断絶は完全に修復されたわけではないが、このような協議会は、現代の物理科学と新しい仕方で関わりを持ちたいという神学の側に生じた新たな希望を示すものでもある。それは、公共神学《パブリック・セオロジー》の立場からすれば大いに希望の持てることなのである。また、数年前にローマ・カトリックの司教たちは、戦争と平和に関する教書を提出したが、(3) その教書は、宗教改革以後では始めてのことであるが、二七にのぼるプロテスタントの諸教派によって教皇省庁の立場が称賛されたローマ・カトリックの文書となった。それはまた、近年の教会的な出来事の中で、さらに公共神学《パブリック・セオロジー》の立場からしても大きな出来事であった。その教書は、その意義において、一世代前に神父や修道女を、自由教会の牧師やラビやさまざまな信仰を持った平信徒の指導者たちと連帯させた、あのマルティン・ルーサー・キングの証しと同等のものであったと考えてよいものである。彼は人種差別と戦うために、神学的土俵の上で、この世的な道徳的構想力をとらえることができたのである。これらの出来事は、現代のエキュメニカルな教会の、公共的な問題への深いスチュワードシップを指し示すものである。こうした領域を見ると、われわれは上機嫌にならざるを得ないのである。しかしながら、経済《ポリティカル・エコノミー》に関係する諸問題の全範囲に目を向けてみるならば、それらの問題に焦点を当てるような視点はほとんど見出せず、あのマサチューセッツ工科大学での会議に匹敵するような営みはほとんどなされていないのが実情である。

この第一章では、私は極めて予備的な問題を提起し、それについて考えたいと思う。それはわれわれが、神の言葉は経済的な問題と関わりを持つ時にはどのようなものであり得るのか、ということに関する問題について考え、またある種の提案を行ない、それを定式化しようとする時に、われわれはいかにして、それらの良し悪しを判断することができるのか、という問題なのである。すなわちわれわれがこの最初の章で探求したいことは、適切な公共神学《パブリック・セオロジー》の指標、あるいは根拠の問題なのである。何が、われわれがそのスチュワードとして仕えるような「神の言葉」の選択と規定とを導いてくれるのであろうか。その後で、私たちはその内容およびそれが現代社会史に対して持つ意味について問わねばならないであろう。

私が今このようにして書いていることは、最初は「抽象的」に思えるかも知れない。しかし、それがどのように見えるか、ということはここではさしあたり問題ではないのである。キリスト教徒がなす主張のすべては生のコンテクストの上でテストされねばならないということは、言うまでもなく明らかな事実である。あらゆる主張は、個別的な問題が起こった時、それに直面して、実際的で直接的な導きを与えることができなければならない。しかし、われわれは長期的には具体的な事柄がどのようにして発生してくるか、決して確かな仕方で知ることはできない、ということもまた事実である。歴史的な記録は決して完全なものではあり得ないし、われわれが日々直面する問いの全次元が明らかにされるということはほとんどあり得ないことである。それ故にわれわれは具体的な事柄にのみより頼むことは決してできないのである。実際、われわれは、具体的に目に見えるものが、真理や正義といった、歴史的事実からだけでは決して引き出され得ない、より高次な原理にかなうものであるかどうかという評価を下すための根拠を持つことが必要なのである。もしわれわれがそのような諸原理と取り組むべきであるとするなら、われわれは抽象的にならざるを得ないのではないだろうか。「世の中でもっとも実際的なものはよい理論である」という古い格言は、この際適切なものである。

権威の「四辺形の」試金石

ここで私が提示しようとする判断の根拠、あるいは基準は、私の独創ではない。それらは非常に古くから存在していた。それらはたとえば合同メソジスト教会の『信仰基準書』の中にも明瞭かつ現代的な言葉遣いで言い表されているものである。とはいえ、それらはこの教団だけが特権的に所持しているということでは決してないし、メソジスト教会の会員たちが、それらの諸原理を、他の諸教派の会員よりもうまく利用しているという証拠も存在していないのである。メソジスト教会がなしたことは、われわれがそれを用いて、人類の歴史の中で現れては消えて行く神学的に重要な主張の多様な形態を評価することができる基準、しかも古典的でエキュメニカルな基準を、他よりもより説得力のある定式へともたらしたということなのである。その諸原理とは、「聖書」と「伝統」、そして「理性」と「経験」である。それがいわゆる「四辺形」を形成するのである。

何世紀もの間、さまざまな教団が、これらの権威の試金石を、さまざまな仕方で把握してきたのである。ローマ・カトリック教会員は（他と比較するならば）教権によって定式化されており、特に「伝統」と「理性」に依存してきたのである。プロテスタント教会員は、偉大なる宗教改革者たちによって解釈されたことに従って、「聖書」と「経験」とに大きく依存してきた。ファンダメンタリストたちは「聖書」のみにもとづいて議論をする傾向があるし、解放論者たちは「経験」をすべてのものの中心として称揚する傾向がある。哲学者たちは「理性」のみを（時としてその中に「経験」も含めるのだが）強調する傾向があるし、他方で、東方正教会の信徒たちは、他の何にも増して「伝統」に訴えようとするのである。しかしあの四辺形は、われわれには四つの全ての試金石が必要なのであり、そして各々は絶えず他の権威に関するわれわれの理解を修正し、洗練するものである、ということを示唆している。そしてもちろんこのことは、われわれプロテスタント教会員は、もし真にエキュメニカルであることを欲するなら、私たちは「伝統」と「理性」とに対して、とくに注意を払うことが必要であり、そうすることなしに公共神学《パブリック・セオロジー》を構築、あるいは再構築するという課題は果たされ得ない、ということを意味しているのである。

　公共神学《パブリック・セオロジー》はこの四辺形へと目を向けるのであるが、それは、西洋世界の伝統の中においては、かつて経験のなかったような強調の上になされるものである。もしこれらの基準を現代の経済《ポリティカル・エコノミー》と関連付けようとするならば、われわれはそれらを新しいグローバルな視点から見直す必要がある。それらはいわば、公共神学《パブリック・セオロジー》の議論という試合場を取り囲む四本のラインのような役割を果たすのである。それらは神ではないし、究極的な権威でもないが、神が定めた限界を指し示しているのである。それらは、われわれが神について適切に語っている時にはそれを知らせ、またわれわれがコートのラインの外に出て、自分自身の空想の産物を崇めてしまっている時には、そのことを知らせてくれるようなガイドラインなのである。それらは、個々人が、またそれぞれの信仰共同体が、どのように試合をしなければならないのかを指示しているわけではない。様々な個人や共同体が、その宗教的、哲学的、社会的スタイルをもって、様々な種類のアドヴァイスを受けつつ、様々な環境下で試合をするのである。しかしながら、これら権威の試金石がわれわれに対して行う重要なことというのは、われわれがそのコートの中への方向性を持っているのか、またわれわれが同じ試合に参加しているのかどうかを知らせることなのである。このようなイメージを念頭に置いて、これら四つの基準を、公共神学《パブリック・セオロジー》に適応させつつ概観してみることにしたい。

聖書

聖書は、キリスト教においては、信仰の源泉であり、規範であると一般的に承認されている。その西洋文化に対する影響は、一般的にも膨大なものであり、さらにそれはアジアとアフリカにおいても徐々に影響力のあるものとなってきている。この影響力の拡大には二つの道があったと思われる。ひとつは直接的な道で、一九世紀と二〇世紀における、教会の驚くべき拡大によってであり、もうひとつは間接的な道で、それが西洋文化に対して及ぼし続けてきた影響力を通してであった。多くの非西洋文化が、可能な限り速やかに「西洋」的な思考の様式を摂取することによって近代化して行く中で（もちろんことあるごとになされたそれに対する抵抗の間でさえ）、聖書的なモチーフは、それらがそこから生まれたのではない文化のコンテクストの中に置かれるようになったのである。

キリスト教以外の宗教的伝統も、当然のことながら明確に規定された聖典を持っている。大乗仏教のパーリア語聖典とイスラム教のコーランは、その中でもとりわけ特筆されるべきものである。ある聖典が何らかの意味で規範的なものとして受け入れられているところではどこでも、人々は、それを受け入れることによって、その聖典を作り上げた彼らの先達者たちは本質的に正しい決断をしたと信じているのだ、という事実を示しているのである。そのことが意味していることは、聖典の中に含まれている、多くの場合、今や伝説の中に消え失せてしまった多様な著作者や編集者の手によって、さまざまな歴史的状況の下で書かれ、時として互いに結び付いておらず、また確かに多元的であるような証言の多様性の中に、またその背後に、真に聖なるものの霊感が見出されるということであり、彼らはそれを正しく見出したということである。このことは今日のわれわれもまた同意すべきことである。

多くの人が、悪魔も聖書を用いて何事かを証明することができると考えてきたように、われわれもまた聖書は解釈されねばならないという事実を避けて通るわけには行かない。誰もが聖なる書物を気ままに開き、神の御心をそこから直接に読み取ることができる、というように簡単なものではないのである。聖典の何らかの意味が分かるためのプロセスは、もっと複雑なものなのである。そのためにわれわれはある程度、四辺形の他の権威に頼らなければならないのである。われわれは「伝統」に、すなわち、われわれと同じ信仰を持った者たちが、過去何世紀もの間にこの聖典というテキストの中に見出してきたものに、また、彼らがどのようにしてそれらの意味を、複雑なコンテクストの中で生かしてきたかということに頼らざるを得ないのである。また、われわれは「経験」に頼らねばならない。とりわけそれによってわれわれが神の言葉の背後に存在する聖霊にあずかる者となるような霊感の経験に頼らねばならない。「伝統」と「経験」とは、「聖書」が何について語っているかについての確かな知識を恐らく与えてくれるものであるが、それらは、ある特定の伝統によって「特権化されている」という意味で、「個人的」なものにとどまってしまっているのである。公共神学《パブリック・セオロジー》のためには、われわれは歴史学者や考古学者や言語学などの専門家、また学問的な研究者たちがわれわれに対して語ることにも注意を払わねばならないであろう。そしてそのことは、より大きな尺度から見れば、われわれが「理性」を用いているということであり、後に書かれた聖典は始めに書かれた聖典を解釈しており、その再解釈が規範的なものとして受け入れられている、ということを示しているのでもある。このことはどのようにしてなされているのであろうか。

私は、キリスト教の「聖書」を参考例として、以下のような図式化を行なうことで、それを要約してみたいと思う。

モーセは言った／彼の時代 ≒ 詩篇作者たちは歌った／彼のコンテクスト ≒ 預言者たちは語った／彼らの時代 ≒

使徒たちは記した／彼らの状況の中で ≒ （伝統は語っている）／（何世紀もの間、多くのコンテクストの中で） ≒ 私たちは何を語ろうか？／私たちはどのように私たちの世界を理解するか？

詩篇の詩人や預言者と言った人々は先行する著者たちを解釈し、しかも彼らとの連続性を感じているのである。もっとも各々の著者は何かを語るように強いられている、と感じていたこともまた確かなことである。しかし問題の鍵となる事柄は、われわれはわれわれの時代において何を語るべきなのか、ということである。われわれはどのようにして、今日という時代のために、聖書という「神の言葉」を理解すればよいのであろうか。われわれは今日、聖書の言葉が、特定のコンテクストに向けて特定のコンテクストの中で語られているが故に、またそれが長い時間をかけて推敲され修正され洗練されてきているが故に、異なる強調点をもったさまざまな発言がそれに対してなされてきている、ということを知っているのである。そのような見解に対するわれわれの対応は次のようなものである。すなわち、われわれは、恐らく新しい仕方で、聖書の諸主題を見出し、言い表さなければならないということである。それ故に聖書の諸主題は、ちょうど「聖書」における「神の言葉」がそうであるように、規範的な聖典の発展と完全に歩調を合わせた仕方で、われわれのコンテクストと関わりのある将来におけるさらなる洗練と精錬に対して開かれているものなのである。もしわれわれが、何を真理であると感じるか、というわれわれの感覚を「聖書」に照らして試験してみようとするなら、われわれは単純に聖書のどこかの章節が言っていることを繰り返すことによって事柄を決定することはできないのである。また、われわれが好ましく思う事柄を取り出してきて、他を切り捨ててしまうわけにもいかないのである。確かに、私たちはさらに微妙な分析を行わなければならないのであるが、それは、以下のようなことを見極めるためなのである。すなわち（1）さまざまな著者たちが語った事柄のうちどれが、彼らがその中で語っている特定のコンテクストに対して特別に語られたものであると判断できるのか。そして（2）どの事柄が永遠的に真理であり正しいことであるか。すなわちあらゆる時代と場所に対して不変であり妥当性を持つものであるか。さらに（3）どの事柄が、これらの著者たちが始めたことに忠実であるために、われわれがそれをさらに展開させなければならないような、より完全でより豊かな見方に向かっての発展を反映しているものであるのか。（4）どの事柄が、われわれのコンテクストにおいて、その使信が過去において（そして「伝統」の発展の中で）そうであったように、不快の軽減や和解や赦しや正義をともなった平和の希望を目指させるような仕方で機能し得るものなのか（たとえわれわれが、それとは時代とコンテクストが非常に異なっているが故に、かつての使信と何らかの仕方で不調和であるように思えるようなことを語るとしても）。これらすべての問いに対して、われわれは公共の領域においても理解してもらえるような使信を持たなければならないのである。もしわれわれの使信がそのようなものでないなら、われわれは、われわれの使信だけでなく、われわれがそれに依存している聖典をも疑うことになってしまうであろう。このような仕方で、公共神学《パブリック・セオロジー》において、「聖書」を限界線として用いることは、今日の世界に対して「神の言葉」として何が適切であるかということについての現代のさまざまな主張を検討するための方法であり、また「聖書」と今日におけるその解釈が、現代人の生を導くことが可能であるような、意味の霊的、道徳的諸原理を文明に対して適切に提供しているかどうかと検討するためのひとつの方法なのである。換言すれば、公共神学《パブリック・セオロジー》は、「聖書」を不可避的に弁証的な仕方で用いるものなのである。そのような仕方で聖書に訴えることによって、一方において古代の諸著作と歩調を合わせることが可能となり、他方で現代の諸現実に直面しつつなされる公共的な論述と行動のための基盤を提供することとが可能になるということを公共神学《パブリック・セオロジー》は絶えず新たに主張して行かねばならないのである。

伝統

権威の試金石としての「伝統」も同様である。ルネサンスや宗教改革のいくつかの局面（啓蒙主義においてはさらに多くの局面）は、「伝統」を、一握りの人間の益のために「聖書」の（あるいは明晰な「理性」の証示の）権威を利用するために作られた、人間の創作による慣習の単なる累積物であると見なすようになったのである。それ故に「伝統」は、経験を歪め、科学を抑圧し、人間の心をもったいぶった職業聖職者たちへと縛り付けておくものである、と非難されるようになったのである。多くのプロテスタント信者、またいくらかのカトリック信者とユダヤ教徒はこのような見解を取り入れ、預言者あるいはイエスが教えたことだけを「原初的に純粋なもの」として保持しようとしたのであった。彼らは、「伝統」には、「純粋な」聖書の使信以外に、哲学的、社会政治的、法的、教会的というような、人間が創作したものが含まれており、「神の言葉」を曖昧なものとしてきた、と考えているのである。その結果は、独特な仕方での、現代的な親殺しであった。それはわれわれの先達たちによってなされた証言を破壊し、過去において固定化された原初の使信へと立ちかえることによってのみ、「回帰」による「進歩」ができる、という考えなのである。

公共神学《パブリック・セオロジー》において、「伝統」が妥当性を持った基準として採用されるという場合、それは先達たちの貢献を、それぞれの世代の文脈において新たにすることでなければならないということを意味している。そのような努力は、常に保守主義という響きをその議論の中に持ち込むことになる。しかし「聖書」や「理性」や「経験」というプリズムを通して解釈された「伝統」は、そのような保守主義が反動的なものと化し、かつての黄金時代を単純に賛美するようになることから「伝統」を守らねばならないのである。「伝統」について考えるに際して、私たちは以下のように問わねばならないであろう。すなわち、もし仮にわれわれが、われわれの歴史を形成してきたような、過去においてなされた決断の決定的瞬間に居合わせて、その時代の知識や選択肢や感性を、自分のものとして扱うことができたとするならば、われわれは誰に味方したのであろうか、また誰に味方すべきであったのだろうか。この問いは、要するにあらゆる見解は、より現代的であればあるほどより良いものになっているというわれわれの一般的な確信に対して、警告を発しているのである。それは、私たちの「今の」という感覚の偏狭さを克服し、およそ重要なものはすべて新しいものであるかのように感じる見方を矯正するのである。もしわれわれが「伝統」を重要視しようとするのなら、われわれは、今日われわれの目の前にある諸問題を先取りしているような諸問題と取り組んだ人たちが持っていた知恵に対する、ある尊敬の念を持つ必要がある。われわれは過去においてなされた重要なエキュメニカルな決定が、ある重要な妥当性を持ったものであったかもしれないという可能性を否定することはできない。われわれが「伝統」に対してさまざまな注意を払えば払うほど、われわれ自身もまた、われわれのコンテクストにおいて、そのような決定ができるようにと願うようになるのである。

誰でもルーツなしで生きることはできないのである。その人の伝統が破壊されてしまうということは、文化的、社会的、宗教的な虐殺の犠牲者となるということでもある。今日、われわれはしばしばこのような見方を、近代化に呑み込まれつつある多くの小さな文化に対してあてはめようとするのであるが、実は、人類学者によって発見された小さな諸部族の社会よりもはるかに大きなものであり、人類にとってより決定的であるような、現代の複雑で工業化したデモクラティックな社会の文明的ルーツに対しても、同じような見方が成り立つのだということを見落としがちである。そのような視点の欠落は、虐殺でなく自殺的な行為となる。将来は、われわれの文化的、社会的、宗教的なルーツの批判的な想起が許容する範囲まで進展することができるのである。それ故にわれわれの問題は、どのルーツがもっとも深いものであり、もっとも広いものであり、もっとも今日の文明の養育の任を果たし得るものなのか、ということである

教会の信仰告白を告白する者、また何が礼拝、サクラメント、典礼、儀式を執り行うのに「ふさわしい」方法であるかということについてのセンスを持っている者、また自分は「リベラル」、「保守主義」、「ラディカル」、あるいは「オーソドクス」の信徒であるというアイデンティティーを持っている者、また自らの宗教的アイデンティティーを、プロテスタント、カトリック、シバ派のヒンドゥー教徒、禅宗の仏教徒、あるいはスーフィー派のムスリムと理解する者、このような者たちは、ルーツについての問いに対する暫定的な答えを既に与えられているのである。しかしそのようなはっきりした答え方をすることが出来ない者であっても、その思考や行動のパターンによって、また、義務や責任の感覚によって、自分はある特定の伝統の中にいるのだということをしばしば示しているのである。「伝統」を吟味し、試験し、現在の生に対する試みとして選択的に用いることによって、自らの伝統を意識的な基準として取り上げるということをしないとしても、実は既に伝統によって無意識のうちに規定されている、ということがあり得るのである。実際、意識的な自覚の欠如は、われわれの神学的感受性と公共的な論述を貧困化させるような生の矛盾へとわれわれを投げ込むことになるのである。もしわれわれの宗教的方向性が反テクノロジー的なものであるが、しかしわれわれの生の決断は増大したテクノロジーに依存しているというのであるならば、

あるいはまた、もしわれわれが組織化された制度の中で、またそれに依存して生活しているが、しかし会社による経済行為は悪であると考えるなら、あるいはまた、もし私たちが立憲的なデモクラシーの持つ多元主義を、全体主義的あるいはアナーキーな宗教を唱道するために利用するとするならば、われわれは、思い出されることのない過去の、自己疎外された犠牲者となるのである。あるいは、日々の事柄という海の中を、帆は全開に張りつつも、舵はない状態で漂う、というようなことになってしまうのである。

多くの場合「伝統」は、最初に信仰を生みだし「聖書」を作り出したような出来事によっては明白な仕方で答えを与えられていなかったような複雑な問題に答えようとするための信仰的な努力と見なされ得るものである。西洋世界の歴史について言うならば、それは最初に、ヘブライ的なものの見方およびイエスの使信と、ギリシア・ローマ的な、あるいは封建制的な文明の複雑さとの間の出会いを経験してきたのであるし、後には、北ヨーロッパとアメリカにおける工業化しつつある環境との出会いを経験してきたのである。今日ではそれは「ポスト工業化社会」という急速に変化し続けている文化、また停滞と植民地支配のような時代を経て生まれた「発展途上国」の登場、また、「普遍的文明」へ向かっての最近の変容などとの出会いを経験してきたのである。われわれは「伝統」を、礼拝の様式の中だけにではなく、以下のような規範をはっきり言明しようとするさまざまな努力の中にも見出すことができるのである。すなわち、（1）社会における、正当と認められる強制力の使用と認められない使用とを識別するための規範、（2）経済的、技術的に複雑化した文明の中で道徳的誠実さを持ちつつ生きるための規範、（3）多様なコンテクストの中で、責任的なリーダーシップのための権威を構成するための規範、（4）人権および活力ある経済システムの基礎的な原理を発展させるための規範である。これらの規範のどれ一つとして、何らかの偉大なる聖典から直接的に明らかとなるものはないのであり、これらの伝統と取り組むということは、聖書の時代から現代世界にまで続いている「伝統」の中に、神の意志の開示が継続している、ということを認識することに他ならないのである。これらの公共神学《パブリック・セオロジー》の諸原理へと向かう動きの中には、膨大な数の模造品も含まれていたのである。破壊的な異端のほとんどは、なおも活動を続けている選択肢であり続けている。異端的と呼ばれるもののいくつかは、逆説的な意味においてであるが、神学的な洞察の構築に寄与することになったのである。われわれがどのようにして間違いを犯してしまったのか、また、どのようにそれらが時として訂正されたのかを知ることができるのは、ただ「伝統」の知識によってのみ可能となるのである。「聖書」と複雑化した文明との間の継続的な出会いの中でなされた結合のダイナミックな物語としての「伝統」は、過去と現在との両方に関するわれわれ自身の理解のために不可欠なものなのである。歴史に無関心な世代がそうする傾向があるように、そのような知恵を見のがしてしまうとしたら、それはわれわれの心と共同的な生とを共に武装解除してしまうようなことなのである。

要約するならば、われわれは公共神学《パブリック・セオロジー》の第二の限界線としての、すなわち根本的にエキュメニカルな仕方で受容されている諸原理の「伝統」に、協調するような仮定を立てるべきであると考えているのである。もし、過去に関してわれわれが信じていることが、調査の結果、歴史的に支持し難いものであると証明されるか、あるいは「聖書」、「理性」、「経験」に結び付けられ得ないということがはっきりしてくるのであれば、われわれは当然この限界線を再考し、改訂しなければならないであろう。さらに、他の諸伝統とのグローバルな仕方で起こる出会いは、伝統形成の継続的なプロセスに、新しい様式をもたらすことに当然なるであろう。しかしわれわれは早まって「伝統」はナンセンスであると決めてかかるべきではない。たとえそのような決定が、自分たちが今現在そうであるもの以外のものとの真剣な関わり合いの中で、うまい具合に私たちを免責するものであったとしてもそうすべきではないであろう。われわれの時代の「時間中心主義」は、われわれの世代は、また、現代的な洞察においては誤りは犯されないのだという何の証拠もない仮説を立てるのであるが、それらの証拠はどのような仕方によっても支持できないものである。

理性

さて、この四辺形の三つ目の角は「理性」である。歴史の様々な時点において、「理性」の合理主義的な、また実証主義的な形態は、「聖書」と「伝統」のなす主張を切り捨てようと試み、それはある程度成功したのであった。今日、「聖書」もエキュメニカルな「伝統」も受け入れない多くの人たちは、「理性」に対しても懐疑的である。「理性」は、あまりにも冷たく打算的で技術的であり、客観性を装い、エリート主義的であるように見えるのである。そのような中でいかにして理性は、神や人間のアイデンティティーや人間社会の繊細な部分といった、本当に重要な事柄の試金石となり得るのであろうか。「理性」のスチュワードとなることは、神学の責任でもあるのではないだろうか。神学者や牧師、あるいはその他の宗教的指導者たちの多くは、論理や哲学的議論を、また首尾一貫性や整合性を好まないものである。いやむしろそのような人々は、女性の、またアジアやアフリカの、また他の時代の論理は、核の危機とエコロジカルな破壊という断崖へと世界を導いたわれわれの西洋的で男性的で現代的な論理とはまったく異なるものであるということを示すことによって、「理性」を相対化するのである。彼らはそのようなことを深く信じ込んでいるが故に、あらゆる文化における女性たち、また仏教徒やヒンズー教徒やイスラム教徒たち、また、古代および現代における諸民族の哲学者たちもみな、三段論法や中間排除の規則や帰納法や分析や弁証法や綜合や原因結果の仮説を用いているということが文書によって十分に証明できるにもかかわらず、彼らは確信と矛盾する証拠を締め出そうとしているのである。このような懐疑論者たちは、「理性」の普遍性の否定が、ファシズムのもっとも重要な哲学的基礎付けの一つであったという事実をおそらく見落としているに違いない。しかし他のより建設的な人々は、白人の西洋人男性が「理性」を偏った仕方で利用してきたことへの批判を、すなわち、その偏狭な諸要素を見極めて、人間の理性的性格の普遍的で包括的な類型を指し示すような批判を提示しているのである。

この種の批判や抗議のいくつかは、正当化され得るものである。人間の理性的性格の中には、確かに人間の状況を偽証するということもあるからである。ある人々は、目標や根本的な諸原理を顧みることなく、合理化された手段だけを語り、それによって、われわれはなぜ手段を合理化すべきであるのか、ということについて合理的に語ることができる、ということを否定する。しかしそれは、神学が「理性」という概念によって意味してきたことではないのである。神学は、およそ強欲な目標のために利用されている「理性」の諸形態や、良心を欺き、もっとも粗悪な偏見を正当化するために巧妙な議論をそこから引き出し、構築され得るような人間的合理化に対しては、いつでも懐疑的であったのである。それにもかかわらず、神学は「理性」を、そこにおいて人間の内における「神の像」が「正しい理性」によって神の現実について何事かを知ることができるような恵みの賜物として賞賛してもきたのである。

このことと関連して、今日のわれわれの目的にとって重要なことは、信仰や信念の主張する事柄は、宗派的、文化的、性的、人種的、言語的、イデオロギー的、さらには左脳半球と右脳半球の間の違いというようなさまざまな境界線を超えて、意味を持つものでなければならないということである。端的に言うならば、「正しい」理性というのは、人間のコミュニケーションを可能とするものなのである。われわれは、神学的な事柄について、首尾一貫した矛盾のない仕方で、また、人間の心のコスモポリタン的な次元を揺り動かさずにはいられないような仕方で語ることができなければならないのである。もしそうでないならば、われわれの主張は心に留められることはないであろう。「理性」は、われわれの心を改心させたりはしないが、しかしナンセンスであることには、先ほど述べたような議論の領域の外にそれを出してしまう、という働きをなすのである。神はわれわれに対して、偽りを語ったり、論理を歪めたり、われわれが知っていることは実は本当のことではないと信じこませたり、個人的な理論を普遍的な、あるいは公共的なコンテクストの中に全体的なものとして割り込ませたりすることを要求したりはしないのである。現代の「世俗的なヒューマニスト」によってなされる神学に対する疑義は、正しくもこのような認識に基づいているのである。

　キリスト教の歴史の初期において、大変興味深い問いが提起された。それは信仰深い信徒はプラトンやアリストテレスと天国で会うことができるか、というものである。この問いは、神の測り尽くせない経綸の中で、福音を知ることはできなかったが、正当に自分たちの「理性」に名誉を帰している者たちは、神の国においてある種の名誉ある地位を得ることができるのかどうか、ということを問うているのである。それについての答えは、彼らは、あらゆる人々に対する神の賜物である「理性」を、あれほど入念な配慮をもって行使したが故に、神は彼らを敬虔なる愚者に対する証し人として救うに違いないというものであった。

　およそ思慮分別のある者は、宗教の中で「理性」を用いるものである。何らかの信仰を持つ者が、宗教的洞察に基づいた主張をする場合、われわれはそれを「理性」によって評価するのである。もしそれが言葉にできないものであり、それ故に伝達することができないものであるなら、公共神学《パブリック・セオロジー》はそれを真剣に取り上げる必要はないであろう。またわれわれがそのような洞察の論理の中へと入って行こうと試みた後、それがまったくナンセンスなものであったとしたら、われわれはそれを退けることになる。ある論法の様式が、秘儀的な経験、あるいは特定の文化的、民族的、あるいは性的な区分によって拘束されるものであり、部外者の誰もが、彼らが何を言っているのか理解することができないとするならば、なるほどそれは個人的な舞台では機能し続けることができるであろうが、公共神学《パブリック・セオロジー》にとっては何の重要性も持っていないことになる。さらに、何かが理解可能ではあるにせよ、それがある限定された関係の枠組みの中でのみ理解可能なことであり、真剣な公共的な論議を破壊することなしには一般化され得ないようなものであるなら、われわれはそれを、われわれがそれに向かって回心すべき立場として取り上げる必要はないであろう。私は、それはアヤトラ・ホメイニのレトリックに、あるいはジェリー・ファルウェルの説教の諸局面に、またメアリー・ダリーの華々しい、怒りに満ちた怒号の諸次元に、そしてサイババの格言のほとんどすべてに、またジェームズ・ジョーンズについて私が理解しているすべてのことに対してあてはまる事柄であると言いたいと思う。しかしもちろん私は、各々の実例において、「理性」によって私の判断を下さなければならないであろうし、私の議論の中に出て来る何らかの事柄が、もし「理性」の吟味に合格しないならば、私は人々にそれを信じてもらおうと期待する権利を持たないのである。

人は、神学的な事柄における「理性」について語る時には、慎重でなくてはならないであろう。なぜなら、超理性的な、あるいは前理性的な信仰や信念の局面というものが存在しているからである。心（heart）は、知性（mind）が知らないような理性を、確かに持っているのである。さらにロナルド・グリーンが論じているように、人々は理性的である選択をしなければならないのに、多くの場合、人はその選択を拒否するというのが実情なのである。[4] 確かに、真剣な宗教思想の歴史の中には、敬虔主義や信仰主義がキリスト教思想についての議論を支配したために、語られている事柄それ自体が理性以下のことであるのか、あるいは理性を越えたことであるのかを見分けることが困難になってしまったような時代も存在していたのである。そのような時代の神学における理性の使用の唯一の有効な手掛かりは、参与者たちが、なぜ彼らの理性的には曖昧な立場が傾聴に値するものであるのか、という問題をめぐって洗練された理性を用いようとする努力の中に見出されていたのである。神学は、そのいくつかの次元においては（そのうちのいくつかだけが公共神学《パブリック・セオロジー》にとって重要なものであるのだが）、宗教的神秘、情熱、不安といった、「理性」による説得や探求を越えた事柄を、確かに扱うことがある。しかし、神学は多くの次元にまたがる諸象徴を用いてそれらを取り扱うことによって、それらの事柄を批判的な吟味と理性的な議論が扱い得るものとすることができるのである。そのような場合には、神学はもはやその最深部においては非合理的なものではない。それはパウル・ティリッヒがかつて「エクスタシーにおける理性」と呼んだものなのである。

「理性」に関して最後に注目すべきことは、「聖書」と「伝統」とを無視することが普通になっている社会においては、またさまざまな諸聖典と諸伝統が相互に出会わざるを得ない世界においては、「理性」こそは、さまざまな諸問題についての公共的な議論の中で、不可欠の規範である、ということである。公共神学《パブリック・セオロジー》は、「自由に考えること」、疑い、また批判的な思想に対して開かれているのである。それは、神学的ではない諸学問領域の諸洞察を引き入れ、またそれを包含することができるのである。実際、もしわれわれが「聖書」と「伝統」に注意を向けてくれるようにと人々に対して望むならば、われわれはなぜ彼らがそうするべきであるのかということについての納得できる理由を、彼らが理解できる仕方で提示しなければならないはずである。われわれは、それらの神学的な諸原理に留意することが、実は形而上学的に、あるいは道徳的に意味があるだけでなく、心理学的、経済的、政治的、社会的にも意味があるのだ、ということを示さなければならないのである。

「理性」は諸素材と共に働き、また諸素材の上に働きかけるので、それ自身で完全に自己充足するというものではない。「理性」のかなりの部分は形式上のことであり、それは論理学が取り扱う類のものである。理性が神学や倫理学とともに働く場合の素材は、部分的には「聖書」と「伝統」から供給されるのであり、それによってある部分は既に体系付けられているのである。それはまた、部分的には「経験」によっても供給されるのであるが、この「経験」こそ、四辺形の第四番目の、そして最後の原理である。

経験

「経験」は、とりわけ感情や感覚と、また何かを行うことを通して直接的に構築されるような種類の知識と関わりを持つものである。しかし全ての経験が等しく重要であるというわけではない。抑圧や不正義や嫌悪の経験が、私たちが権威の試金石として取り上げるであろうものを開示するのだと論じることは困難である。実際に重要なのは、創造性、構築、破壊と崩壊の克服の経験なのである。例えば、大工はその経験の故に、計測をして一度で狂いなく何かを切り出す方法を知っており、バイオリニストは経験によって、楽譜に印刷されている音程を正確に再現して奏でる方法を知っているのである。

　いかなる活力を持った公共神学《パブリック・セオロジー》であっても、人々が「経験」によって既に知っていることと響き合わなければ意味を持たないであろう。それは生の感覚と実践のなかに既に現存している知恵と出会わねばならないのである。確かに、人々は、彼らの感覚と習慣から導き出された多くのことを知っているのである。しかし、それらすべてが永続的な、あるいは公共性に対して重要性を持っているわけではない。また現代の生のもっとも特筆すべき事実の一つは、経験があまりにも多様であるために、人類を結び合わせるのは個々の感覚と習慣から導き出された経験ではないということである。このことは、経験主義的な神学が不可避的に持つ弱点を示している。なぜならそのような神学は、われわれがそれを用いて妥当的な経験とささいな経験とを識別することができるような規範を提供しはしないからである。しかし経験主義的な神学は、いかなる公共神学《パブリック・セオロジー》も、人間実存のもっとも深い感情的な部分にも背反することはできないし、また、人々が日々の生活をそれによって耐え得るものとしている根本的な社会的習慣に反対することもできないということを知っている。なぜなら、神学は、神は生のもっとも深い経験の中に現臨すると仮定しているからである。それがなし得ることは、公共的な重要性を持つ感情や社会的習慣の諸次元を見極め、選択することを手助けするということなのである。換言すれば、公共神学《パブリック・セオロジー》は、あらゆる時代における知的でない人々、そしてほとんどの時代における知的な人々が、それによって彼らの生の諸断片を共有するところの、情趣や礼儀作法や美徳や意識というものを尊重するのである。

それには確かに危険もともなうのである。多くの人々は、宗教に対して、単純に自分を満足させてくれるようにと、あるいは自分たちが既にしたり考えたりしたりしていることを認めてくれるようにと望むものである。また、笑顔で、人々のご機嫌取りをしながら、そのような欲求に迎合するであろう聖職者（また心理学者や自助《セルフ・ヘルプ》の「エキスパート」や、広告家、また政治的プロパガンダを行う人も）はいくらでもいるのである。しかし、彼らに対する筋の通った批判は、「経験」の与える諸教訓は丁重に扱われる必要があるという事実を無視してなされてはならない、というものであろう。たとえそれらが、経験それ自体を越えたところからもたらされる経験を評価するための規範を必要とするとしてもそうであってはならないのである。

公共神学《パブリック・セオロジー》が言い表そうと試みる真理と正義は、憐れみの神に根差し、また真理は、よく言われるだけでなく私たちも言うべきことなのであるが、愛において語られねばならない。人間的な経験に敬意を払いつつ愛するということは、第四の規範であり、公共神学《パブリック・セオロジー》を完結させる限界線のひとつである。私は、人々が経験の中で他の何にも増して求めるものは愛であるということを示すことができると考えている。愛は、神の真理と正義に関する経験的な知識なのである。われわれはみな愛を求めるが、その理由は、われわれは意識の何らかのレベルにおいて、愛は経験を意味深いものにするということを知っているからである。もし、公共的な様式で行われる議論がこの愛をもたらさず、それが人間的な経験を中核として導かれるならば、官能、強欲、クラブ意識、党派意識、右翼における国家への愛という装いをした過度の愛国主義、左翼における搾取された者たちが自分以外のすべての者たちに対して復讐心に燃えた怒りを熱烈に抱くこと、というような代用品が、愛のかわりに「霊感」や動機の源泉となってしまうであろう。

文明に対してリーダーシップと導きとを提供する者のほとんどは、愛と憐れみとを、彼らの政治的信条の、あるいは経済のダイナミックな解釈のための、批判的な原理としては取り上げてはいないのである。彼らは、個人を個人に対して、また共同体に対して結び付けている信念や愛情のパターンに焦点を当てることをほとんどしないのである。われわれは、政治家や官僚、あるいは政治学が、彼らの技術や科学の規範として愛を持っていると言うことができるであろうか。ビジネスや労働は、あるいは経済学はどうであろうか。弁護士や犯罪学者は、あるいは法学はどうであろうか。学者や管理者は、あるいは教育学はどうであろうか。科学や技術は、あるいはテクノロジーはどうであろうか。こうした分野の人々は、恐らく個人的には愛を実践しているであろうが、彼らの個人的な好みや、彼らの専門的な技術と、彼らが唱える公共的な方針との間の関係は、はっきりしないままなのである。「経験」は、しばしば客観性のイデオロギーとしての「経験主義」以下のものになってしまう可能性を持っている。たとえわれわれが、こうした研究から世界のいくつかの諸事実についてどれほど多くのことを学ぶとしても、われわれはそれらが「経験」に関する人間的な理解を規定することを決して許すことは出来ないのである。公共神学《パブリック・セオロジー》は、憐れみを公共的なものとして、つまり単なる個人的な原理としてではなく、「聖書」、「伝統」、「理性」と調和するものとして取り上げるのである。事実この原理のみが、現代社会の不調を癒し、エキュメニカルな視点に対して、より完全な枠組みを提供し、公共的な論述において支配的であるような諸テーマの提案が、実行可能性という競技場の中に存在しているものであるのかどうかということの相対的な確信を産み出すという仕方で、公共的な論述の限界線を完成させ得る、と言うことができるのである。このようにして公共神学《パブリック・セオロジー》は、それが影響を与え、導こうと欲するところの人々や文化や社会と自らとを断然させたりはしないのである。たとえ、その預言者的な告発が、憐れみと共に語られるとしてもそうなのである。それは愛をもって人間的経験と関わり合うのである。

さて「聖書」、「伝統」、「理性」、「経験」が、権威をもって神学的に語ることの根拠として働くというのなら、それらの内容は何であろうか。それが、われわれが第二章で取り上げる問題である。

さらなる研究のための問い

この章では、キリスト教的スチュワードシップは「神の言葉」の公共的なスチュワードシップにおいて始まるということ、そしていかなる「公共神学《パブリック・セオロジー》」にとっても、もっとも重要な四つの試金石、あるいは土台は「聖書」、「伝統」、「理性」、「経験」である、ということを論じてきた。

①キリスト教徒は、公共神学《パブリック・セオロジー》を発展させることに関わるべきなのであろうか。公共神学《パブリック・セオロジー》は、個人的な信念と異なるものなのか。それは信仰共同体によってなされる「信仰告白」や「決断」とは異なるものなのであろ

うか。

②われわれはある人々が持っている、宗教は社会的、政治的、経済的な事柄に関わるべきではない、という信念に対してどのように答えるべきなのか。

③多くの宗教や信仰や哲学が存在する多元的な世界の中で、キリスト教はいかなる土台に基づく時にその教えを権威あるものとして聞き入れてもらえるであろうか。キリスト教の公共神学《パブリック・セオロジー》というのは、キリスト教徒は究極的に正しく、他のすべてのものは間違っているということを言おうとしているのであろうか。

④キリスト教と他の宗教や哲学や社会理論との間にはいかなる共通性が存在しているのであろうか。またそれらの間にはいかなる違いが存在しているのであろうか。

⑤もし「聖書」、「伝統」、「理性」、「経験」が、文明における信仰と実践にとって権威の土台となるなら、それらに根差す公共神学《パブリック・セオロジー》は時間と共に変化するものなのであろうか。

⑥権威の土台のうち一つを他のものよりも強調する（例えば「聖書」を）危険性の現代における実例としては、どのようなものが考えられるであろうか。われわれは「聖書」を、「伝統」、「理性」、「経験」に頼ることなくして、正しく理解することができるであろうか。

⑦いかにして「聖書」の解釈が「伝統」によって影響されてきたか、ということに関して、またその結果、礼拝や証言や教会の働きがどのような仕方で変えられてきたのかということに関してどのような実例があったであろうか。また「伝統」は、神学や公共の倫理の理解のためにどのような貢献をなしてきたであろうか。それは、それらの理解を減少させてきたであろうか。どのような仕方で社会は「伝統」の発展に影響されてきたのであろうか。

⑧もし「理性」が公共神学《パブリック・セオロジー》の土台として用いられるのなら、合理性の基準は何であろうか。あなたは「理性」を、論理学や科学、あるいは哲学の観点から考えているか。それとも、実際的有効性として「理性」を考えているか。何かが合理的でない時、いかにしてあなたはそれを認識するのか。「聖書」、「伝統」、「経験」は、「理性」を越えたものであるか、それとも対立するものであるか、それとも一致しないものであるか。

⑨公共神学《パブリック・セオロジー》は「経験」によって導かれるべきであろうか。そうであるならばどのような種類の経験によってであろうか。どのような異なる種類の感情や出会いが、社会的、経済的、政治的事柄に関する決断の中で役割を果たし得るのであろうか。

⑩公共神学《パブリック・セオロジー》の発展の中で、個人および地域教会の責任はどのようなことであるべきなのであろうか。そのような神学は、どのような差異を地域的、国家的、国際的レベルにおいて産み出すのであろうか。

⑪もし今日のキリスト教徒が、社会的コンテクストにおいて「神の言葉のスチュワードシップ」を引き受けるならば、それはいかなる衝撃を以下のような事柄の上に及ぼすとあなたは考えるだろうか。すなわち(ア)環境問題、(イ)社会正義の問題、(ウ)戦争と平和に関する討論、(エ)科学、(オ)政治、(カ)人種差別、性差別、文化的偏見、(キ)経済、(ク)宗教団体に対する経済的サポート。

---

(1) Fisher, A New Climate for Stewardship（Nashville : Abington, 1976).

(2) Faith and Science in an Unjust World, 2 vols., vol.1 : Plenary Presentations, ed. Roger Shinn; vol. 2 : Reports and Recommendations, ed. Paul Abrt（Geneva : WCC Press, 1980）を参照。

(3) The Challenge of Peace : God's Promise and Our Response (Ramsey, N.J. : paulist Press, 1983) を参照。

(4) Green, Religious Reason : The Rational and Moral Basis of Religious Belief (New York : Oxford University Press, 1978). Nicholas Wolterstorff, Reason within the Bounds of Religion (Grand Rapids : Eerdmans, 1984) ; John H. Whittaker, Matters of Faith and Matters of Principle : Religious Truth Claims and Their Logic (San Antonio : Tex : Trinity Universi Press, 1981) ; Faith and Rarionality : Reason and Belief in God, ed. Alvin Plantinda and Nicholas Wolterstorff (Norte Dame : University opf Notre Dame Press, 1983) も参照。

第二章　公共神学《パブリック・セオロジー》の諸原理

われわれは、公共神学《パブリック・セオロジー》にとって重要な四つの試金石を明確化しようと試み、そしてわれわれがこの時代にそれらについて語る方法を獲得するために、われわれのエキュメニカルで、グローバルで、宗際的で、そして多元的な時代のために適切な仕方でそれらを再構築しなければならないということを認識した。「聖書」、「伝統」、「理性」、「経験」は、絶えざる相互関係において、公共神学《パブリック・セオロジー》の再構成にとっての導き手であり続けている。なぜならそれらは、各々の世代に対して、それらがその時代の問題に対して何を意味しているかについて、新しい仕方で表現し直されることを必要としているからである。われわれが、われわれの同時代の経済《ポリティカル・エコノミー》のスチュワードシップに固有な諸問題に直面する時、われわれは、われわれの持っているこれらの諸資産から出てくるどのような主題が、規範的な導きを提供することができるのか、と問わざるを得ないのである。

鍵となる永続的な諸主題を見極め、それらを現代の状況と関連させる試みは、人間は「神的」な事柄について何らかの確かなことを知ることができるのであり、それらは公共の領域に関連し、またそこにおいて論じられ得るものであり、教会の一義的な責任は、そうした意味と生の究極的な諸原理を、社会的生の中で説教し、教え、実現することだという理解を持つはずである。もし教会のなす証しがそのようなものに基礎付けられていないのなら、われわれは世界において語る言葉を持ち得ないことになってしまう。世界の諸問題は知的グループ、幹部会、政党、重役会議室、ユニオン・ホール、弁護士グループ、官僚といったものによってこそよりよい仕方で扱われ得るのだ、ということはあり得ないことなのである。

以下に論じられる一〇の重要な主題が、公共神学《パブリック・セオロジー》の内容としては適切なものであるように思われる。それで全て余すところがない、というわけではないが、それらは現代の神学的沈滞状況を克服するためには不可欠であるような種類の諸問題を確かに例示している。それらの主題は、いつでも当惑を引き起こすような人間的問題に対して、首尾一貫しており、人を動かすような答えを提供している。個々の答えは、何が究極的に真理であり、正義であるかという問いについての主張を含んでいる。なぜならそれらは、現代の経済《ポリティカル・エコノミー》のスチュワードシップに対して直接的に関係するような含蓄を含んでいるからである。今日、キリスト教共同体の様々な諸派は、それらの主題の特定なものに、あるいは別の一つに集中し、それによってより大きな全体像が失われてしまっているのである。事実ある場合には、一つのものへの集中が、非常な締め付けとなり、その結果、そのグループがこれこそ神学の全体であると受け止めている（実際上は）神学的断片にすぎないものに従わない者は、非公式な仕方で破門されるということが起こっているのである。このことは、ファンダメンタリストたちの主要な考察から採られた第一の主題と、現代の解放論者たちから採られた第二の主題を明確化する時、明らかになるであろう。これら二つの宗教的な運動は、「保守主義者」と「リベラリスト」との間で以前から存在していた緊張を、閉ざされた世界の中で行なっているつまらない論争だと考えられているが、実際には今日の宗教界においてもっとも急速に成長している運動なのである。両者は、方法においても内容においても偏狭であり、既に述べたような締め付けを強力に行なっているのである。しかしわれわれはそれらがどのような真理や正義の基準を包含しているのか、またこれほどまでに多くの人々がこの運動に注目せずにいられないのはなぜなのか、ということについて考えてみなければならないであろう。それによってわれわれはこの運動をより大きな枠組みの中で取り扱うことができるのである。われわれがこの後で扱うその他の諸主題は、われわれが共有している「古典的な」神学の諸主題から採られるものである。私がそれらを選んだのは、それらが、複雑な現代文明の中における公共的な生の刷新のための、首尾一貫した神学的視野を与えるための鍵となる諸要素を描き出してくれる、と考えたからである。

創造と解放

第一の主題は創造である。キリスト教徒、ユダヤ教徒、イスラム教徒、そしてほとんどのヒンドゥー教徒、そして多くの部族宗教の信者たちは、世界がそれに対して依存しているような創造神が存在している、ということを信じている。しかしこのような見解は、ダーウィンの時代以来、近代科学によって異義申し立てを受けているのである。それへの反応として起こった、キリスト教ファンダメンタリズムの台頭は、特筆に値する二〇世紀の宗教的展開のひとつであった。ファンダメンタリストたちはしばしば、神が世界を創造したのであり、あらゆる形態の生物はその定められた時に創造された、という見解をなす創造主義（creationism）を擁護してきたのである。

ファンダメンタリズムは、他のキリスト教とは違った意味で現代的な現象である。それは、神学史のほぼ全般にわたって異端的であると見なされてきたような「聖書」に関する一連の見解を伴っている。しかしながら、二〇世紀になり多くの人々が異端という考え方は既に時代遅れのものであり、あらゆる宗教的見解は全て等しく無意味で奇妙なものであると考えるようになった時、キリスト教ファンダメンタリズムは力を得、発展してきたのである。その主要な対象は、ダーウィン的な（生物学的、宇宙論的、また社会的な）進化であった。この運動に力とエネルギーを与えている者たち、あるいは、その支持者たちは、自分たちの視野をまだ首尾一貫した仕方で明確化させてはいないのであるが、それにも関わらず、彼らは重要であり真である何事かを知っているという確信を持っているということができるであろう。今日においてもなお、彼らは、エキュメニカルな思想家たちよりもいっそう熱心に「なぜ何かが存在するのであり、非存在ではないのか」という決定的な問題と取り組んでいるのである。

もちろん科学的な根拠という点に関して言えば、創造主義者であるファンダメンタリストたちは誤っている。そのことについては議論の余地のないことである。彼らは科学的なデータを彼らが持っている特別な「聖書」解釈の方法に従わせようとする点でも誤っている。さらに彼らは、セクト的な見解を公立学校で布教することを可能にするような法律を認可させようと努力していることにおいても誤っている。しかしながら彼らは、公立学校でどのような仕方で科学が教えられるべきか、というような問題を越えた、より根本的な重要性を持つ、神学的な事柄を認識してもいるのである。それ故に彼らの誤った考え方ではない方のもう一方の面である、妥当性をもった洞察の方が認識されないままでは、彼らが提起している問題は公共的な議論を歪めることになるであろう。

彼らの、人を不安にし、また締め付けるような闘争的な態度の背後にある、妥当性のある主張とは、知的、教育的、科学的な健全さは、今日広く行き渡っている諸仮説の故に脅かされているというものである。それらの諸仮説とは以下のようなものである。すなわち（1）この世界は偶然に出来たものである、（2）生は偶然の類型に属するのであり、そこにある論理は（そもそも論理があるとしたらの話だが）ただ物質的要因による突然変異ということのみである、（3）人類は、他の動物が持っている以上の「尊厳性の質」を持っているわけではない（他の動物よりもいくらか大きい脳をもっているのかも知れないが、それを除いては何も他と異なったところはない）、（4）変化の自然的プロセスは、いかなる神的目的や原理とも無縁のものである、（5）宗教的信念は、いかにして世界が動いているかを知ろうとする時代遅れで神話的な試みであり、それは今や科学にとって代わられてしまっている方法である。創造主義者たちは、ポスト・ダーウィン主義的な還元主義者たちの見解に同意しない。彼らは、宇宙を統御する神的秩序や計画や意図も、また、変化していく物質的環境への適応の成功によって特定の遺伝子が生き延びて行くというシステム以上に高次な生を導く法則も、どちらも存在しないのだということを前提にしている。（また、他の人に対してもそのような仮説を要求している）。一方で宗教、文化、文明の類型、そして真理と正義の問題は、資源や領域や生殖能力に対する支配力を増そうと企てる、種的な、あるいは変種的な諸類が持つ適用力のある構成物として理解されており、他方で経験的に観察される、自然とそのダイナミックな法則は、それを用いて何が真であるかを判断するための唯一の参照事項とみなされているのである。

創造主義者たちはこのような見方が不適切なものであることを知っているのである。(1) 創造主義者たちは、彼らのなす議論が供給してくれる以上の根拠をもって、ポスト・ダーウィン主義的な還元論者について以下のようなことを見て取っているのである。すなわち、還元論者の視点は、自然の背後にあり、自然を越えており、また自然それ自体よりも重要な存在である神の可能性を否定する者であることを、また「自然」は現実や真理や正義の一次的ではなく、二次的な源泉であり規範である「被造物」であるという考え方を否定するものである、ということを見抜いている。「自然的」な生が、牙と爪の血塗られた法則に基づくものであるという主張に対して、そしてもし将来が、「自然的」に「勝利した」戦士や適応者や飼育者だけのものとなるのだという主張に対して、創造主義者たちは、それを用いてわれわれが戦いや適応や飼育を秩序付けるべきであるような、もう一つのより究極的な参照事項が存在するということを知っているのである。また創造主義者たちは、それを用いてわれわれが、われわれの本能を自制し、感情を和らげ、文明を評価し、われわれの相互作用の在り方を導き、われわれの生について総合的に構成することができるような参照事項を知っているのである。そして、すべての人間の科学は、その発展のいかなる段階においても、能力のある人あるいは賢い人によってなされた構築物によって導かれる以上に、真理と正義への奉仕ということによって導かれるべきだということを知っているのである。事実、科学は、そのもっとも深いレベルにおいて、事柄それ自体の記述に沿っているかどうかという検証と同時に、道徳的、あるいは霊的な諸価値についての検証にも合格しなければならないのである。創造主義者たちは暗黙のうちに主張しているのであるが、生物学や宇宙や社会文化的な発展の究極的な秘儀は、科学的真理に衝撃を与えざるを得ないような形而上学的・道徳的基盤を持っているのである。

なぜ創造主義者たちが公立学校における祈りを弁護する議論もしているのか、また、なぜそのような祈りが許されていない場合には私立学校を設立する権利を弁護する議論をしているのかという理由を見出すことは容易なことである。彼らは、学習や教育や科学は、人が直接的な探求の対象よりも偉大であるような実在の前に頭を垂れつつ思考し研究するような舞台においてこそもっともよくなされ得ると考えているのである。自然は、それを実存へともたらしたものへの畏敬の念を持つというコンテクストにおいてこそ扱われるべきであり、また、われわれの精神に対しては内的な、そして世界においては外的な生の自然的な行為は、もしそうした自然的プロセスが地獄のような結果へと導くのであるなら、真理と正義というより高次な基準によって改めて秩序付けられなければならないのである。世界の諸宗教が持つ偉大なる創造神話と格闘することなく、なぜ宇宙は存在するのか、またなぜ生は（たとえそれが不快で、不完全な場合であっても）賜物として見なされるべきであるのか、といった問いと直面することを強いられない学生は、教育的にも貧困だと言うのである。創世記の諸象徴を創造の善性や堕罪についての象徴的な真理として理解できない世代は、文明におけるもっとも偉大な芸術や文化や詩をも理解することのできない者となってしまい、さらに教養を欠いた科学主義を促進することになってしまうというのである。

このようなファンダメンタリストたちの立場が、エコロジカルなコントロールやテクノロジーの倫理的な使用に対して持っている潜在的な意味は、たとえそれらが創造主義者たちの洗練されていない方法でしか言い表されていないとしても（その理由の一端は、ファンダメンタリストたちが、彼らのもっとも深い洞察と一致し、またそれに安定性を与えるであろうサクラメンタルな伝統を欠いていることによるのであるが）、広範にわたっている。しかしながら、現代の生物学的、宇宙論的、社会学的な諸科学の結論を、神の創造性の秘儀という、もっとも包括的なコンテクストの中に位置付けるような公共神学《パブリック・セオロジー》なしには、われわれは、地球に対する無謀な開拓の爆発的な拡大を扱うための、知的、霊的、そして道徳的な根拠を失うことになるのである。そのような場合、科学はますます真理の探求ではなくなって行き、最高位の命令者の要求に応じて調達可能なものとなり、また人間的イマジネーションの束縛にのみ服するような、そして単なる操作のための技術の奴隷となって行くのである。

同じ論理が、当人の要求に応じて行われる堕胎に対する創造主義者たちの猛反対の背後に存在している。性行為と生殖において、人間は、動物には見られない明らかな畏敬の念をもって、神の創造性の秘儀に参与しているのである。人間にとって、新しい命の形成は、生命科学的な問題であるだけではなく、霊的、道徳的な出来事でもあり、われわれは避けたいと願うが、しかし避けるべきでない責任を伴っているのである。繰り返しになるが、テクノロジーを通して世界をわれわれが望むような形に合わせて変形させることができるというわれわれの能力は、科学とテクノロジーとをより究極的なコンテクストの中へと置くような、より広く、またより深い種類の理解によってコントロールを受ける必要があるのである。

現代において、このような立場との対極の方向に向って走っているものとして、われわれは解放運動を見出すことができる。現代の宗教的生のこの第二の新しい現象は、歴史とその類型に焦点を当てている。解放運動家たちの支配的な問いは、人間は社会の変革によって自らの生の成就を見出すことができるのか、というものである。解放運動家たちはこの問いに対してはっきりと「それは可能である」と答えるのである。彼らの答えは、人間の社会は抑圧された人々が支配を行う主権者や権力に抵抗し、世界のファラオたちを放逐し、自律と自由という共同体と人間的成就の新しい可能性を発見すべく、神の霊によって導かれているという信念に根差しているのである。変化は(それは事実上歴史における革命的変化のことであるが)、人間に対する神の聖なる目的の成就に向かっての、変えることのできない運動であると考えているのである。

解放運動は、深遠かつ妥当性のある洞察に根差すものであり、それが解放運動が人を動かさずにはおれない原因でもある。解放運動家たちは、礼拝するに足る唯一の神は抑圧された者たちに対して格別の愛情を抱いている神だと考えているのであり、真に敬虔な生は、彼らの権利のために、それを支持するような行動的な社会関与を含むものであると考えているのである。また解放運動家たちは、科学や哲学や宗教の多くは、弱者ではなく、力ある者たちの利益を守るために作られたイデオロギー的な構築物である、ということを知っている。彼らはまた、「心の思いのおごり高ぶる者を追い散らし、権力ある者を王座から引き下ろし、卑しい者を引き上げ、飢えている者を良いもので飽かせる」(ルカ一・五一～五三)という、神の正義を知っている。また彼らは、憐れみ深い神の義は、人間の歴史におけるあらゆる道徳的で生命力のある運動において特徴的なものでなければならないということを認識している。彼らは、人間の生に救いをもたらすと主張するイデオロギーや支配者や支配のためのプログラムや計画が、もし傲慢な者たちの口実に対して異義申し立てをなし、苦しんでいる者たちに希望の地平を開くということを助けるものでないならば、それは誤ったものである、と考えているのである。解放主義者たちが、罪についての彼らの祈禱書を用いて人種差別、階級差別、性差別、帝国主義、植民地主義を復唱する時、彼らは、ある特定の人に対して特権を独断的に与え、また特定の人に対しては固定的な低い地位へと運命づけるようになる今日の複雑な文明が持っている危険性を正しく見極めてもいるのである。

しかしながら、こうした悪の認識はしばしば、マルクス主義的な弁証法と区別することのできないような、単純な歴史哲学と結び付いてしまい、「人民」の名のもとに、政治的、経済的、社会的力を、ただ一つの革命政党の手中に不可避的に集中させることとを肯定することになってしまうのである。社会的な誤りに関する解放論者たちの診断を共有してはいるが、しかし彼らとは違った方法で処方を申し出る人や、ラディカルな社会変化のみが人間の成就をもたらすことができるという考え方に疑念を持つ人たちは、仲間外れにされ、無視され、黙らせられ、あるいは追い出されてしまうのである。

解放論者たちが、ファンダメンタリストたちよりもよりよい仕方で、彼らの態度を弁護したというようなことはこれまでほとんどなかったことである。そのことが、解放論がしばしば神学としてよりも「イデオロギー」として扱われることになった理由なのである。しばしば、解放論者たちは、「神の国」に向かう歴史の運動と社会変化に関する彼らの見方を、ファンダメンタリストたちが「創造」について語るのと同じくらい独断的な仕方で、単純に肯定してきたのであり、また彼らは、その社会科学を、創造主義者たちによって用いられている科学的モデルと同じくらい時代遅れのモデルから引き出してきているのである。われわれはこの両者の立場について、「主よ、これらの義人たちからお救いください」と祈りたくなる。解放論者たちは、自分の意見の正しさを証明するために「聖書」を引用するという仕方で、聖書を選択的に使用しているのであるが、その点でファンダメンタリストたちとまさに同じことをなしているが故に彼らは批判されるべきである。たとえば彼らが「出エジプトの出来事」を、彼らの解釈原理を基礎付ける聖書のパラダイムとして選ぶ時、彼らは、子供たちをパロの手に引き渡すことを結果としてまねいてしまったイスラエルにおいて起こった経済的失敗に関する聖書の証言を無視するのであり、また、出エジプトの後に起こった、解放されたイスラエルが、シナイ山で受けた律法よりも黄金の子牛の方を選んだ、という出来事を見落としているのである。ファンダメンタリストたちと同じくらいの傲慢な仕方で、解放論者たちは、彼らの社会的、政治的、あるいは経済的な見方に対して留保する人々を非難するのであり、とりわけその留保の理由が、歴史の弁証法が神の国への手掛かりであるということに対して疑念を持つ神学に根差している場合にはその非難が一層厳しいものになるのである。さらに、抑圧された者たちの尊厳の肯定に対する彼らの熱意、またそうした人々に対して正義の基準を達成しようとする彼らの努力の中、彼らはしばしば、人間的な経験と正義それ自体とが承認する以上に多くの美徳と知恵とを、強奪されている者たちに帰そうとするのである。しばしば彼らはマルクス主義的な社会分析を引用するが、それは抑圧の原因の正確な理解を歪めるだけでなく、強制的な仕方でなされた強奪を単純化し、純化するというロマン主義的な見方へと傾くのである。確かに貧しい者たちはしばしばうちのめされ、怒っており、幻想に満ちており、全体として成長を妨げられており、政治的・経済的な因果関係には無関心である。また時として彼らは、執拗な怒りを、「全面的に新しい」「聖書」の解釈のもとに、ごく単純化した仕方で噴出させるのであるが、それは、そのような渇望や冷笑的な利益の追求や悪意などを抑制しようとする理性や憐れみや文化的諸組織の力、あるいはまた練達を経た神学的、歴史的、社会的省察を行う能力を破壊してしまうのである。

それに加えて、彼らのなす「自由解放」の強調によって、解放論者たちは、人間の生における主要な問題は過度な他律的秩序であり、自律的な自由がそれを癒すのだということをほのめかしている。この啓蒙主義的な処方箋は、恐らく何らかの状況における重要な局面を描き出しているに違いないが、解放論者たちが言及するコンテクストにおける中心的な問題の多様さもまた、実は混沌を生み出し、伝統的権威や国家の批判という名のもとになされている自律的ではあるが専制的な権力ではないのだろうか。

解放論者たちは、どのような政治的、経済的生の構築が複雑な近代社会を構成するために必要とされるのか、ということについて問うことをほとんどしない。彼らは、現在の生の形式に対する抗議、および変化をもたらすのに必要な暴力の行使に過度の強調を置いているので、継続的にそれ自体を更新できるような種類の社会的・制度的な秩序という、再構築的な視点を持ち得ないのである。彼らが近代社会の動向を秩序づけるために規範的な要因に対して注意を払わないことと、彼らがあらゆる社会的問いを単に権力の分析として見る傾向にあることは、解放論者を全体主義的な傾向の犠牲者という位置に留め置くことになるであろう。このような現代の解放論の諸限界が、その洞察の同盟者もしくは支持者となったかもしれない多くの人々が、彼らが望んでいるのと同じくらい真剣にそれらを受け取ることができないでいる理由なのである。(2)

現代の解放論の多くが持ち合わせている偏狭なドグマティズムにも関わらず、それの主張者たちは、社会正義に対する情熱的で堅固な指標を持たないようないかなる哲学も社会科学も、また宗教的方向付けも、公共神学《パブリック・セオロジー》の見地からは根本的に不適切なものである、ということを認識してもいるのである。遅かれ早かれ、最終的に歴史を支配する神が、地球上のほとんどの場所におけるほとんどの歴史において生じてきた、身分の卑しい人々の生を贖ない、その悲しむべき状況を永続的なものとしてきた抑圧を正すような社会変化をもたらすであろう。自分の宗教を飾り立てて神の正義に抵抗しようとすることによってそうした変化に敵対しようとする者たちは、滅びへと裁かれるに違いない。しかし、これらの妥当性のある洞察は、より大きな神学的、社会学的な解釈というコンテクストの中に位置づけられる必要がある。近代の革命的運動によってもたらされたもの、またもたらされるであろうものが「神の国」であるのかどうか、また神の国は地上において、また歴史の中で完全に成就されるものであるのかどうかということは、端的に言って明らかなことではないのである。さまざまな解放運動の最大の同盟者は、おそらく、無批判に彼らと団結しようとする人々ではなく、その運動の妥当性のある洞察を、より永続的でよりイデオロギー的でないコンテクストの中に位置づけようとして、哲学的、社会学的、経済的、そして神学的な資源を整える企てを批判的に、また注意深く行なおうとしている人たちなのである。

召命と契約

公共神学《パブリック・セオロジー》にとって少なからぬ重要性を持つ第三の主題は召命である。それは、歴史における正義のための社会的関与をも要求する創造主なる神が、個人および集団に対して何らかの意図を持っている、という見解の中に見出される。召命は、「なぜ私なのか」という問いに対する答えである。すべての人は、彼あるいは彼女が、それに従うかもしれないし、あるいはそれを無視することを選ぶかもしれないような、神から与えられた使命を持っているのである。アブラハムとサラの召命に始まり、預言者と使徒の召命、さらにカトリックの修道制的伝統における宗教的召命の深遠な感覚、また、宗教改革の教会の信者たちすべてが持つ、自分は祭司であるという感覚に至るまで、われわれは神によって、ある目的のために世界に招かれているのであり、神の経綸の中で生の全体に奉仕すべく呼び出されているのである、という理念は、根本的であり、深く浸透している見方である。それは、われわれがみな神の像にかたどられて造られており、それ故にわれわれひとりひとりは、神の目的を成就するに際して果たすべき役割がある、という信念を必然的に伴うものである。召命は、われわれの生の主要な目的は、われわれがそのために造られた目的を実現することを通して神に仕えることである、ということを意味している。われわれの生のあらゆる局面でわれわれが行うことにおいて、とりわけわれわれの仕事において、われわれは単に自分自身の所有であるわけではないのである。そのことを通してわれわれは、われわれ自身よりも大きな実在に属しているのである。この主題は、強制的な他律へと至ることを強要するファンダメンタリストたちの見方、自律を賞賛する解放論者の見方を修正する。なぜなら私たちは他律でも、自律でもなく、神律へと呼び出されているからである。(3)

この高度に個人的な見解は、公的な生との直接的な関わり合いも持っているのである。権威ある地位についている人々が、そのことの故に他の人々に対して権威的に振舞うことはできないのである。なぜなら、彼らは根本的には、自らの目的を越えた目的のために奉仕する者だからである。それに加えて、彼らは、彼もしくは彼女の召命を見出し、それのための備えをし、そしてそれを生き抜くことにおいて、隣人を助けるべきなのである。さらに、発展段階にある社会が、われわれが、あるいはわれわれの隣人が、そうなるべく召し出されていることになることを妨げるような構造を生み出しているとしたら、その社会は誤っているのであり、変えられねばならないのである。もし女性が牧師職へと召し出されているが、しかし按手礼を受けることが許されていないというのなら、神の目的は妨げを受けるのである。もし、公共のために奉仕し家族を養うことを望み、能力もある労働者が、職を見つけることができないのなら、またもし社会的少数者が参与へと召し出されているのに、そこから締め出しを食うのなら、またもし科学者や学者や著作者たちが、出版の自由の制限により彼らの考察を公にすることを妨げられるなら、あるいはさらにこのような類似した何らかの状況が存在するなら、何かが間違っているのである。人々を奴隷状態へと束縛し、彼らが才能を現実化することを妨げるような社会や文化や宗教は、そうした人々が、神が彼らに対してそうなることを欲するものへと、あるいは神が彼らに行うことを欲することを行うことを可能とする社会や文化へと変えられ得るはずである。いや変えられねばならないのである。
召命の概念は、われわれの個人的な生に関わるだけではなく、さまざまな公共的な制度に対しても同じように、直接的な意味を持っているのである。この問題をこのように言い直し得るということは、明らかに、この召命という概念が、その中に、創造と歴史は多様な生の「領域」や「舞台」や「秩序」を必要とするという、社会の多元的状況をめぐってのある神学的な確信を含んでいるということを意味している。人々はこう尋ねるに違いない。「なぜわれわれは共同体として存在しているのか」。学校と大学、裁判所と病院、美術館と研究機関、生産企業と労働組合、教会と議会、これらすべてのものは異なる召命を持っている。それらは、人間のある機能を、人間のために成就するために召し出されているのであり、しかも目的の卓越性と明瞭さをもってそれをなさねばならないものである。もしそうでないならばそれらは批判と変革に、あるいは崩壊へと至るであろう。もし大学が政治団体になったり精神療法のセンターになるなら、もし企業が軍隊に、あるいは慈善団体になるなら、もし教会が美術館に、あるいは裁判所になるなら、それはその中心的な召命にそむいてしまっているのである。共同の生のさまざまな部分は、それにふさわしいある特定の価値や目的を明確化し、それに服し、それを発展させるようにと、神によって召し出されているのである。[(4)]
われわれは少し前の箇所で、多元的な社会的召命というこの理念が、部族や結社やカーストや民族や性別に対して誤って適用されるなら、いかに危険なものとなり得るかということを見てきた。それは、「悪い」と考えられる遺伝情報を持った人々の持つ個人的な召命の可能性を否定するようなアパルトヘイトの諸形態へと導く。二〇世紀においてわれわれは異なったさまざまな生の諸領域が、他の領域から価値を強制されるような時に何が起こるかということも目にしてきた。左翼的な、あるいは右翼的な全体主義政府は、社会のすべての部門の機能を統制しようとしたのであった。それが成功する時、教育はプロパガンダとなり、産業は軍事化され、法は政治問題化され、芸術はイデオロギーとなる。そして特定の宗教が法となったり、あるいは非合法的なものとされたりするのである。そしてそれによって個別的な召命に基づいた課題、そしてそれぞれの部門が持つ専門的価値は不明瞭なものとなってしまうのである。それぞれの部門が、それが置かれている条件の中で、特定の事柄をよりよく行うということによって、特定の部分が他の部門の歪みを相殺させることによって得られるような全体に奉仕するという感覚は失われるのである。

召命と密接に関連しているのは、公共《パブリック》・神学《セオロジー》に不可欠の第四のテーマ、すなわち契約である。契約は、いかにしてわれわれ人間は、われわれが自分の召命を生き抜きつつ、相互に責任を持つ共同体を形成すべきであるか、という問題に答えるものである。人々は、完全なものとなるために相互に相手を必要とし合っているのであり、そして共同体の中にある人々は、そうした諸関係が構成されるような諸原理を提供してくれる共通の道徳的義務の枠組みが共有されていることを必要とするのである。

聖書的伝統においては、契約は、人間の意志を神の正義へと結び付け、また、相互に自己責任説明性を持つ構造の中で、隣人との関係を規定する神の賜物であるとみなされている。歴史的には、「契約」は預言者的伝統の中核に存在していたのであり、他の二種の主要な人間関係に関する理解と争ってきたものである。その一つは家父長制的関係であり、もう一つは協約的（contractual）な関係である。家父長制においては、何人かの者は本質的に、他の者を支配する権利と義務とを、不可避的に階層的な宇宙の中において所持しているということが前提となっている。おそらくひとはあらゆる階級社会の中に、また結婚に関するいくつかの理論の中に、また日々の生活の中で出会う父権的な態度でなされる恩着せがましい親切の中に、この種の家父長的なものを見出すことができるであろう。それはまたファンダメンタリズムの中にもしばしば見られるものである。協約的関係においては、人間関係を秩序付けるための客観的な道徳的ガイドライン（あるいはまた絶対的なガイドラインも）存在しないということが前提とされている。それ故に人間は、ただ意志と構想力との働きによってのみ、宗教や神学や倫理や社会の形態を構築するのである。こうした人間の創造力による人工物は、それに関わりを持つ当事者たちの望みや必要性といったものによって、絶えず新たに取り決められ得るものなのである。それ故に何らかの不利益があった場合、協定は破られるかもしれないのである。このような見解は解放論にもしばしば見られるものである。さらに言うなら、家父長制はわれわれを新しいファンダメンタリズムに、協約的関係は勝手気ままな相対主義へと導くのである。

契約は、社会的な諸関係において異なったさまざまなレベルでの自己責任説明性が必要であることを認めるのである。それは権威的な構造を持っているが、しかしそれは指導者たちが、より低い地位にある人々を顧み、それに対して奉仕し、世話をするようにと召すのである。契約はまた、意志に基づいた選択と人間的同意の果たす役割を認めるのであるが、契約において履行しなければならない協定というのは、われわれの勝手気ままな人間的意志から作り上げることができたり、あるいは変動する利益から算出できるようなものではなく、より高次の法によって制定されたものとみなされるような根源的な条件に基付いているのである。要するに契約というのは、神が、共に生きるという私たちの生の諸条件と諸限界とを定めたということであり、われわれがどのような権威を持とうとも、また、いかにわれわれが自らの意志を行使しようとも、われわれはそのようにして定められた諸条件に服すべきなのである。それ故に契約ということの中には、忠誠や服従、そして、われわれが時として耐え難く思えるような人と共に愛情に満たされて生きるようにとの決意を要求する生き方をすべしとの客観的な命令が存在しているのである。キリスト者は、われわれの生における特定の契約は、最終的にはすべての人類にまで拡大することが可能になるようなコンテクストの中で発生するのであり、われわれが自ら作り出したのではない存在の相互性において共に結び合わされていると考えているのである。それゆえ契約は、共同体を秩序付ける、という召命のひとつの側面なのである。[(5)] そのことはわれわれをさらに次の不可避的な主題へと導くことになる。それは道徳律である。

道徳律、罪、自由

神の法が存在するという理念は、現在においてはほとんど失われてしまったが、そのような考え方はより深い、またより根源的な世界についての見方である。それは恐らく、神の法に関するいくつかの解釈がいささか狭量な律法主義的な、また自己義認的なものになってしまったが故に、また、家父長的なものと結び付いたが故に、この理念それ自体が、多くの人々にとって、もはや心を動かさずにはいられないものではなくなってしまったのである。そうではない人々も、人間の自律や究極的自由に関する啓蒙主義的な見解に魅惑されてしまい、反律法主義的な認識だけを信用するようになってしまったのである。しかし、道徳律は、「善悪は存在するのか」という問いに答えようとするのである。

公共神学《パブリック・セオロジー》は、神によって基礎付けられた普遍妥当性をもった道徳律が存在すると考えている。[(6)] 共通の垂直線が、すべての文化、すべての市民法と制度化された規則の内にある個々の特別な規定を越えて、直立していると考えているのである。そのような意味での法は、それらが特定の社会において観察されるものであろうとなかろうと、倫理的に妥当性を持ったものなのである。事実このような意味での法は、法や規則が正しくないものとなった時に、それらを修正する際の基盤となるのである。どのような文化様式や社会政治的イデオロギーのもとでも、また所与の宗教や文化や共同体や時代の社会的必要性があったとしても、殺すこと、姦淫すること、盗むこと、拷問すること、抑圧すること、そして奴隷化することは、道徳的に誤っているのである。

ローマ・カトリックの伝統のほとんどと、プロテスタンティズムの多くの部分は、他の多くのキリスト教以外の世界宗教と同じように、より高次の道徳律が存在し、それは特別な啓示なしでもある程度は人間理性によって知られ得ると考えているのである。それは「自然法」と呼ばれている。この用語は混乱を引き起こすものである。なぜなら、私たちが「自然」を理解するその仕方は、近代科学によって変えられてしまったからである。しかしこの視点は公共神学《パブリック・セオロジー》に不可欠のものである。そして事実を記せば、聖書に基づいた政治や市民的宗教、あるいはさまざまな霊性が非合理的なものと化した時には、哲学や科学（自然科学あるいは社会科学）や法律学と言った非神学的な声が、普遍的で理性的な道徳律に訴えることによって、それらを修正してきたのである。公共神学《パブリック・セオロジー》は、そうした分野から提示されたそのような考察の意味を認識し、それらを取り入れ、それによって、広範な学際的対話に絶えず携わり続けようとするのである。同じように、宗教が純粋に信仰告白的になり、その倫理を、ただ特定の宗教にだけ所有されているような視点の上に基礎付けようとする時、今一度倫理を普遍的な合理性へと訴えることで、それは修正されるのである。誰も「失礼、私はシナイ山で啓示された十戒について聞いたことがありませんので、私は違う信仰の持ち主（あるいは無宗教）なのです。ですから、私は私の信念に従って、むさぼり、殺し、盗み続けようと思います」と言うことはできないのである。すなわちハイチのベビー・ドク、カンボジアのポル・ポト、ウガンダのイディ・アミン、ニカラグアのエルネスト・ソモサ、その他多くの名を挙げることができるようなこれらの人物や運動は、彼らの行為についてそのような弁解をする余地はないのである。

われわれは、神の法に関する省察およびあらゆる「自然法」の哲学が営まれたすべての世紀にわたって、道徳律とは何であるかを、積極的な意味において正確に特定することは非常に難しい課題であり続けている、ということを認めざるを得ない。確かに、いくつかのことはより明白であるように見える。たとえば真実を語れ、約束を守れ、子供を守れ、といったことなどである。しかし実定的な法（殺人の禁止、強姦の禁止、拷問禁止、窃盗の禁止など）の方が、規定することは容易である。公共神学《パブリック・セオロジー》における道徳律についての最初の問いは、実はわれわれが何をなすべきかについて、そしてわれわれが何かを積極的に語り得るのかということではないのである。そうではなく、われわれの最初の問いは、われわれが対話や反省を通して知ることを求めるような道徳的秩序がこの世界に存在しているかどうか、ということなのである。われわれは恐らく、消極的な限界だけを明確に識別することができるのであろう。しかしそれは決して小さなことではない。近年われわれが直面している野蛮な行為の再来の中で、近代文明を導くような共通の普遍的道徳律を明確化するような可能性を明らかにするのは、たとえば国際連合の人権宣言のような試みなのである。この宣言は、すべての社会に対して、いかにしてその経済《ポリティカル・エコノミー》を構成すればよいのかを語るものではないが、侵害されてはならないものが何であるかを規定しているのである。[(7)]

公共神学《パブリック・セオロジー》に関連する第六のテーマは、今までに述べたすべての諸原理の中に既に含蓄されているものである。それは罪である。ラインホールド・ニーバーはかつて、それは立派な装いをなしたキリスト教の諸教説の中で、もっとも経験に基づいた教理であると論じた。[(8)] 罪が世界において現実のものであるということを信じられない者は、考えたりせずに、ただ自分の身の周りを見まわしてみればよいであろう。われわれは神は創造と歴史の主権者であり、人間は、奉仕すること、共同体の中で共に契約を結ぶこと、そして道徳律に従うこと、という召命を個人的にも、また他者と共に組織の中にあっても与えられていると信じている。しかし、われわれは歪曲や破れや怠惰や誤りに、私たち自身の中で、また社会史的コンテクストの中で遭遇するということもまた事実なのである。われわれ人間は、われわれ自身に、またわれわれの隣人に、あるいはわれわれの召命に、そしてわれわれの契約に、さらに道徳律に、そして神に背かせようとするような、絶えることのない誘惑におびやかされているのである。われわれは、ひたすら破壊を行おうとする社会運動を見出すことができるし、われわれ自身の中にそうような傾向があることを、いつでも見出すことができるのであり、われわれは永久になぜそのようなことをなそうとするのかと問い続けるのである。それについての包括的な答えが罪なのである。

もちろん罪は、第七のテーマである自由なしには不可能なことである。人間の自由は、もし神が世界を造ったのなら、いかにしてそこに罪が入り込んだのか、という問いに対する答えなのである。公共神学《パブリック・セオロジー》は、神の賜物としての自由は、人間であることのしるしであると同時に、放縦と裏切りの原因でもあることを認めている。恐らく神は、完全な調和がその結末であるように世界を秩序付けたのである。しかしそのことは同時に拒否を選択することをも必然的に伴うのである。家族や政治的な生、学術界や職場における多様な体制は、神がなし得たであろうが、それをしなかったことを時として試みるのである。それは、万物をコントロールしようとしたり、摩擦や決裂、また衝突や過ちが絶対起こらないようにするということである。しかし、能率的なエンジニアリングやマネージメントは、恐らく、物質的なものに関わるさまざまな運用には長けているであろうが、人間実存のすべての諸局面においてそうであるというわけではない。過ちや悔恨、また何が正義であり何が善であるかの自由な選択に対して余地を残さない神は、ちょうど完全にコントロールされた社会環境の中では自由を破壊するような社会編成の故に人間の尊厳性を維持することができないのと同じように、人間実存の中核に触れることのできる神ではないのである。

公共神学《パブリック・セオロジー》は、自由と罪というデリケートな関係を、罪や犯罪（crime）から明瞭な仕方で区別するところにその特色を持っている。罪深いことのすべてが犯罪とみなされるべきではないのである。公共的な権威には、広範な罪の広がりを判断する能力はないし、政府はこの点において大いに自己抑制しなければならないのである。公共神学《パブリック・セオロジー》によって唯一妥当とみなされる政府は、その働きを限定された政府である。それは、自由のための「社会的余地」を許す政府であり、そして宗教や芸術や家庭生活や科学、そして経済活動などの多くの領域において、罪のリスクを敢えて負う政府である。それ故に公共神学《パブリック・セオロジー》は、文化的、社会的、政治的、あるいは経済的生の全体的な統轄をなし遂げようと企てる創造や解放、そして道徳律の専門家であるような聖職者に対しても抵抗するのである。そういう仕方ではなく、公共神学《パブリック・セオロジー》は常に直接的ではない仕方で働くのである。公共神学《パブリック・セオロジー》は人々に対して、彼らの文化的、社会的、政治的、そして経済的な自由を責任をもって行使するように試みるのであり、人権や共通善に対する明白な脅威であり、しかも他の手段によってはコントロールされ得ないような脅威の取り締まりをするように、政府に対して責任をもって行なうべきである、と説くのである。

教会論と三位一体論

これまでの考察は、緊密な仕方で次の第八の主題と結びついている。それは教会である。それは次のような問いを含んでいる。すなわち、自分が罪人であり常に自分の自由を破壊的な仕方で用いるよう誘惑されているということを知っており、しかも、道徳律の下においてわれわれを召命と契約へと召す創造主にして解放をもたらす神について何事かを知っているような人々は、どのようにして自分たちの生を体系化し、自分たちの見解を公共の領域に提示すべきなのか、という問いである。教会論へと焦点を合わせることは、教会と国家との制度的な分離を要求し、それと同時に、宗教集団が公共的な事柄に関して自分たちが持つ見解を、人々の間で伝える権利を要求するのである。教会と国家の分離は、神学を公共的な生から、あるいは政治的、経済的な生を説得や説教や教えを通して導こうとする企てから切り離すことを意味しているのではない。事実この分離は、公共的な人物や制度の構造や傾向やプログラムや価値や活動を選択的に取り入れたり拒絶したりしようとするような非国教会的な集団の形成を可能とするものなのである。この「自由教会」の伝統という遺産は、今日ではキリスト教の「教権主義的」な宗教的伝統の間でも広く受け入れられており、それはまた現代社会を、ユダヤ教のシナゴーグ、イスラム教のモスク、ヒンドゥー教の寺院、仏教センター、そしてヒューマニストのセルにとっても安全なものとするためのものなのである。そのような環境の中においてこそ、神や人間性や世界に関する新しい見解への回心は期待され得るものとなることができるのである。

このような教会論の上に強調されるもう一つの次元は、われわれの主要な「帰属集団」は民族や国家、部族や結社、経済組織や階級ではあり得ないということである。われわれをその組織を通してあらゆる民族や人種や経済グループの人々へと結び付けるような信念や倫理をもった接合組織は、われわれの基礎的な価値の諸構造にとって、われわれがその中においてわれわれの時間のほとんどを過ごし、われわれの精神的、また肉体的なエネルギーを適切に投資している家族や政治システムや経済制度よりも重要なものなのである。逆説的な言い方であるが、あらゆる過ちや欠点の故に、組織化された宗教や教会、エキュメニカルな団体、超文化的で宗際的な対話と出会いのセンターは、私たちの「利害」を超えるような構造と目的とを、生に対して与えるような神的意味を明確化しようとする人間の試みの必要性を指し示す、生きた証拠でもある。人が、経験上の教会組織を、それらが何であり得たか、そして何をなすべきであるか、ということと照らし合わせて考えてみるなら、その結論は不可避的に落胆を迫られるものであるはずである。しかしそれらが、その外にいる人たちの人間的社会実存と照らし合わされる時にのみ、複雑な社会に対してそれらが持つ意義がもう一度得られるはずであり、それらの関心のコスモポリタン的な視野が見極められ得るのである。(9)

ここで意味されていることは、控えめな仕方で言えば、説得に対する、あるはっきりとした確信、すなわち信仰されている内容である理性的な論述や正当な根拠を持った権威によって説得されない者は、それに加わるように強制される必要はないという必然的帰結を併せて持つ確信である。実際宗教的な諸集団や諸原理の確立や抑圧に際して強制力を用いることは、その上にあらゆる公共的な秩序が立脚せねばならない人間の組織を破壊するような、誤った魂へと人々を導くことになる。教会論は、強制的でない自発的な共同体が、文明の中心となる共同体である、ということを前提としている。なぜなら、そこにおいて、神の言葉は自由に洗練され、入念に仕上げられ、個人的な実存に対してと同時に、家族的、政治的、そして経済的実存に対しても結び付けられるようなものだからである。

ところで、確信というのは、まったく推論的なものであったり概念的なものであったりするわけではない。その多くは美的であり象徴的である。また、あらゆる教会的グループの形成は、典礼的、儀式的、そして共有された経験の恵み深い形態が発展することを必要としている。最悪の場合には、それらは魔術的なものとなるかもしれない。またしばしばそれらは、単に儀礼的なものになってしまう可能性がある。しかし、もっとも深められた場合には、それらはサクラメンタルなものとなり得るのである。それらは、信仰共同体において知られている神の真理と正義とを賞賛し、どのようにして創造された秩序が、神の恵みに対して、また、神が人間の生に対して意図しておられる運命に対して、また、人間が自然や相互関係や社会との関係の中で現在持っている責任に対して関係付けられるのか、ということに関する、神学的な視野を、秩序付けられた共同体的物語によって伝達するのである。そのような儀式の象徴的な性格は、不可避的に多様なレベルを持つものであり、それ故に意味の聖なる一体性の中における、多様で複雑な可変的事柄に対して人間が関わることを可能にするのである。そのような儀式のスチュワードシップは、それらの持つ複雑性に対して注意深い配慮を払うということによって、人間的なコミュニケーションの、また、制度に対する誠実さに対する敬意の構造となることができるのである。

現代のエキュメニカル運動は、プロテスタントの宗教改革にその根の大部分を持つものであるが、公共的な生における礼典や儀式や聖なる物語やサクラメントの役割に対して、あまり注意を払ってこなかった。われわれは共有された経験の典礼化された形態が、政治的な、また経済的な生に及ぼす影響に直面する心構えがほとんどできていなかったのであり、また、われわれに対してもっとも影響力のある伝統の多くは、政治的、経済的な生をめぐるわれわれの態度を導くためにサクラメンタルな伝統の豊かな資源をそこに引き入れるということができないでいたのである。しかし、世界中のさまざまな伝統の中にある人々にとって、宗教とは本質的に、正しく挙行される象徴的な行為に属するものなのである。そしてそこにおいてこそ、またそのような仕方でこそ、人々は彼らが持っている人間関係や社会制度にとっての適切性や妥当性や権威の感覚を身に付けるのである。公共神学《パブリック・セオロジー》は、サクラメンタルな諸感覚に注意を払い、それらが公共の生に情報を伝達する能力を批判的に評価しようとするのである。それらは教会論に不可欠の要因なのである。

多様なレベルを持つ意味の鍵となるような教理的な実例はキリスト教の三位一体の理解であり、それは公共神学《パブリック・セオロジー》において第九の鍵となるモチーフである。この教理の古典的な定式化によって、キリスト教の神には、神の内的な生（人間がそれについて何事かを知り得る限りにおいて）と、神が世界と関わる仕方との両方の中に多元主義と一体性との両方が含まれている、ということが確立されたのであった。実在を画一主義的に眺めるあらゆる見方にははっきりと抗議することにおいて、またあらゆる多神教との対比において、三位一体の教理は、究極の実在を、一貫性がありつつ統合された多様性との関連で考えているのである。それは、世界を創造し最終的に世界を統治する究極の実在は、宇宙的な広がりを持つ契約共同体の中においてそれと分かち難く結び合わされており、具体的な召命を持ったペルソナから成り立っているという確信を要約した定式なのである。

三位一体の教理はまた、ある意味においては、二次的な二元論が承認されなければならないということを認めている。そのことはキリストの「二つの本性」の教説の中にもっとも典型的な仕方で見て取ることができるが、それは三位一体の他のペルソナについてもあてはまることなのである。要するにラディカルな超越の評価とラディカルな人間性の評価は、どちらも正しいものであるが、しかし両者は異なったものであり、どちらも他方に還元され得ないということなのである。

確かに、三位一体の教理はキリスト教のもっとも特徴的な教説であり、その伝統に立つ神学を、キリスト教がそれ以外のところでは密接な同盟をし得るであろう諸宗教であるユダヤ教やイスラム教、そして一神教的ヒンズー教から区別することになる教説の一つである。それ故に、そのような意味では、それは公共的な論述の中で弁護することが非常に難しい教説である。しかしわれわれがこれから見て行くように、恐らくこの教理こそまさに生命力のある公共神学《パブリック・セオロジー》の形成のために欠かせないものである。

これらの全てのことは、エキュメニカルな方向性を持った諸教会は、公共神学《パブリック・セオロジー》を育てあげ、それを伝えて行くのにもっともふさわしいものであるということ、そしてそのような教会は、そのメッセージを人々に、すなわち個人から個人へ、集団から集団へと伝えることによって、教会が信じていることを弁証しなければならないということ、そして教会が理性的な対話によって、人々の良心のフィルターにかけられる時、またそれが複雑な文明世界の生による不可避的な諸要求に遭遇する時に修正を受けるかもしれないという危険を敢えて犯さなければならないということを暗示しているのである。別の言い方をするならば公共神学《パブリック・セオロジー》に関するエキュメニカルな視点は、改革的（reformed）で普遍的（catholic）なものとなるために、「福音的」（evangelical）でなければならないのであり、また普遍的でなければならないのと同時に、公共的なものとなるために絶えず改革されねばならないのである。しかし、公共神学《パブリック・セオロジー》は、その基盤となる「正統的」（orthodox）なモチーフを、「聖書」、「伝統」、「理性」、そして「経験」から絶えず取り入れようと試みるのである。それ故に公共神学《パブリック・セオロジー》は宗教的に混乱しており、哲学的訓練を受けておらず、また社会的に分裂しており、神学的に無知な世代から提起されると想定され得るあらゆる異議や抵抗や反対に対して、喜んで応答し、接触しようとするのである。公共神学《パブリック・セオロジー》は、人々の間での開かれた理念の市場において弁証をなし、それによって共同体の中で神の真理と正義とが象徴的に表されるようなサクラメンタルな行為を発展させねばならないのである。この目標に向かってなされる成人者への神学教育は、宗教団体にとって、もっとも重要な課題となると考えている。われわれの教会の形成と、われわれが行う教会の指導者の育成は、このような要求を反映したものでなければならないのである。公共的な生は、このような意味における宗教の自由な活動を認めるような仕方で構成されねばならない。そうではない諸制度の中では、このような仕方で要求されていることを行うことはできないからである。

　私は、これまでにその概要を提示してきた諸主題が、スチュワードシップにとっての、また私たちがそのスチュワードとなるべき主要な主題にとっての知的、倫理的、霊的な焦点についての公共神学《パブリック・セオロジー》的な視野を形成するものであることを願っている。それが、公共的な論述において明確化され、賞賛され、修正され、弁証され、また公共的な論述において宣伝され、社会的、制度的な生の中に受肉させられるようにと、われわれに託された「神の言葉」なのであり、別の言葉で言い換えるなら現代の経済《ポリテイカル・エコノミー》の複雑さの只中に置かれるべきものとして与えられた「神の言葉」なのである。

さてわれわれはここでもう一度、この章全体を通してすでに暗示されてきたことを再確認してみたいと思う。これまで検討してきた諸主題は、神の真理と正義に関する何事かを明らかにし、伝達するだけではなく、それらの諸主題の意味と取り組むことを始める全ての人々を、社会分析や社会への参与へと突き動かすものであった。そしてそれらの理解は、生の理念的な側面においては特異な地位を占めているのである。それらは規範的であると同時に、あるがままの具体的な生のコンテクストとの出会いを必要としている。すなわちそれらは、常に人間的な事柄を超越しているような、神の真理と正義に関する何事かを伝達するだけではなく、人間的な事柄の領域の中に存するような特殊な社会的、歴史的可能性と結び付くような構成要素を持っているのである。確かにそれらは、その特殊な可能性を確かな仕方で認識することを必要とするのであり、それは時として全体を照らし出すようなある断片、あるいはほのめかしによってしか知られないこともあるのである。それらは、思想や経験や行動ばかりが重要視される中で、どこに超越の足跡が見出されるかということとわれわれが取り組むことを明らかにするのであり、それらは、超越的な行為によって、たとえなお不確定な仕方であったとしても現実の土台の上に、新しい可能性を打ち建てるようにとわれわれを召すのである。

経済《ポリテイカル・エコノミー》が工業化の衝撃のもとで急速に発展した前世紀の間、このような諸主題はどのようにしてキリスト者を導いてきたか、というのが、われわれが次に向かうべき主題である。これらの諸主題の現代の諸問題への適用は、「ポスト工業化」の時代において、産業技術がグローバルに、しかも高度に専門化して行くような社会の中で、われわれがどのようにして公共神学《パブリック・セオロジー》を再構成すればよいのかという課題のひとつの手掛かりを提供してくれることであろう。

さらなる研究のための問い

キリスト教的公共神学《パブリック・セオロジー》は、権威の試金石によってだけではなく、キリスト教が世界の中でなす証しに不可欠であると考えらえる、特定の主題や原理によっても導かれて行くのである。この章で探求がなされた九つの諸原理は以下の通りである。

創造	契約	信教の自由
解放	道徳律	教会論
召命	罪	三位一体

①各々の原理は、生や世界をめぐっての特定の問いに答えるべく意図されている。これらの原理が答えを与えられ得るとキリスト者が信じている問題とは何であろうか。あなたは、誰もがそのような問題について問うと考えるか。そしてあなたは問うのか。

②もしこれらの原理が、「聖書」に基礎を持ち、「伝統」に根差し、「理性」によって刻印され、「経験」によって知らされるものであるならば、それらはわれわれの個人的な信仰に影響を与えるであろうか。またそれらは、公共的な事柄をめぐるわれわれの考えに対して影響を与えるであろうか。さらに言えばそうすべきなのであろ

うか。
③ファンダメンタリズムは、これらの諸主題のどれと矛盾しているのだろうか。もしそうであるならばなぜであろうか。それは、公共的な生においてどのような問題を生み出すであろうか。
④解放論は、これらの諸主題のどれと矛盾しているだろうか。もしそうであるならばなぜであろうか。それは、公共的な生においてどのような問題を生み出すであろうか。
⑤「召命」（vocation）と「職業」（profession）とは異なるものであろうか。団体や組織は召命を持つことができるだろうか。
⑥われわれはどのようにして罪（sin）と犯罪（crime）とを区別することができるのだろうか。その違いは、性や政治や経済の倫理に関するわれわれの見解に対して何らかの違いを生み出すものなのだろうか。
⑦教会は創造主義者たちに異義申し立てをすべきであろうか。進化論に対してはどうであろうか。「聖書」と近代科学との関係を理解するためのより良い方法は存在しているのであろうか。
⑧結婚やビジネスや政治において、契約（covenant）と協約（contract）との違いは何であろうか。
⑨あなたは、異なる文化が異なる倫理規則を持ち、異なる宗教が異なる道徳を教え、異なる政府が異なる法律を持っているにも関わらず、それでもなお、「普遍的な道徳律」が存在すると信じるであろうか。また公共的な事柄において必要な、ある種の一致に含まれるものとは何であろうか。
⑩あなたは信教の自由を信じるだろうか。また　あなたは、「ムーニーズ」やさまざまなカルト集団が人々を回心させようとするのも、自由であるべきだと考えるか。あなたは、ローマ・カトリックや、「テレビ伝道をするファンダメンタリスト」、あるいは解放論者や合衆国キリスト教協議会といったグループが、メディアや公

立学校や立法府に影響を与えるということは許されるべきだと考えるか。

⑪教会が社会的な事柄に関わること、あるいは関わりを持たないことは、どのような仕方で神の言葉のスチュワードシップを侵害するか。あなたの神の言葉の理解は、あなたが社会的な事柄に関わること、また関わりを持たないこととどのように関係しているか。

⑫あなたの教派では、サクラメンタリズムは純粋な飾りになってしまっていないだろうか。公共的な生における礼典と儀式とサクラメント、および神の言葉のスチュワードシップに対する責任があるのは誰であるか。

⑬教会は時として創造的な社会変革を目指す闘争を拒否するし、時として、社会変革の方法と目的とはキリスト教の教理に反するように見える。キリスト教がなす証しは、そのような状況によってどのような影響を受けるのであろうか。

---

(1) George Marsden, Fundamentalism and American Culture (New York: Oxford University Press, 1980) を参照のこと。

(2) Dennis McCan, Christian Realism and Liberarion Theology : Practical Theologies in Creative Conflict (Maryknoll, N. Y. : Orbis Books, 1981). また、Nicholas Wolterstorff, Until Justice and Peace Embrace (Grand Rapids : Eerdmans, 1983) を参照のこと。

(3) Theonomy and Authority : Studies in Paul Tillich's Engagement with Modern Culture, ed. John J. Carey (Macon, Ga. : Mercer University Press, 1984) を参照のこと。

(4) J. F. A. Taylor, The Masks of Society : An Inquiry into the Covenants of Civilization (East Norwalk,

Conn.: Appleton-Century-Crofts, 1966)。また、Michael Walzer, Spheres of Justice: A Defense of Pluralism and Equality (Princeton: Princeton University Press, 1982).

(5) Joseph L. Allen, Love and Conflict: A Covenantal Model of Christian Ethics (Nashville: Abingdon, 1984) を参照のこと。

(6) Boston Theological Institute, Human Rights and the Global Mission of the Church, Annual Series, 1985, vol. 1.また、Robin Lovin, Christian Faith and Public Choices: The Social Ethics of Brunner, and Bonhoeffer (Philadelphia: Fortress Press, 1984) を参照のこと。

(7) Walter Harrelson, The Ten Conmandments and Human Rights, ed. Walter Brueggemann and John Donahue (Philadelphia: Fortress Press, 1980). また、Kosuke Koyama, Mount Fuji and Mount Sinai: A Critique of Idols (Maryknoll, N. Y.: Orbis Books, 1984) を参照のこと。

(8) Reinhold Niebuhr, The Nature and Destiny of Man, 2 vols. (New York: Scribner's, 1939).

(9) 拙著 Ethics and the Urban Ethos (Boston: Beacon Press, 1973) を参照のこと。

第三章　キリスト教社会科学の起源

第二章でわれわれは公共神学《パブリック・セオロジー》に不可欠な一〇の主題について説明したのであるが、その際九つだけを取り扱った。われわれは一〇番目のもの、すなわちキリスト論について暗に言及することはあったとしても、主題として論じることはしなかった。それはもっとも論争的な主題であるが、その長い伝統の中で、経済《ポリティカル・エコノミー》の問題と直接的に関係づけられたことはほとんどなかった主題でもある。しかしわれわれはこの第三章と次の第四章において、この問題についての非常に真剣な省察がこの一世紀以上の間に起こっているということを確認したいと思う。この方面の伝統の拡大と改訂において決定的であったことは「キリスト教社会科学」の形成であった。それは、近代の経済《ポリティカル・エコノミー》の諸問題に直面したキリスト教の公共神学《パブリック・セオロジー》にとって決定的に重要な主題のいくつかを発展させたのであった。私はこの伝統について注意を払いたいと思う。なぜならそれは既にこれまでなされてきた議論と新しい仕方によってであるが、はっきりと結合するものだからであり、また、われわれがこの問題を扱う際に感じる居心地の悪さを克服しようとしているからである。そしてこの「キリスト教社会科学」は、拡大しつつある工業化社会の中で、この時代固有の「経験」へと向かうように「聖書」を用い、さらに「理性にかなった」仕方でそれに働きかけようとし、これまでの「伝統」の新しい展開を試みているのである。

一九世紀において、産業革命の充溢する力は、イギリス以外の場所でも感じ取られるようになり、ヨーロッパ大陸においてもその力ははっきりと感じられるようになったが、その展開は今から考えるならば大変ゆっくりとした動きであった。それは南北戦争の衝撃の余韻の中で、遅ればせながらアメリカにも上陸し、さらに貿易や教育、とりわけヨーロッパの植民政策を通じて、地球の隅々にまで浸透したのであった。しかし、五〇年の間に、北アメリカやアフリカ、そして南アメリカの「開かれたフロンティア」は終りの兆しを見せはじめたのであった。その後の経済的発展は、領土の拡張や、「土着」の人々の協力を強要させることや処女地を耕作する植民者たちの努力によってではなく、むしろ採掘や生産や供給のための技術的手段の強化、増大によって、また都市に中心を置いた会社《コーポレーション》の拡張を通して起こるようになったのである。それによって伝統的な経済《ポリティカル・エコノミー》、またそれに基礎付けられ、長年にわたって支配してきた階級社会は、こうした発展によって徐々に解消されて行き、打破される方向へと向かうようになった。さらにこのような経済発展についての考察が、一方で新たに出現しつつある社会科学によって、すなわち新しい非宗教的な道徳的省察によって、また、産業分析家などによって次第に扱われるようになってきたが、それらは他方で政治理論と経済学、他方で宗教的倫理というような区分を生み出し、これまであったような結合を破ってしまい、その後さまざまなイデオロギー的な色合いを持った知識人によって展開されるようになったのであった。

しかし神学者たちは、非宗教的な、あるいは反宗教的な態度が将来を規定するようなことを許すつもりはまったくなかったのである。そのような見方は必ずカオスか専制へと社会を導くことになってしまうと彼らは考えていたからである。初期の指導者たちは、新しい世俗的な理論家のいくつかの理論を選択して利用したが、彼ら自身はその主要な洞察を、回復され、また再構築された聖書的、伝統的な諸原理に常に従属させていたのであった。

奴隷制に対する戦い

経済《ポリティカル・エコノミー》に対する近代神学の態度を変容させたもっとも重要な一つの要素は、奴隷制に反対する福音的な衝迫でった。非常によく読まれたティモシー・スミスの『信仰復興と社会変革』(Revivalism and Social Reform)は、近代における経済倫理の再検討の起源は、南北戦争以前の時代におけるアメリカの信仰復興運動の中にあるということを示している。(1) それ以前の経済についての神学的考察を支配していた、カルヴィニズムのいくつかの教派の主張は、既に動脈硬化を始めてしまっていたのである。そしてより新しい運動が、それらに対して経済《ポリティカル・エコノミー》の問題について、かつて福音や初代教会や宗教改革が取り組んだように、現代の教会ももっと緊密な関わりをもつべきであるということを主張したのである。当時教理的な論争こそが多くの信仰復興運動家たちの関心事であったのであるが(とりわけそれは一方でユニテリアン、他方でアルミニアンという新しい脅威に直面してのことであったのだが)、彼らはさらに社会的な諸問題についての議論は、キリスト教的スチュワードシップの問題として、またキリストへの服従の目に見える表現として、財産、仕事、また富に関する問いにも焦点を合わせようとしたのであった。

それ以前のカルヴィニズムは、イギリス啓蒙主義の哲学的な思考様式、特にジョン・ロックのそれに端を発する思想様式との、どちらかと言えばあまりしっくりとは行かない同盟関係を保持していた。この同盟は、デモクラティックな構造を持った政府の形態と、人権に関する明確な理解を生み出したが、ほとんど絶対的であるような私有財産という解釈をも生み出したのであった。ロックは、三つの個人の「自然権」とは、生命と自由と財産であると論じている。しかし、ニュー・イングランドのカルヴィニストたちも、アメリカ独立宣言の起草者たちも、既にこの定式を変更してしまっていたのであり、彼らはロックのラディカルな個人主義に異議を唱え、人間は「その創造主によって、ある譲渡することのできない『権利』を与えられているのであり、その中には『生命』、『自由』、『幸福』の追求が含まれる」と宣言していたのであった。

しかしながら、南北戦争以前の信仰復興運動までは、私有財産権の究極性については、実質的には何の異議も唱えられてはいなかったのである。しかしその後、次のような問いが鋭い仕方で提起されたのであった。すなわち、キリスト者は他の人間を奴隷の状態にとどめ、財産として所有することができるのであろうか。またそのことをゆるすような公共政策は存続を許されるのであろうか。一八四〇年以後、信仰復興運動がボストンから始まってアイオワ・シティーにまで至るようになったのであるが、その中で、奴隷制と、人間の魂を奴隷化する財産に関する個人主義的な教説に反対する力強い説教が繰り返されたのであった。数え切れないほどの著作や何百もの記事がこの運動から生まれたが、それらは「イエスの諸原理」を奴隷制と直接的に対峙させることで戦おうとしたのであった。それらの著作の著者たちは事実上、南部の神学者たちに対して、あなたがたの制度の福音的な正当性を、『聖書』あるいは『理性』によって証明できるのか、というような仕方で批判したのである。もちろんそれに答えた南部の神学者もいたのであった。

聖書の中には奴隷制の痕跡が存在しているので、すぐに重大な問いが議論の最前線へともたらされたのであった。すなわち、聖書のどの箇所がすべての時代にとって規範的であり、どの箇所が特定の歴史的な時代状況における一時的な見解を反映しているのであろうか、という問題である。この問いは、「聖書」の歴史的解釈への扉を開くことでもあった。この問いはまた、現在の歴史的状況を、古代のそれと比較して分析することをも可能にした。そしてそのことは「聖書」から新しい諸原理を洞察することへの道を開いたのであった。なぜなら、新しい社会的状況の経験と、より深い理性的理解は、以前の世代が出会うことがなかったであろう新しい問題に直面するようにわれわれを強いるからである。それは新たに洞察された諸原理を、変化しつつある状況に対して新しい仕方で適用させることへとわれわれを導くのである。事実それは、聖書に基づいた倫理的な諸原理を、絶えず修正される社会分析と統合することをその課題とするのであり、それが新しい伝統を形成することになるのである。

この時代の著作家たちが、ランケの「すべての時代は神に接している」という金言を真に受け入れてはいなかったとしても、彼らは人間の歴史には「画期的な時代」というものが存在しているのであり、すべての時代は神のもとにその使命を持っているのだという理念を受け入れてはいたのである。それぞれの世代は、神の普遍的な道徳律の下で、社会契約を更新しなければならないのである。このような考え方が反奴隷制を唱える福音伝道者たちの間に、この時代の社会的・経済的な前線に対して、とりわけ奴隷制および経済生活の新しい形態という危機に直面して、それに反対しなければならないという見解を広めることになったのである。その際多くの人々は（それ以外の人たちは、次の世代において、より十全にそのことを言い表すようになったのであるが）、キリスト教神学と倫理学の衝迫のもとに、政治的生はデモクラシー化されつつあるのであり、たとえそれがなお平等に適応されていないところが存在していたとしても、法制度が平等ということを統治原理として既に確立したと信じていたのであった。「近代的」教育は、かつて少数者の特権であったものを、多くの人が接近可能なものとしたのである。また家庭生活における家父長的な権威主義は、現実にはそうでないにせよ、道徳的規範としては既に廃棄されていたのである。しかし今や、古い植民地制度と新しい工業化時代の「追いはぎ成り金たち」（robber barons）との両方の影響によって、新しい搾取的なエリートの一群が台頭し、彼ら以外の生の領域において得られた収益を独占しようとしていたのである。裕福な家族は、名士である家長のもとに集権化され、その富と特権とを父親から息子へと譲りわたしてきたのであり、それによって手中にある政治権力と経済的影響力とを強化しようとしていたのであり、具体的には既に過去へと追いやられたはずの封建的な階層制的な考え方を再現するような仕方によってそれらは強化されることになったのである。こうしたことがこの当時の異義申し立ての中心的な事柄であったのである。

ひとたび財産の究極的権利という教説への異義申し立てという扉が開かれた時、財産に関する世俗的な啓蒙主義の理論（それはロック的伝統の中にあったものである）と、カルヴィニズムのデカダンス的な理論（それは私有財産を特別な神の寵愛のしるしとみなした）が、厳しい批判にさらされることとなったのであった。

われわれは議論を先に進める前に、当時のカルヴィニズムについてもう少し語らねばならないであろう。カルヴィニズムは、この時代に先立つすべての歴史の中で、アメリカ的宗教の主要な輪郭を形成したのであり、権威の正当な根拠と、前章で既に言及した公共神学《パブリック・セオロジー》のモチーフのほとんどを確立したのであった。しかしこの伝統は、徐々に異なる性質を持つ三つの分派へと分裂したのであった。第一の分派は、アン・ダグラスが巧妙に描き出したように、「フェミニズム化」（feminized）したのであった。これは、本質的に正しい議論をなすためには不適切な用語の選択であった。(2) この敬虔主義的な分派は、「より洗練された美徳」の習慣、および内的な宗教的感性を美しく整えることに没頭するようになった。それによって、この分派はカルヴィニズムが元来持っていた公共的な事柄への関心を失ってしまったのである。第二の分派は、反科学的な信仰主義（fideism）の要塞と化し、聖書を文字通りに解釈するファンダメンタリズムの先駆となったが、それは、聖書の完全な逐語霊感を強調するいわば「コーラン化」した聖書主義へと向かうキリスト教の一部となったのであった。

しかしながら第三の分派は、「プロテスタント的福音主義」と呼ばれ得るもので、それは後に二〇世紀のエキュメニカル運動の中核を形成するようになった諸教派から成り立っていた。それらは、自分たちは真のカトリック教会や宗教改革やピューリタンの伝統の継承者であると主張していた。そして彼らは、新しい経済倫理の主唱者となったのである。ジェームズ・ドムブロウスキーが、社会的また経済的な問いに対してはっきりした関心を寄せていた人々は「大抵カルヴィニズムとの何らかの関係をもっていた。それは、カルヴィニズムがもっとも堅固に浸透していた（場所において）……もっともその力を明確な仕方で示していたのである。それ故に、カルヴィニズムの『この世的なもの』の強調は、（この時代における）ルター派における『彼岸的なもの』やカトリックの『来世』とは異なる社会的キリスト教を生み出す原因となったのである。この世からの撤退という考え方は……世界を変容させるという展望を抱きつつ世界に参与することのために拒否されたのであった」と書く場合、彼がそこで念頭に置いているのは、具体的には既に述べた「プロテスタント的福音主義」のことなのである。[3] このような視点は、メソジストや、アングリカンのロー・チャーチの人々や、バプテストや、新しくアメリカで誕生した教派の指導者に賛同した人たちによっても共有されていたものである。そのことは彼らが、たとえカルヴィニズムの何らかの教理的強調を自覚的に破壊していたとしても、確かなことである。

いずれにしても、批判の扉は開かれたのである。一八五一年に、プリンストン神学校の長老派出身の理事であったステファン・コルウェルは、『プロテスタント聖職者の新しいテーマ』（New Themas for the Protestant Clergy）を書いている。この小さな著作は、『共産党宣言』のわずか三年後に出版されたのであるが、進化論的な思想よりも、革命的な社会主義思想に依存しており、次のように主張している。「社会主義的な運動の全体は……この時代のもっとも偉大な出来事の一つである。……社会主義者たちの働きは、忌まわしい利己主義の骨格を暴き出して見せた……。彼らは断固たる憎悪をもってそれを追求した。そしてそのことの故に、われわれは彼らに感謝しなければならない」。そしてそのような産業社会の繁栄の弱点の暴露は、キリスト教の諸原理、すなわちスチュワードシップ、友愛、憐れみ、正義、誠実さ等を経済的秩序に新しく適用させることによって、なされるべきであるとコルウェルは論じたのであった。奴隷制が廃棄されねばならないだけでなく、新しい産業の中で出現しつつある「賃金奴隷」もまた、それが確立されてしまう前に、異義申し立てをしなければならないと彼は考えたのであった。

奴隷制は、北部のキリスト教的な会社《コーポレーション》の影響、デモクラティックな福音運動の熱意、また奴隷の共同体それ自体からの内的な圧力といった、複合的な要因のもとで続く一世代の間に、法的に廃止されたのであったが、それによって新たに自由となった黒人の政治的・経済的地位、および彼ら以上に束縛を受けていた「賃金奴隷」の現実の状態については、ただゆっくりとした変化が生じたに過ぎなかったのである。コルウェルは、南北戦争のすぐ後に生じた新しい批判について既にそのいくらかを予想していたのであった。そのような批判がなされる理由とは、この戦争それ自体が、ますます多くの人たちを急速に広がる工業化へと引き入れることになったというものであり、事実この戦争はその引きがねを引いたのであった。新しい爆発的流行のサイクル、労働者と雇用者の間の新しい関係、そして新たな富の集中が、自作農たちの夢や関係を、収穫や隣人から工場へと変容させてしまったのであった。

「牙と爪の血塗られた法則」の拒絶

私たちはしばしば、西部開拓時代を、南北戦争以後の年月の典型的な日常として想起するため、都市がフロンティアよりも急速に発展していたという事実を忘れがちである。一八六〇年から一八九〇年の間に、都市人口は四倍に増えたのであるが、その間に地方の人口は二倍になっただけなのである。工業都市が最高の支配権を行使したのであるが、それは要するに、工業やテクノロジーや貿易や通商や会社、そして労働者やサービス産業が支配権を握ったということを意味しているのである。それはまた、政府が国民の経済的活動に関与することの驚くべき増加、たとえば道路や街路の建設、警察力の拡大、下水道や街灯の設置、特許や地区制や輸送の管理の増加ということをも意味していたのである。一七七六年には、合衆国のわずか三%が都市人口であり、残りの人々は農業に従事していたのであるが、今日においては、南北戦争以後に起こった変化の故に、人口のわずか三%が農業に従事しているに過ぎないのであり、しかもこの数字さえ、農業それ自体が「農産」会社《コーポレーション》によって次第にコントロールされるようになってきたことによって減少しているのである。人類における他のいかなる経済的変容もこれほど急速ではなかったはずであるし、これほど広範に広がりはしなかったに違いないし、これほど激しく社会を変容するものでもなかったはずである。

このような劇的な変化と並んで、理論の変化もまた生じたのであった。アダム・スミスの理念は、しばしば社会的ダーウィニズムの新しい理論と結び付けられるようになった。自然法則そのものが、「適者生存」の法則や「牙と爪の血塗られた法則」を裏書きするように考えられたのである。しかしこれこそまさに聖職者たちによって批判されたものであった。彼らはそのような形の放任主義的な経済学の前提を次第に批判するようになったのであった。この時代に関する非常に重要な研究の中でC・H・ホプキンスは次のように述べている。「彼らは、制限を受けることのない競争という考えは、傲慢にもキリスト教倫理に矛盾するものであるとみなし、さらに労働者を非人間的に扱うのを認めることは、人間の本質ついてのプロテスタント的概念に対する侵害であるとみなした」のである。(4)
一八六六年にG・H・ボードマン牧師は、個人主義と利己主義は、市場の摂理という法則が自由に働きさえすれば、よい結果を生み出すことができる、というアダム・スミスの理論の中に、キリスト教の諸原理と正しい科学との両方に対する侮辱的なものを見たのであった。二年後にウィリアムズ大学のジョン・バスコム牧師は、スミスの著作の論理は階級的分裂や対立の固定化をもたらすであろうと論じている。

さまざまな説教や雑誌のエッセイ、そして定期刊行物が、このような問題との取り組みを始めたのであった。ライマン・アットウォーターが一八七二年に書いた「労働の問題とその経済的、キリスト教的諸様相」という文章は、何年もの間広く引用されたのであった。彼は利益を分配することを論じ、実業家は「すべてのキリスト教的および道徳的義務により、生産に対する報酬の公正かつ正しい分配を労働者に与える責務を負う」と論じたのであった。そして、C・H・ホプキンズが指摘しているように、ボストンのジョセフ・クック、ニュー・ヨークのリチャード・ニュートン、また他の多くのそれほど著名ではない著作家たちが、同じテーマを『メソジスト・クォータリー・レビュー』や『バプテスト・スタンダード』、また『サンデイ・アフタヌーン』と言った雑誌を用いて論じたのであった。

これらの仕事は実はヨーロッパの著作の影響のもとに養育されたものであった。一八六五年、ジョン・ロバート・シーレイ卿は『この人を見よ』という書物を出版したが、それはアメリカで広く読まれ、また論評もされた。彼は、イエス教えの真の意図は彼が教会の目的と考えたことの中に見出されるべきであり、そして教会の目的とは社会道徳の改善であると論じたのであった。ジョン・ラスキンの『この最後の者にも』（一八六二年）はさらに大きな影響をもたらした著作であった。近代の経済制度に対する鋭い批判に満ちているこの著作の中で、彼は神が意図したような農業的な自然との調和の黄金時代への回帰という処方箋を提示したのである。この著作は、その後ほぼ半世紀の間引用され続け、マハトマ・ガンジーに始まり、大いに議論を呼んだ『スモール・イズ・ビューティフル』

（一九七三年）の著者であるE・F・シューマッハーに至るまで、多くの思想家たちに感化を与え続けている。しかしながら、アメリカのキリスト教思想におけるこうした社会経済的な主題の発展について彼が書いていることは、この国における最初のキリスト教社会倫理の教授であるフランシス・グリーンウッド・ピーボディーが指摘しているように「奇妙な曲解によって……預言者的な告発が、その積極的な教えが失われた後でも存続し続けている」。フレデリック・モーリスとチャールズ・キングスレイという、二人の高名なキリスト者のフェビアン協会員たちは、イギリスで中心的な指導者となった時、それと似たような扱いを受けたのであった。

ドイツのラディカルなキリスト者たちの見解も広く引用された。一八四八年の革命以来、「イエスの諸原理」を経済的な問題に適用しようとする一連の試みが生じたのであった。ルードルフ・トット、パストール・シュテッカー、そして後にはマルティン・フォン・ナトゥージウスやヘルマン・クッター、そしてスイス系ドイツ人のレオンハルト・ラガッツといった人たちが、当時の経済的問題のキリスト教的な解釈のための基盤を整備しようと努力したのであるが、それは基本的にはしばしばマルクス主義的な思想との明白な関連においてなされたのであった。なぜなら当時、マルクス主義的な思想がヨーロッパの労働者階級の間で広く受け入れられつつあったからである。彼らの努力は、ついに一八八九年までに福音主義社会協議会（Evangelical Social Congress）を設立することへと至ったのであるが、それは毎年開かれるキリスト教と社会問題に関する国際会議を後援するというものであった。彼らは同様の関心事を持ってフランスやイタリアからやってきた指導的人物たちを、このサークルへと誘ったのである。それは、社会変革と経済的正義に専心する、キリスト教的でデモクラティックな「非マルクス主義的インターナショナル」を形成しようとするキリスト教的な努力であった。彼らは、政治的・経済的生は大きな転換点に立っているということを認識していたのである。封建制の時代は個人主義の時代によって既に破壊されてしまったが、しかし同時にこの個人主義的な時代それ自体も終焉を迎えてしまったのである。個人主義を呼び求める預言者も、かつての「自然的な共産社会主義」の有機的な一致への回帰を要求する者も、いずれも満足の行くような理論を提供しなかったのである。新しい社会組織の形態と関係付けられ、再び活力を与えられたキリスト教倫理が必要とされたのである。

「文化を変容するキリスト」の肯定

一九世紀の終わり近くになって、多くの著名な人物が、アメリカにおいてに似たような道を模索し始めたのであった。ワシントン・グラッドンは、全国的によく知られた牧師であり、宣教協会（Missionary Society）の議長でもあった。またリチャード・T・エリイは、アメリカ経済協会（American Economic Association）を設立した人物である。W・D・P・ブリスは、有名な『社会変革事典』を編纂した人物である。こうした人たち、そして他にも文字通り何十人もの人たちが、イエスの使信の新しい社会的適用（特にそれが近代社会における制度的な生の道徳的変容のための手掛かりを提供してくれる場合であるが）に基礎付けられた経済の変容に主として焦点を当てた、何百もの本を出版することができたのである。

新しい社会科学が、経験的な状況の分析を提供した一方で、イエスの教えや原理に関する一つの特色ある理解が、規範的な方向付けを提供したのであった。そこにおいてイエスは、聖書および伝統の古典的な教えに従って、創造のロゴスとして、十字架に架けられ復活した主として、神の国の歴史的に緊迫した力の源泉として、神の契約の更新者として、そして神の子として見られている。しかし同時にイエスは、社会関係における新しい時代の開始者として、あらゆる社会を統治する傾向を持ち、主権や権力に対して異義申し立てをする者としても見られたのである。しかしイエスは、現状に対する批判を提起した者とみなされただけではない。彼は、新しい、建設的な可能性の手掛かりを与えてくれる者ともみなされたのである。この点について、こうした伝統の変革者たちは「ポスト・プロテスタント的」であった。彼らは何よりも「再構築者」であったのである。確かに彼らはかなり楽観的であったし、彼らはしばしばそのことの故に非難もされたのであるが、彼らは、キリスト教を何か否定的なものとして理解することを拒否したのである。キリストは文化に対立するものではないと考えたのである。そうではなくキリストは文化を変容したのである。それ故に近代の課題は、まず第一に何にもまして恩寵の形態とそのダイナミックな精神を明確化することであり、それらは目前に迫った新しい世界と出会い、選択的な仕方でそれを取り込み、再建することであるとされたのであった。

ひとはこのような土台の上に立つ時、それぞれの著者によって唱えられ、また教会の諸文書の立場の中に現れたより広い展開を見出すことができるであろう。「社会的キリスト教」を主張する運動にとっても、また学術的研究にとっても、結局はその基盤に、キリスト教社会主義、社会的福音、宗教と労働、キリスト教と経済学、キリスト教と産業、富の倫理学、応用キリスト教、その他もろもろのよく知られた定式が用いられていたのであった。事実一九〇〇年までに、このような定式に基づいた著作がアメリカではかなりの割合を占めるようになったので、米国議会図書館が、その蔵書目録体系の中でそれらの題目を包含する大分類項目の名称として「キリスト教社会科学」という用語を導入したのであった。

彼らの共通の出発点は、その時代の危機であり、実際に経験されていた生の分裂であった。しかし、この見解をめぐってのさまざまな主張は、そのような分裂を告発しただけではなく、時代の悪の中で、なお積極的な方向づけによって生を再構築できるような目的を導入しようと努めたのであった。そのような危機の中で神の民を導くために、それらの主張者たちは、社会的、倫理的な資源を得るために、聖書的・神学的な資源に目を向けたのであった。彼らは聖書研究の新しい様式に注意を払い、また教会史や組織神学においてなされた研究をも知っていた。しかし彼らは、何よりも自らの教会の会衆席に座っている人々が、そこで自分自身を見出し、それによって彼らが再建された可能性の中で自らの将来を見出し得るような社会的状況に対する、倫理的諸原理を明確化し得るための材料を提供したいと考えたのであり、そのような努力は決して不適切なことではなかったのである。

二〇世紀が始まるまでに、さまざまな努力がなされ、そのような発言がもはや特別ではないようになったのである。われわれはこのような見解を二通りの仕方で要約することができるであろう。この章の残りの部分で、私はこの新しく生まれつつあった伝統の主要な主題とその強調点の見取り図を提供したいと思う。そして次の章では、そうした土台の上に生み出された意見の広がりを描き出そうと思う。それによって、さらにその後の半世紀間の著作家たちの仕事のほとんどを位置付けることができるであろう。

台頭しつつある「社会的キリスト教」の諸主題

この時期の急速な工業化に対する最初の道徳的反応は、「イエスの教え」を経済的構造に適用することによってなされた。しかし、われわれの先達がその用語によって密かに持ち込んだものの中には、公共神学《パブリック・セオロジー》の探求における「伝統」、「理性」、そして「経験」も積み込まれていた。いわば他の倫理的源泉が、経験されている危機に圧力をかけたのである。事実古典的な自然法理論の多くの形態が、ちょうど旧約聖書の預言者から取られた素材と同じように利用されたのであった。さらに、規範的な諸概念が、中世神学と宗教改革の神学から取り込まれた。特定の聖書テキストと共観福音書の中でしばしば繰り返される諸主題は、他のいかなる一連の資源にも増して、経済的生に対する近代西洋の宗教的・倫理的視点の中心であったのである。

われわれがさらにこの後見るように、さまざまな著作家が、いろいろな聖書箇所を引用して、その結論をさまざまな仕方で人間の経済的生と結び付けたのであった。何人かの人たちは、イエスへと向かった。なぜなら、彼らは新しい経済制度というまだ十分にヤスリがかけられていない切り出し口の犠牲になってしまっている信徒たちに対する牧会的関心から生まれたキリスト教的な経済問題への対処を擁護したいと考えたからである。またある人たちは、かつてのロックの伝統にならって、経済《ポリティカル・エコノミー》の道徳的基盤のために哲学的考察がなし得ることは、所与も持続的な反省のための学識も持ち合わせていない人々であっても、イエスの崇高な倫理的諸原理を受け入れてさえいるのなら、そのような人々にはよく理解できるはずだと考えたのである。いくつかの見解においては、アングロ・アメリカ的な啓蒙主義よりもむしろ大陸的な啓蒙主義が解釈のモデルとして取り上げられた。一九世紀の新カント派の影響のもとに、何人かの人たちは、アドルフ・フォン・ハルナックやヴィルヘルム・ヘルマンといった、カントの普遍主義的で形式的な諸原理をイエスの教えのさまざまな箇所に見出そうとする著作家たちに従ったのであった。また、史的イエスの探求の成果に、教会の伝統がそのドグマの全てを用いても長い間はっきりとは見ることができないでいた、世界がこれまで聞いた中でもっともラディカルな革命的な使信を見出す者もいた。このような強調は、全ての人のために新しいエルサレムにおける豊かな物質的資源が分配されているのであり、全ての人がそれに向かって進んでいるということが必然的に伴っているのであるという神の国の希望へと導いたのであった。

このこととの関連において確認されねばならないことは、西洋の宗教的な生においては、少し前の時代まで、根本的には個人主義的な敬虔主義が支配的であったということである。ドイツにおけるルター派敬虔主義の支配、イギリスにおけるデモクラティックな福音主義の支配、アメリカのフロンティアにおける福音主義的な信仰復興運動の支配はみな、プロテスタンティズムを個人主義の方向へと押しやったのである。それは、それまでのキリスト教思想を批判したのであり、さらに信仰が直面している新しい社会の複雑さを考慮する中で、自らに挑戦し、批判的に考えるということをも意味していたのである。経済に関する道徳的反省に関わるようになった人たちは、新しく大規模な近代の経済的諸構造は「キリスト教的西洋」において発生したのであり、それらは少なくとも部分的には、とりわけキリスト教の中のプロテスタント的諸分派によって促進されたのだということを知っていた。そうした諸分派は、個人の失われることのない重要性を非常に高く評価してはいたが、しばしば、個人の重要性は、天国における究極的な生へと焦点を合わせられており、決断が来るべき生の相違のすべてを生み出していると考えられていたのである。それと同時に、福音的な強調それ自体が、回心者たちに対して、キリストに地上的な生のすべての局面を支配することを委ねるように強いているようにも見えたのであった。そしてそれが、この運動がその上に築かれていた理由でもあった。またこれらの分派は天国だけではなく地上がキリストへと決断することを、また魂においてと同じように生の公共的な制度の中に、イエスの諸原理の実効力ある実践を行うようにと強調したのであった。遅かれ早かれ、近代の社会的発展は、政治的、経済的な方向づけと構造とを含めて、それらがキリスト教徒の心の中に存在し、イエス・キリストによって知られるようになった神の目的と矛盾するのか、それとも矛盾しないのかということを明らかにしなければならなかったのである。

新約聖書へと目を向けることは、アメリカの経済学についての著作全体に対して、二つの拒絶と一つの限定とを必然的に強いることになった。第一に、アダム・スミスに従った人々によって導入されたような種類の「独占的な個人主義」は拒絶された。すなわち人間という生き物を、単なる合理的なコストと利益の計算機とみなすことは、新約聖書の使信と一致しないと考えられたのである。また、社会を、個人の利益の能率的な追求から結果される予定調和との関連において理解することは、キリスト教的な社会の解釈と一致しないものであると考えられた。このような視点は、悔い改めと義認と聖化といった、人々を服従へともたらすものによって人間の罪の現実が抑制されていたとしても、利益が問題となっている時には、人間の合理的な判断能力を狂わせるということを理解していないのである。さらに、自己中心主義と集権化された権力は、人間社会のどこにでも見られるような現象であるが、社会的な調和を破壊するものである。ただ神のみが、人間を憐れみの重要性へと向けさせ、社会を召命や契約や道徳律が尊重され、実現されるようなエートスを作り出すものへともたらすことができると考えられたのである。

他方で「社会的キリスト教」の福音主義的な創始者たちは、多様な法人組織の設立を擁護するために利用された支配的な世俗的理論が、どのようにして人々が生き、そして行動するのかを経験的には反映してはいないと批判したのであった。保守的な資本主義理論に基づく個人主義は、もっとも典型的な悪のモデルとされたのであった。会社《コーポレーション》は、たとえそれが著名な起業家たちによって率いられたものであったとしても、まったく個人主義的にではなく、社会的な関連のもとに理解されねばならない新しい社会組織であると彼らは考えたのであった。この種の議論は経験的であっただけではない。イエスの教えが、産業的な豪商と彼らの哲学に対する批判者たちに対して、個人には非常に高い尊敬を払うが個人主義に対しては深い疑念を持つようにと導き、教えたのであった。キリスト教徒たちは、すべての人間は互いに結び合わされていると理解してきた。すなわち、すべての人間が共同体の構成員であり、共同体に対して責任を持たなければならないと考えたのである。人々は地上において、教会において、また天上において、いずれの場所においても孤立して生きているのではないのであり、たとえば経済的な生においてはそうすべきである、というような言い方は偽りだと主張したのである。ただ地獄においてのみ、個人主義は現実のものだというのである。

同様に、無神論的な、また反宗教的な集産主義（collectivism）も拒絶された。しばしば技術やイデオロギーや「市民宗教」の民族主義的な一致は、フランス革命の暴力の拒絶と同様、はっきりと拒否されたのであった。プロテスタントの信徒たちがルソーの本を、彼が「全体主義的」な社会を擁護した時にジュネーブの街路で燃やしたのと同じように、「社会的キリスト教」の新しい擁護者たちは、コントやマルクスの全体主義的な「科学」を拒絶したのであった。それはちょうど二〇世紀において彼らが、レーニンやヒトラーを、より強い仕方で拒絶したのと似たものであった。こうした人物たちが代表している「世俗的」で「唯物論的」な視点は、神に反し、教会に反し、キリスト教的な個人の尊重を破壊するものである、と見なされたのであった。いずれの場合にも「自然的」集団（民族、階級、あるいは人種）という幻想は、人類の経済的な将来への顕著な現われだと考えられたのである。こうした「科学」が抱いているものは、実際には、不可避的に「人民」の名のもとに、独裁制を再び王座につかせようとするような誤った信仰であったのである。「キリスト教社会科学」の創始者たちは、優れてデモクラティックな感覚を持っていた。ほとんどの者はまったく愛国的で、労働者階級と共に働くことに携わっていたのである。しかしまたほとんどの者は、集産主義は（それがロマン主義的な土台の上で弁護されるにせよ、「科学的」な土台の上で弁護されるにせよ）真理と正義、多元主義と民主主義、人間性と信仰に対する脅威であるという考えを持っていた。集産主義が、イエスが教えたことと適合しないこと、あるいは社会の、また物質的な被造物の賢明なスチュワードシップとも適合しないということは、くり返し主張されたのであった。それは解放の名のもとに地上に地獄をもたらすというものであった。

換言するならば、近代の「社会的キリスト教」の創始者たちは（彼らがアダム・スミスやカール・マルクス、またその継承者たちから何かを間接的に取り入れたにせよ）最終的には、また根本的には、個人主義的、商業主義的な資本主義という世俗化した形の経済《ポリティカル・エコノミー》も共産主義の集産主義的な経済《ポリティカル・エコノミー》という世俗的なモデルをも拒絶したのであった。彼らがそうした視点を拒絶した主な理由の一つは、両者が、人間は算定される物質的利害によって基本的に動かされる経済人（homo economicus）であるという解釈に依存しているということである。このような見方を、部分的には的確な経験的真理として受け入れる一方で、神学者やキリスト教共同体の倫理学者たちはそれを、規範的な土台と記述的な土台の両方に照らして拒否したのであった。キリスト教徒たちは、この現実の力を、罪の現実を指し示すものと見なしたのであるが、それは繰り返し現実化してきたものであり、人間の自由の故に常に可能性をもったものなのである。しかし、罪は人間的な事柄において、決定的な、あるいは唯一の影響力あるものではない。実際に「社会的キリスト教」の創始者たちが言った言葉に従えば、人々は物質的利益と同じくらい文化的規範や宗教的価値によっても動かさており、また動かされるべきなのであり、この事実を無視することは知的に不誠実であり、道徳的にも矛盾しているのである。文化的規範と宗教的価値への忠誠は、それらが正しく秩序付けられている時には、損得の計算と同じくらい合理的なものである。それ故に支配的な規範と価値の本性と性格は、最高度に重要なものなのである。なぜならそれらは、罪の事実を越えた現実をわれわれに提供してくれるからである。

聖書的資料を用いて、キリスト教神学者と倫理学者は、彼らの信条を限定すべきであることを指摘してきた。彼らは、キリスト教倫理が健全な経済のために必要である一方で、いかなる聖書に根拠を置いた視点によっても答えられ得ない、純粋に専門的な種類の経済的問題が存在するのだと考えたのである。彼らは、一方で神学と倫理学との間の関係において、他方で自然科学との関係において発展してきた問題について、よく心得ていたのである。古代の神学者たちは、キリスト教史における諸問題を、宗教的、また倫理的な教えという基盤の上でだけ考えていた。しかし、それを、今日科学的な作業に委ねてそのことの輪郭を規定しようと試みた時には、あるいは特定の自然的、あるいは歴史的事件の記述的な解釈に基付いて真理観と正義観を構築しようと試みた時には、いつでも既に述べたような溝が生じたのであった。それ故に彼らは新たな社会科学において、とりわけ経済学において、同じ誤りを繰り返そうとは思わなかったのである。

「〜べきである」(ought) から「〜である」(is) へと、あるいは「〜である」から「〜べきである」へと移行することは容易ではない。何らかの政策に対する特定の規定は、いつでも総合的なものである。それらはいつでも、近年の学者たちが「中庸の原理」と呼ぶものを含んでいるのである。一般的な行動のガイドラインは、もし「である」が誤って記述されているなら、あるいは「べきである」の第一原理が誤って理解されているということが示されるなら、変化させられるべきなのである。それ故に、人は、日常生活において例えば経済的分析についての大学の講義において適当であるような専門的な経済的問題についての一般化された抽象的な議論を見出すことはほとんどできないのである。実際、人は、ほとんどの経済問題の取り扱いが、より一般的な社会の解釈の文脈の中に置かれているのを見出すのである。焦点は社会関係の論理に適用されているキリスト教的諸原理に向けられているのであり、その一つの局面が経済学なのである。その目的は、経済活動の規範的な諸原理と一般的な目標とを明確化することであり、経済的思想と行為における特殊な専門的問題に対しては、ほとんどニュートラルなのである。

最後に、この諸主題についての概観において、一九世紀の中頃から現在に至るまで、階級の分析はキリスト教的な著作によく見られる構成要素に基付いているということを見ておくべきである。人は、神が貧しい者や虐げられた者に特別の関心を持っているという、影響力のある議論に出会うし、社会は芸術と科学を保持し錬磨させるために暇人の階級を必要とする、という議論にも時たま出会うのである。しかし、神は中流階級に好意を寄せている、という仮定は、いつでも顕著な仕方で存在し続けている。「一つの階級」ではなく「諸階級」が強調されてきた。能力や努力や責任のレベル、また共同体にとっての価値に基づいた何らかの階級分けが、いつでも前提されてきた。もし人々が貧しく苦しんでいるのなら、彼らか、あるいは彼らを抑圧する社会制度のどちらかが、何か間違っているのである。何かが変えられなければならないのであり、それによって彼らは、より広い意味で解釈された中流階級の一員となることができるのである。時としてそのことは、個人的な回心や変革を意味し、またある時には、それは絶えることのない犠牲的なキリスト教的愛を意味し、またある時には、それは社会的な変容と改革を意味しているのである。確かに、一九世紀の、そして二〇世紀初頭の思想家たちは、解放の神学が今日主張しているようなスローガンに賛成することであろう。すなわち「神は抑圧された者の側に立つ」というのである。しかし彼らは、みなが中産階級に加わることが可能となるべきであるということも併せて前提としているが故に、賛成するのであろう。そうした初期の思想家たちのうちの何人かの者（多くの者ではないが）は、貧しい者たちの幾人かは、実際には道徳的欠陥の故に貧しいのであり、その時代の象徴は「悪魔のラム酒」を飲む習慣であると考えていた。しかし、労働者階級における、アルコール中毒のような「道徳的欠陥」に対する闘争でさえ、次第に貧しい者を搾取する酒造業者に対する十字軍という性格を帯びるようになった。すなわち禁酒法が最終的な結果であったのである。

同様に、もし人々が豊かになって、もはやその隣人たちに日々影響を与えている生の浮沈に服さなくなるなら、またもし彼らが共通の人間性が必要とするものから切り離されるなら、また、もし彼らが個人的な目的のために公共の生の構造を歪めるためにその富を利用するなら、それは彼らか、あるいはそのような制御されない特別な特権を許す社会制度のどちらかが間違っているのである。ある著作家たちは、資本家たちに対する鋭い道徳的批判に比べて資本主義に対する批判は少ないその著作の中で、彼のそのような批判によって何人かの資本家たちは回心させられ、その行動を変えるよう説き伏せられるであろう、という仮説を言い表したのであった。しかし実際にはほとんどの場合には、粗野な欲望を押さえ付けるような企てでさえも、制度的な変化を要求することになったのである。このような批判的な態度は、ついにはトラストの禁止、調整機関、累進課税制度などへと至ったのである。

この分野における初期の思想は、「学識のある聖職者」によって広く展開された。彼らが生み出したのは、ヨーロッパ大陸の「社会民主主義」運動や、イギリスのキリスト教社会主義や、アメリカ合衆国やカナダの社会的福音運動であった。経済的生をデモクラティックなものにしようとする企ての中で彼らが作成したカテゴリーは、キリスト教の教えと説教の多くの部分を支配することになった。実際、彼らが形成した思考の型は、その世紀の大半にわたり、「キリスト教社会倫理」の核となる仮説となったのであり、徐々にほとんどの西洋人の確信の中に浸透したのである。この基盤の中から、彼らがそのために議論したところの主要な諸原理が展開され、公共的な組織の中で制度化されたのであった。しかしその場合でもその神学的根源に対するはっきりとした言及はほとんどなされなかったのである。近代西洋の経済《ポリティカル・エコノミー》は、それ以後「純粋な」資本主義に至ったことはないのであり、そのような発展によって影響された何らかの制度を、制約なしに「資本主義的」と呼ぶことは正しくないのである。次の章では、われわれはそうした発展の鍵となる実例をいくつか見ることにしたい。

さらなる研究のための問い

この章では、キリスト教公共神学《パブリック・セオロジー》の一〇番目の主題を論じてきたが、それはキリスト論であった。本章は、近代の政治的、経済的な諸制度に対するキリスト論の適切さを示そうとする努力の中での、古典的なキリスト論の教理の重要な拡大を展開したのであった。

①近代の社会科学は「聖書」と「理性」と「経験」に関する多くの理解を修正してきた。あなたは今日の神学はこうした新しい理解に傾聴するべきであると考えるか。

②奴隷制とは何であるか。なぜ、奴隷制をめぐる戦いが、世界との関係における神の言葉に関するわれわれの理解にとってそれほど重要なのか。

③経験主義を定義しなさい。それはイエスと社会問題との関係についてのキリスト教の思想を前進させるのであろうか。それとも阻止するのであろうか。

④神にして人であるイエス・キリストに対する信仰の故に、聖書に記録され、何世紀にもわたってキリスト教の伝統の一部であったにも関わらず、もはや実践されるべきでない行為の実例にはどのようなものがあるか。

⑤キリスト教徒たちは、その信念を基礎にして、公共の政策を変化させようとすべきであろうか。もしキリスト教徒たちがその公共的な行動を、キリストの生や教えや希望に関する理解の上に基礎付けようとするなら、なぜ非キリスト教徒たちがそれに何らかの注意を払わなければならないのか。

⑥「キリスト教社会科学」は、本当に信仰と世俗の哲学との新しい同盟を表しているのか。世俗の思想とキリス

ト教の「聖ならざる同盟」の実例とはどのようなものなのか。また「聖なる同盟」もあるのか。われわれはいかにしてその違いが分かるのか。
⑦聖書の中には、経済的な事柄に関する多くの教えがある。イエスの教えは、経済的構造の一つの形態を、他を廃して選択することへと導くであろうか。
⑧近代の工業化は、労働者と管理者との間の、また、失業者と極めて豊かな者との間の新しい緊張を作り出した。どのような態度を、私たちはそうした集団に対して持つべきであろうか。イエスが「貧しい者はいつもあなたがたと一緒にいる」と言った時、彼は何を言おうとしていたのか。
⑨文化はどのようにしてキリストによって変容されるのか。文化的パターンを変えることは、どのような仕方で私たちにキリスト論の再考を要求するのか。
⑩アメリカ人によってもっとも賞賛される価値の一つは、「個人の尊重」である。それと「個人主義」との間には、政治学や経済学において何か違いがあるのか。個人に関するわれわれの神学的見解は「個人主義」とは違うのか。
⑪アメリカ人は、しばしば、「共同体の生活」に対する多大な評価を表明している。それと、経済学と政治学における「集産主義」の間には何か違いがあるのか。神学的な社会観は、集団生活を見る他の見解と異なるのか。
⑫古典的なキリスト教の教義は、「二つの本性」を持った存在、すなわちマコトニ神、マコトニ人であるキリストについて語る。あなたは、それは、個人が共同体に関係付けられる、また関係付けられるべきであるような方法に対する、何らかの実践的な含蓄を持つと考えるか。
⑬あなたは、前世紀に発展したような「キリスト教社会科学」は「聖書」に忠実であり、「理性」が信頼できる

ものであり、「経験」に即したもので、「伝統」の純粋な拡大であると考えるか。またなぜそう考えるのか。あるいは、なぜそう考えないのか。

---

(1) Smith, Revivalism and Social Reform (New York : Harper & Row, 1957). また、Gerore Marsden, Fundamentalism and American Culture : The Shaping of Twentieth Century Evangelicalism (New York : Oxford University Press, 1980) も参照。

(2) Douglas, The Feminization of American Culture (New York : Avon Press, 1978). 以下の著作と比較されたい。E. D. Baltzell, Puritan Boston and Quaker Philadelphia (New York : The Free Press, 1979).

(3) Dombrouski, The Early Days of Christian Socialism in America (New york : Octagon Books, 1966), p. 15.

(4) Hopkins, The Rise of the social Gospel in American Protestantism : 1865-1915 (New Heaven : Yale University Press, 1940). 私自身はこの時代に関してもっと多くの文書を挙げて扱っているが、それに関しては以下を参照されたい。"Jesus and Economics," in The Bible in American Law, Politics, and Political Rhetoric, ed. James T. Johnson (Chico, Calif : Sxholars Press, 1985), pp. 107-51.

第四章　経済体制のデモクラシー化

これまでの章において、われわれは、もしも現代の生の諸領域のためにスチュワードシップという視野を発展させようとするならば、経済《ポリティカル・エコノミー》についての公共神学《パブリック・セオロジー》に基づいた考察が必要であることを確認した。われわれは、また人を成長させることになるかもしれない権威の決定的な試金石について述べ、そして、公共神学《パブリック・セオロジー》の必要不可欠ないくつかの主題を略述し、さらに、一九世紀後半の急速な近代化と産業化の真っ只中で、キリスト教徒が、どのようにして、経済生活のために必要な近代神学を発展させ始めたのかを示した。

二〇世紀初頭までの主たる選択は、「キリスト教社会科学」という一般的な見出しの下に知られているようなさまざまな意見へと発展していた。このような考え方の中で決定的なものは、新約聖書の解釈であり、特に経済活動にとってのイエス・キリストの意味である。この分野における主たる強調点と、相互に関連はしているがまったく両極端な見解についてを説明するために、私は過去数十年間の二つの立場をそれぞれ要約しているような二冊の書物を検討しようと思う。それは、シェイラー・マシューズの『イエスの社会的教え』とウオルター・ラウシェンブッシュの『キリスト教と社会的危機』である。[1] 前者の結論の焦点は「人格」という点にあり、後者は「共同社会」にある。

われわれは両者の努力によって、資本主義的経済理論も社会主義的経済理論も修正されていることに気付くべきである。これらの理論を用いて、現代の経済《ポリティカル・エコノミー》について、その内容を叙述したり、あるいはそれがどうであるべきかを規定したりすることは、全く不適切なことである。経済システムは真空のなかでは決して機能しない。それらは、いつも、社会的な文脈の中でだけ機能するのである。そして、もっとも注目に値する現代の公共神学《パブリック・セオロジー》的な合意は、社会的関係は、「デモクラティック」であるべきだということであるが、それは、マシューズとラウシェンブッシュによって実証され、そしてまさに彼らが代表する運動によって形作られたのである。「デモクラティック」という用語は、元来政治用語であるが、現在では社会的および経済的制度や態度にも用いられている。

ところで政治学や経済学の文脈においてデモクラシーに内的妥当性、あるいはその道徳的一貫性、そしてその精神的な力を与えるのは厳密に言って何であろうか。マシューズとラウシェンブッシュは、その答えはイエス・キリストにおいて見出されるべきであると信じているのである。十分に歴史的で、十分に理性的な新約聖書の「科学的、社会的解釈」（それは、イエスの生と教えへの特別の言及をもつのであるが）は、われわれに、「キリスト教社会科学」、すなわち現代の経済《ポリティカル・エコノミー》について公共神学《パブリック・セオロジー》的な取り扱いの可能性を示していると彼らは考えているのである。（以後これら二人の著者が引用する聖書の個所は（　）で示される。）

シェイラー・マシューズとキリスト教的人格主義

マシューズは、彼の著書を「キリスト教社会科学」の分析から始めている。彼は社会学的研究のキリスト教的方法はあり得ないということ、そして社会的諸力とその帰結を研究するプロセスが特別に「水晶の研究よりも、倫理的性格（ましていわんや宗教的性格）だということはない」と述べている（『イエスの社会的教え』一〜二頁。以下においては頁数のみを記す)。しかしながら科学的な研究者が、研究の結果を体系化しようと試み、その発見の重要性について述べようとする時には、いつでも倫理学と宗教的に条件付けられた考え方を避けることはできないという。このようにしてわれわれはアリストテレス的科学、あるいはベーコン的科学について述べることができるのと同じ意味において(アリストテレスもベーコンも、単なる観察をこえ、彼らが発見したものの意味について一般化したので)、われわれも「キリスト教社会科学」について述べることができるというのである。情報の個々の事実は、その情報の中では中立的である。それ故にそれに十分な解釈を与えるために、対象に固有な方法が選択されねばならないのである。

　マシューズ自身が論じているように、彼がイエスという組織神学を提供する以上には、体系化された社会的な教えを提供しなかったということは、一目瞭然である。しかし一般的な地質学上の原理をもとにして仕事をしている熟練した地質学者は、ある地層の露出を注意深く調べることによって、地球の深層構造を推論することができるように、人間性の一般的原理をもとにしているキリスト教社会科学は、社会的に関連している道徳的および精神的存在の形式としての社会的現出を解釈することができるはずである。イエス・キリストは、そのことを、プラトン、アクィナス、カント、あるいは、ヘーゲルよりも、さらに鋭く教えたとマシューズは主張するのである。事実イエスの教えは、この世に対して、他の思想より多くの影響を与え続けてきたのである。そのことを無視することは、全く知的に不誠実なことである。また同時にイエスが教えた事柄が見当はずれに歪曲されてきたことも確かである。そしてこれらの歪曲が悪い影響をこの世に対して与え続けてきたのである。

　マシューズが理解するように、「キリスト教社会科学」はこれまでの誤りを訂正する。というのは、人間学が社会学にとっての手がかりとなるということを「キリスト教社会科学」は認識しているからである。人間本性のキリスト教的理解は、まず第一に人格主義ということである。そして、それは、明瞭な二つの強調点をもっている。第一に人間であることは、「身体と魂、霊と肉の両者である（イエスは、身体を、必然的に悪であると見なさない）〔マタイ一〇・二八、マルコ一〇・八、一二・二五、ヨハネ六・五一～五三〕」ということだと福音は見なしている（一二三頁）。第二にこの「物質的・心理的存在」は、「その生を、類似している他の存在の生」に同化させることができるということである。「すなわちそれは社会生活をし得る能力をもっている。しかしその社会性は、個人性の消滅を意味するものではない。他を引き付けそして相関関係の力をもつ人格というものが存在している。それは、他人に届き、そして、結合を通して得られる、本質的には統一的である新しい実体を形成する。人格のこの社会的部分の促進と必要性を無視することは、知的および道徳的死を招くことになる。そしてその最初の兆候は、罪とあらゆる種類の異常性なのである」（二七～二八頁）。

キリスト教の社会的教えの基礎としての「交わりの一致」における物質的および精神的人格性の見方を確実なものにするために、マシューズは、ぶどうとその枝、住居とその部屋、そして、同労者であることとその交わりの聖書的イメージを検討する〔マタイ一一・二七～三〇、ヨハネ一五・一～二、一七・二三〕。人間本性をこのような関係において理解することは、「重要で、根本的な」ことであるので、「それは単なる倫理的教師としてのイエスの重要性に勝る」（三一頁）ものでもある。

これを基礎として、社会の倫理的核心を、より深い意味において理解することが可能である。それは人格を重視し、そしてそれを強化する結合を実現することと結びつくものでなければならない。それは、ちょうど健康的で、より緊密な関係によって結ばれた家庭の構成員のようなものであり、お互いの間で、全体に貢献する能力、必要性、権威、そして、可能性において、はっきりした違いを認識しながらも、お互いを阻止するのではなく、育てようとするものである。「神の国」という用語にはっきりと倫理的な表現が与えられるならば、この結合は、「理想的な社会」のモデルとなることが出来るのである。それはある時は生の中で経験され、そしてそれは新しい社会体制の探求の基盤ともなり得るとマシューズは考えたのである。

またマシューズは、「神の国」という言葉の用法には、通常二つの誤用ないしは誤解があると論じている。そのひとつは、この世の破局的な終わりが予期され、その時選ばれた者のみが、直ちに天に入れられるという黙示文学的な見方である。マシューズは、新約聖書には確かに運命的とも言い得る切迫した瞬間が示されていることを認めるが、彼はその中には、将来に対する危機的態度を見出し得ないと言うのである。このような偏った見方をする者に応答して、彼は次のような聖書の個所を示す。つまり神の国は、既に人々の間にあるものとしてみられ〔ルカ一七・二〇〜二一〕、神の国は、畑のなかの種の成長のようであり〔マタイ一三・二四〜四三〕、神の国の入り口を得るために、ある者たちは激しく戦わねばならないということ〔マタイ一一・一二〜一五〕、そして、神の国は、異なる人々の間で異なる結果を生み出す〔マルコ四・三〜四〕というたとえをもって示されていると彼は言うのである。

マシューズは、神の国の第二の誤用は、神の国を、暴力的な革命の保証として提供することであると言う。つまり暴力的な革命においては、戦闘的な党が、完全に正当な政治・経済体制を樹立するために権力を握ろうとする。あらゆる時代の政治的熱狂者たちは、このように神の国のイメージを誤解してきたと彼は指摘し、そしていくつかの聖書の例を用いてそれに反対する。例えば、「イエスは、新しいカエサルになるという誘惑的な提案を、拒否し〔マタイ四・八〜一〇〕、後に、彼の弟子たちは、『ヘロデのパン種』、すなわち、行き過ぎた政治的野心に注意するようにと警告している〔マルコ八・一五〕。イエスは、彼を政治活動へと強要しようとする人々から逃れる〔ヨハネ六・一五〕」（四五頁）。それどころか、神の国は、神によって始められそして信仰共同体を中心に置く、愛がある共有的な社会体制の道徳的視野と関連していなければならないと主張したのである。神の国は、キリストの兄弟姉妹になろうとする人々による、自由に選択された道徳的参与として生の中で成就されるべきである。人間関係の内的な構造を再建することが新約聖書の全てである。そして、それは人間関係の黙示文学的撲滅でもなければ、暴力的圧政による人間関係の強制的実現でもない。

このことを基礎にして、マシューズはキリスト教徒たちが、自分たちに与えられているヴィジョンを具体的にすることになる共同生活の決定的な領域の解釈を提供する。彼にとって一夫一婦制の家庭が出発点である。それは「結合力のある分かち合い」と両性の平等性に基礎づけられるべきである。とはいっても、それらは個々の生活においては、いくつかの異なった形をとることになる。マシューズの考えによれば、一夫一婦制の家庭に基礎付けられた聖書も倫理学も社会構造の青写真を提供しはしない。しかしそれらによって基本的な境界線が定められるのである。その境界線の範囲内において、人は特定の条件下で実際的可能性と、決断を導く基本的諸原理を創造し、発展させなければならないというのである。

同様に、生の第二の領域（すなわち政治）も、基本的境界線および基本的諸原理の観点において、論じられなければならない。それ故にそれは本書の守備範囲を超えることになる。現在の慣習によれば、政治学という点においてイエスを明確には社会主義者とも、君主制主義者とも、共和主義者とも、あるいは、デモクラシーの支持者とも、言うことはできない。特に、デモクラシー支持者ということで、もし多数決の擁護を示唆しているとすれば、イエスをデモクラシー支持者と呼ぶことは不正確である。われわれが推量出来ることは、信仰共同体というものは、強制的な政治機構と同一になることはできないということ、そして無政府主義も専制政治も正しくないということである。あらゆる政治組織は、無政府主義や専制政治となる危険を回避し、共同体に属する人々をいかに支えられ得るか、という点から評価されなければならないのである。憲法上のデモクラシーは、そのことをわれわれの世界においてもっともよい仕方でなすかもしれないが、憲法上のデモクラシーを支持するということを、新約聖書やイエスの生から直接的に導き出すことはできないのである。

マシューズは、決定的な第三の領域である経済《ポリティカル・エコノミー》も同様な方法で取り扱う。彼は新約聖書は多くの面において、容易に誤用され得るということを知っている。イエスは、富んでいる者に反対して厳しく、彼らに対して腹蔵なく意見を述べる者として描かれている。らくだと針の穴のたとえにおいて〔マタイ一九・二四〕、ラザロという貧しい人と金持のたとえ話において〔ルカ一六・一九～三一〕、そしてキリスト者の生活についてのイエスの描写において〔ルカ一二・三三〕、「富を放棄することが、新しい社会に入る条件の一つであるかのように思える」。

「従って、これらの教えと事実から、富の追求は、非キリスト教的であり、富そのものは、善よりはむしろ悪であると結論付けたとしても、全く不思議ではないであろう。そして、人々は、イエスの時代から、あらゆる時代において、そのように考えてきた。富に反対する教会の説教は、富を得ようとする教会の熱意によってのみ、つり合うものとなった。それにもかかわらず、イエスのパン種が社会の中で有効に作用し続けてきた何世紀もの間、富は途方もなく増大した。貧しい人々は常に存在し、そしてキリスト教会は、いつも多かれ少なかれ知恵をもって、そのような人々に善きことをしようと努力してきたのであった」（一三七～一三九頁）。

マシューズの考えによれば、聖書をもっと適切に読めば、イエスが富に対して批判しているのは、基本的に「財産の相対性についてのイエスの認識」に関してであることがわかるということになる（一四三頁）。物質的な富よりもっと大事なことは、われわれの生活を他の人々の生活の一部分にすることである。このように、問題は富そのものではなく、富が真の人格性と愛の関係を打ち立てるために使われているかどうかなのである。マシューズによれば、「もしそうでないなら不正な家令のたとえは異常なたとえ話になってしまうであろう（ルカ一六・一～一三）」（一四四頁）。イエスがわれわれに持ちかける問いは「あなた方は、富んでいるか」とか「あなた方は、貧しいか」ではない。「人が全世界をもうけても、自分自身を失ったら、なんの得になろうか」（ルカ九・二五）とか「あなたは、わたしの父のみこころをおこなったか」ということである。その際大事なことは、われわれは、二人の主人に仕えることはできないということである。富を得ようとする欲求は、しばしば人と人、そして人々と神とを結びつける依存関係の感覚を破壊してしまう。

「見せかけの独立が増すのと同じ割合で危険が存在している。すなわち、人は常に社会のなくてはならない部分であり、そして神に依存し仲間に共感している時にのみ、人は真に人であることができるということを忘れてしまうのである。このことが、着物や食物については、天の父を信ぜよと言われるイエスの命令の秘儀である（マタイ六・三一～三三）。これらのものは悪ではないが、いったん最高善とみなされると、それらは必然的に、個人の優位を求める利己的な競争へと導くことになろう。そこでは寛大なる動機や信仰が犠牲にされている」（一四六頁）。

このようにイエスの考え方は、社会主義についての現代的な教説の背後にある道徳的動機付けに近いということがわかると、マシューズは言うのである。もしも富が純粋に個人の楽しみのためでなく、社会の善きことのために使われるべきであるならば、私的財産のいかなる形式も反友愛的だということになり社会それ自体は、そのメンバーの善きことのために、経済的な事柄を、もっともよくつかさどることができるという信念への道のりはそう遠くはないということになる。その確証となるものはイエスに従っている者たちは、共通の財布をもっていたという事実（ヨハネ一二・一九、一三・六）、および、エルサレムの原始教会のメンバーは、「いっさいの物を共有していた」という事実だというのである（使徒行伝二・四四〜四五、四・三二、三六、三七）（一四八〜四九頁）。

しかし、マシューズは、それにもかかわらず、イエスは社会主義者であると主張すべきだとは考えていないのである。「イエスの言葉の中に、現代の社会主義を発見しようとすることは無意味な努力である。社会主義体制が、兄弟たることとの真の精神を促進するためのもっともよい手段であることがいったん証明されると、そのような体制と調和しないものは何も存在しない」（一五一頁）。しかし、同じことがさまざまな条件下で、他の体制についても言うことができるはずである。

さらに、イエスは、完全に、貧しい人々と同じ心境になったと主張する人々、またすべての私的財産の廃止を要求したり、あるいはすべての社会政策を、完全な物質的平等になるようにと力説する人々は、まったく、聖書を注意深く読まなかった人々であるという。「イエスが登場するまで誰も、貧しい人々や不運な人々に深い共感をもたなかった」こと、そして、イエスは「富んでいる者の無責任な権力から生じる悲惨と不正を、深く、感じていた」ことは真実である（一四七頁）。しかし「初期のキリスト教徒達を、もっとも貧しき階級の出身であると考えることは間違えである。彼らは裕福な階級出身、いや富んでいる階級出身でさえあった」と、マシューズは、指摘する（一四七頁）。

「もしもイエスがホームレスであるならば、富んでいる者の家は、絶えずイエスに役立つものとなる。もしも彼の頭が、時々天の露で濡れているとすれば、彼はまたそれが彼に高価な塗油を注ぐべきものであったことを知るのである。金持のザアカイは、イエスの同胞である乞食のバルテマイと同様に、イエスによってまったく心から受けいれられた。そして塗油のお金は貧しい人々に与えられるほうがもっとよかったという理由で、イエスに油を注いだ女を批判するイエスの友を、イエスは叱責するのである」(一四七、一五四頁)

アナニヤとサッピラの話は、当然、生産の手段の社会的所有権を伴う社会主義を支持するものとして理解することはできない(とはいっても、多くの者がこの話をそのように解釈しようとしてきた)。アナニヤとサッピラの運命は、彼らの全財産を他の人々と共有しなかったことによって決定的にさせられたのではない。というのは、その共同体においてよき地位にいる他の人々も、明らかにそうしてはいなかったからである。問題は「彼らがそうしたという嘘をついたこと」であった(一五三頁)。マシューーズの意見によれば、このことは、絶対的平等性の要求とは全く違った事柄である。イエスが物質的なことにおいて平等を要求していると主張することは、聖書的根拠の問題からして無理なことである。譬話がわれわれに示しているように(マタイ二五・四〜三〇、ルカ一九・一二〜二七)、「一タラントが委ねられることができた人がおり、あるいは、五タラントや一〇タラントが委ねられることができた人がいた」のである(一七二頁)。

マシューズが、イエスの経済生活に対する意味を理解する際の「キリスト教社会科学」の根拠は、すべての富は、友愛的に獲得され、そして使われなければならないということにある。そのことがスチュワードシップの内容であり、そして、公共神学《パブリック・セオロジー》による富のキリスト教的理解の手がかりである。富は、この意味において、「公の委託物（それぞれの時代のいろいろな問題への適用も、その時代そのものに委ねられなければならないという事実に基づいて）であるという考えはまさしく正しい原理」なのである（一五五〜一五六頁）。動機付けや決着の形態、および意図や社会的影響の質は、イエスの使信の重要な部分である。それにもかかわらず、イエスは「魂を犠牲にして」富むようになる者、「資本のなかに更なる友愛の動機を見出さない者、自らを社会的義務と関わりなくし、そして本来ならば社会の人々と共有されるべきものであるのに逆にそれによって自分だけが豊かになって行くように富を使おうと努める者」（一五七頁）を強く非難するのである。

シェイラー・マシューズの思想は、現代の経済学についてのキリスト教の教説の永続的な一翼を担い続けている。さまざまな形において、それは、経営の倫理学へのキリスト教的アプローチの内容であるといえる。それは要するに資本主義は貪欲よりはよい、ということである。それは、人間は物質的な富も必要としていることを認識しているという意味において社会的である。そしてまたそれは、市民的責任へのイデオロギー的でないアプローチを要求するという意味において政治的である。しかし、とりわけ、それは生の前政治的構造において、共同体の関係を作りあげることを中心に置き、キリスト教的愛の基礎の上にそれをなそうとするという特別な意味において、社会的であると同時に宗教的である。

ウォルター・ラウシェンブッシュとキリスト教的預言者精神

「キリスト教社会科学」の第二の例は、「預言者的であること」をより自覚している立場である。それはウォルター・ラウシェンブッシュの立場であり、キリスト教社会科学のもう一方の極を形成している。マシューズとラウシェンブッシュは、お互いに、規則的に引用し合い、どちらが書いたか意識しないで、どちらの書いたものをも読むことが出来る程であるにもかかわらず、既に述べたような区別は重要である。ラウシェンブッシュの著作は、マシューズの著作と類似した点をもっているが、当然のことながら他方で異なった点も多くもっている。その点を私はここで強調しようと思う。相違点はラウシェンブッシュの方が、前半世紀のよりラディカルな発言を要約し、かつ忠実に写し出しているということだけでなく、彼は明らかにイエスと経済《ポリティカル・エコノミー》についての自分の考えを、旧約聖書の預言者の使信と結びつけたという点にある。このようにしてラウシェンブッシュの聖書の用い方は、マシューズのそれとは異なっている。「預言者たちの本質的な目的と精神を理解することは、イエスと真のキリスト教の目的と精神を理解するために必要なことである」とラウシェンブッシュは書いたのであった。「イエスと原始教会においては、預言者的精神は死者から起こった。イエスの生の真の意味と彼の目的の真の方向は、その歴史的関連においてのみ理解され得る」（三頁）。

すべての「自然」宗教は、「諸力」を礼拝しようとし、そして儀式的行為によって人間の生を諸力と「結びつけよう」とする。好まれる諸力としては、自然の諸力、繁殖と性的可能性の諸力、諸国民を軍事力や富によって支配する諸力というものがあるかもしれない。しかし預言者（すなわちモーセから、アモス、ホセア、イザヤ、エレミヤ、およびミカにいたる）は、すべて「宗教と倫理は不可分で、倫理的行為は、最高かつ十分な宗教的行為であるという基本的真理の使者」である。預言者たちは諸力を礼拝したりカルト的な厳格さを強制しようとはしない。そうでなくて彼らは、神の正義という縦糸によって諸力を測定する。彼らはほとんど個人の生活の私的な道徳性、あるいは家族にさえ焦点をあてない。「預言者たちがヤハウェによる激しい非難を語り始めた一対の悪とは、不正と抑圧であった」（七～八頁）。

ラウシェンブッシュの主張によれば、これはまたバプテスマのヨハネの中心的な使信でもある。彼は新約聖書の中で古代の預言者的伝統とイエスとの間を結び付けた人物である。まさに「キリスト教の運動はバプテスマのヨハネから始まった。すべての伝道者たちはそのように理解した（マタイ三、マルコ一、ルカ三、ヨハネ一）」（四九頁）。「ヨハネと力を合わせることにおいて、イエスはヨハネ、そしてそれを同じ意味で預言者たちの全てを継承しようとしたのであった。このような意味においてイエスは単に創始者であるのみならず、完成者でもあったのである。彼は、信仰と希望の預言者的流れを具現化した」（五三～五四頁）。

しかし預言者たちは、イスラエルの正義を論じたのに対して、イエスは預言者的伝統がもっている民族主義的な特質を捨てたのである。彼の使信は預言者たちが想像することができたものよりもさらに預言者的な使信だったのであり、その中心部分を拡大したのである。まさにそれは「範囲において普遍的で、全人類の出来事」となったのであった（六二頁、八五頁以下）。

イエスを単に革命的な改革者、道徳的教師、あるいは、預言者たちの後継者として理解することは重大な誤りであるとラウシェンブッシュはしばしば主張した。全教会が告白したように、イエスは神の子、十字架につけられて苦しめられ、復活した主、魂の救い主キリストであった。しかしイエスを単に革命的な改革者と理解しようとする人々は、まさしくイエスが預言者たちのヴィジョンを具体的にし、キリストの献身者たちが規則的にかつ繰り返し避けようとした新しい社会的および政治的体制の芽が既に彼の内にあったと主張するのである。

しかしそのような見方を否定するいくつかの理由がある。それらの理由は容易に理解することができるが、そのいくつかはそうではない。そのひとつの理由としてはラウシェンブッシュが指摘するように「初期のキリスト教徒たちは文人階級に属しておらず、出来事を記録に残したいという衝動は単に本能的なもの」だったということである。それ故にわれわれの記録は不完全なのである。さらに社会的あるいは政治的に思える事柄についてのローマ人の疑念を前提とすれば「それらを書き留めないことやそれらを自由に出版しないこと」(九五頁)を正当化する理由があったのである。また、「パウロは、全宇宙の即時的精神化を期待し」(一〇四頁)、彼の影響は地中海において勝利をおさめるように現れ出た諸教会を支配するようになった。さらにキリストがすぐに再臨するという黙示的希望は、ある者たちを「この世の」事柄に関心をもつことから逸脱させた。それにもかかわらずわれわれがもっている記録においてさえ、それを正しく判断するならば、経済的な問題に関するキリスト教徒の態度についてのわれわれの理解のために直接的な意味をもっている諸要素が存在しているのである。

たとえば新約聖書の中に見出すことができる黙示文学的な見方は、明らかに「現在のこの世の諸力を覆すこと」、そして時代の徴を見分けることによって、新しい可能性を絶えず求めることを含んでいる(一一〇頁以下)。しかしながらその後の時代においてキリスト教徒は、新約聖書において明らかに現れている福音のこの次元における革命的側面を忘れてしまったのである。というのは、現代のキリスト者はしばしば、階級的背景、傾向、あるいはまた精神的なもの、個人的なもの、そして、新約聖書の証言のあの世的な特徴にのみ焦点を当てた訓練と協調関係にあったからである。ほかの点では高く尊敬される現代の学者でさえ、この責任を免れ得ないとラウシェンブッシュは判断するのである。教会中心主義と特権の個人的、あるいは公的協調関係に支えられて、そして大衆から切り離されて、キリスト教徒たちは歴史を通じて、繰り返し、思弁的な黙想、禁欲的な離脱、個人的な敬虔主義、および儀式的な祭儀主義に頼ったのであった。すなわち、イエスの教えの社会的・倫理的次元が、首尾よく曖昧になるような手段に依存したのであった。

それにもかかわらず「激しい精神は、常に組織化されたキリスト教の中にあったし、信仰者を自由と正義と同胞を愛するように駆り立てた」(一五〇頁)。十分には意識していなくとも、あるいは抑えられている部分があるにしても、それはキリストの精神に特有なものなのである。

「それは、女性を男性と平等に、そして仲間として同伴する者へと引き上げなかったか。それは、結婚の神聖性と安定性を確実なものにしなかったか。それは、親の専制を親としての奉仕に変えなかったか。それは、不自然な不道徳、子供たちを捨てること、血による復讐、および難破者の略奪を以前には認められていたキリスト教国家の習慣の中から消去しなかったか。それは、奴隷制を廃止し、戦争を緩和し、貧しき者と堕落した者を向上させるために慈善のネットワークで全土をおおわなかったか。それは教育機関を促進し、市民的自由と社会的正義の進展を助けなかったか。そしてそれは人間の生を通して人の心を和らげる優しさを行き渡らせなかったか。」(一四七頁)

これらの利点がキリスト教の影響下にある西洋文明の特徴になっている限り、われわれは、われわれの歴史を尊敬することができる。けれども、社会的証言における教会の肯定的効果は、間接的、拡散的影響によるものであり、組織化された教会やその教会的に整備された官僚的な思想家たちの自覚的な意図によるものではなかったということを忘れてはならない。イエスの使信の中には、完全にはこの世的なものに転覆させられ得ない何かがある。そして執政官と聖職者の初期の頃の特権的な協力関係がこわれてしまった現在、そして現代の聖書学たちがイエスの文脈により近づいて接触できるようにわれわれを導いてくれる現在、そしてさらに現代の社会科学が社会の分析と社会の諸機関の新しい扉を開いてくれている現在、われわれは新約聖書の間接的、拡散的影響を公的生活において、直接的、あるいは意図的なものにする可能性をもっている。そのことが、今日キリスト教社会科学の、そして教会一般の課題である。

われわれがイエスの教えを現代の社会生活に直接的に適用することに頼ろうとする時に、基本的な食い違いが生じることを避けることはできない。イエスに支配的な社会的目的は神の国であった。マシューズと同様にラウシェンブッシュも指摘しているが、この概念は多くの解釈と間違った解釈に左右されてきた。それは明らかに人間の力や神的破壊を示すようなものではないが、「やはりそれは依然として、社会的希望である」と言われてきたのである。それは依然として政治的な響きをもつ「共同体的な概念」である（六五頁）。そして今日、それはとりわけ経済的な行動と関係のある問題である。

イエスは「あなたは、神と富とに兼ね仕えることはできない」と教えた。このように言う場合に、イエスはただ単に魂に対する危険性を指摘していたのではないとラウシェンブッシュはいうのである。「真の人間社会を創造したいという願望において、イエスは実生活において主要な軋轢を生じる力として富んでいる者に出会った」と彼は言うのである。イエスが富んでいる若者と対面し、彼の富をなくしてしまうように彼に命じた時、その忠告は部分的には若者の魂のためになったのであった。「しかしイエスは、直ちに、この具体的な例から、いかに富めるものが神の国に入ることは難しいのかという一般的な主張へと向かうのである」（七五頁）。そこで若者が自分自身の精神的利益のために、富をあまりにも信頼したという点を主張しようとすることは無益である。そのような解釈はわれわれがもっている最良の聖書的な証拠によっても、また富についてイエスが語ったことの全てを読むことによっても保証されることはない。「解釈者たちが富についてイエスが言ったことに直面する時、解釈者たちの旺盛な知的訓練を観察することは、聖書解釈学にいくらかの楽しみを与えるはずである。しかしそこには針の穴を通して富んでいる者を助けようとする明白な切望がある」とラウシェンブッシュは記している。にもかかわらずその明白な意味が理解しそこなわれるべきではない。すなわち「富を正義によって得、平等であるように守り、愛をもって用いること」は困難である（七七～七八頁）。社会的で、単純に個人的ではない富の意味を、無効にすることはできないからである。

ルカによる福音書第一六章における家令の譬え話は同様の例を示している。この個所は、「しばしば寓話化され、精神化されてきたので、富める者への適用はほとんど消滅してしまった」（八〇頁）。しかしすべての時代のパリサイ人がそのような教えを嘲笑する時、彼らは、金持ちとラザロの話しに直面しなければならない。それはそのような嘲笑に対するイエスの応答である。この話は将来の生活についての情報を与えることを意図していなかった。それは金持ちの兄弟たちの扱いについての主張の正しさを力説することが意図されている。それは、「社会階級を分けている淵」と関係しなければならない（八四頁）。

ラウシェンブッシュの預言者的キリストについての解釈は、明らかに富者に対する彼の見解と関連している。すなわち彼は、イエスを貧しき者と労働者階級との明らかな同盟者として描く。イエスは一般大衆の一人であるが、他の多くの人々が大衆の目標を放棄してしまったようにはイエスは決して放棄しなかったというのである。

「イエスは、長く大工として働いた。そしてそのような環境のもとで生じる階級的結束の感覚を帳消しにするなにものも彼の思考の中には存在していなかった。一般大衆はイエスの言うことを喜んで聞いた。なぜならイエスは彼らの心の中にあるものを代弁してくれたからである。イエスの凱旋的なエルサレム入城は貧しき者の行進であった。彼らの上着はイエスのタペストリーであった。エルサレムにおける最後の日々、イエスは絶えず獅子のおりへ歩み入っていた。彼が諸権力に大胆に立ち向かっていた時、彼を守ったのは、権力者たちの群衆への恐れであった。イエスを真夜中に逮捕したこと、彼を急いで裁判にかけたこと、そしてイエスに反対する群衆の感情に働きかけようとするさまざまな努力は、すべて、イエスが一般大衆と立場をともにすることからくることであった」〔八四頁〕。

明らかにイエスの意図は、イエス自身が教える前に、マリヤによって認識されていたこと、すなわちイエスを通して神は「高慢な者を引きおろし、低き身分の者を引き上げ、飢えている者を良いもので飽かせ、富んでいる者を空腹のまま帰らせようとすることであった」〔ルカ一・五二〜五三〕。「先の者はあとになり、あとの者は先になるであろう」〔マルコ一〇・三一〕。貧しき者、飢えている者、そして、悲しんでいる者は、満足し、そして、慰められるであろう。たとえ衝突と迫害は逃れられないとしても残酷な者によって弾圧されても、柔和な者は地を受け継ぐ機会を得るであろう〔マタイ五・一〜一二〕。

ラウシェンブッシュがこれらや他の個所におけるイエスをどのように扱ったかを見ると、われわれはマシューズの著作においては見出せないキリスト教社会科学の別の側面を見ることができる。ラウシェンブッシュは階級分析を聖書釈義における有効な道具と見なした。そして、彼は、イエスが、愛の命令と同様に、むしろ社会制度のための明瞭な指針を提示したということをより直接的に、そしてはっきりと確信したのである。ラウシェンブッシュにとって、すべてのことは明瞭に社会主義の方向における経済体制のデモクラシー化へと通じているように思われたのであった。(2) しかしながら、彼は、自分の主張を新約聖書からのみ基礎付けようとはしなかった。われわれが既に見たように、彼は旧約聖書の預言者的伝統を通して新約聖書を読んだのである。彼はまた、新約聖書を聖書時代以後においてキリスト教に何が起こったのかという観点を通して読んだのである。彼は、キリストの精神は何世紀にもわたって徐々に、そして苦労して、教会、家庭、学校、および政治体制の相対的社会化を成し遂げたと信じていたのである。生のこれらの領域において、人々は能力に応じて与え、必要に応じて受け取ったのである。いつでもそれが優勢とはいえないが、平等と相互の連帯責任こそがそこにおける指導原理である。物質的なものは共有され、そしてデモクラティックな手段によって分配される。これらの利得のために、われわれは初期の時代におけるイエスの預言者的な使信を把握し、そのために戦った人々の恩恵を受けている。

しかしながらラウシェンブッシュが主張するように、これらすべては封建主義の古い響きと資本主義的会社組織という新しい独裁的な力によって破壊の危機に瀕しているのである。そしてそれは競争的経済理論にあらわれている「牙と爪の血塗れた法則」によって、現在においても猛威を振るっているのである。富、収入、影響力、および権力は、現在の経済体制を正当化する支配的な原理、価値、そして目標とともに、キリストが生き、教え、そして死んだすべてのことに対する直接的な侮辱でもあるというのである。

共同体における人々、あるいは人々の共同体

マシューズとラウシェンブッシュの見解は、ここで検討された著作を彼らが書く以前から六十年間にわたって議論されてきたある射程距離をもつ諸見解をその背後に持っている。（マシューズやラウシェンブッシュ）以外のさまざまな著名な人物も、その視野においてきわだった位置を占める著作を残していたのである。これらの人々は、

イエスと彼の教えを信頼することは、経済倫理への糸口を明らかにするだろうと信じていた。そして現代の商業の組織化された貪欲さも、功利主義経済学という現代「科学」も、人間本性の現実の性格と、現代における経済体制の再構築のために必要な倫理的原理を把握することはできないと考えたのである。また彼らは、聖書的に基礎付けられた「キリスト教社会学」を樹立するために尽力したのである。ここでいう「キリスト教社会科学」とは、経済体制のデモクラシー化へと導き、経済倫理の公共的な討論を導くことができるある基本的な境界と原理とを明らかにするものである。

彼らは、全て人間は経済的には「共同体における人々」であるべきで、神も意図し、イエスもそのように教えたと信じた。彼らはまた、人間は水平的関係において他の人々と必然的に関係付けられ、かつ一定の型をもっている共同体の諸制度の中に生きているが、それはイエス・キリストにおいて知られている神の真理、正義、および愛の垂直的、永遠的な縦糸によって見出され、そして測られるべきであると信じていたのである。またある人々は人格主義に、他の人々は共同社会主義に焦点をおいていた。しかし誰もそこに提示された超越的な視点を疑わなかった。「共同体における人々」ということが意味したものは、「神の正義のもとで」、そして「神の国に向かって」生きることであった。

われわれはこの議論と、イエス・キリストがいかにして「マコトニ神」であり「マコトニ人」であるかについての初期教会の論争との間の、類比関係をどのような仕方で描き出すことが出来るであろうか。この教説の主要な点は、もしも救い主がそれらのいずれか一方でしかないとしたら、あるいは、一方の側面が他の側面への単なる補遺になってしまうならば、あるいは両側面がただ単に同じであると考えられるならば、救い主の本性についての本質的な何かが失われてしまっているということである。神的でもなければ、人間的でもない第三の実在を仮定することはできない。あるいはキリストを、人間性と神のいずれかからも区別されるものにする第三の実在を仮定することはできないということである。

現代の経済《ポリティカル・エコノミー》における「キリスト教社会科学」の論理は、創造と解放、召命と契約、罪と自由、教会論、および三位一体の多元性と統一性というような、公共神学《パブリック・セオロジー》の他の諸原理と完全に一致する論理である。しかしその中心は、キリストの「二つの本性」に基づいた、人間性の「二つの本性」の理解である。人々は共同体の中で生きるべきであり、そして共同体は、人間であることを支え強めるべきである。経済生活の本性についての本質的なものは（実は、それに具体的に無数の存在が依存しているのであるが）、もしも私的な利害のみか、あるいは集合的構造のみかのいずれかが重要視されるならば見失われてしまう。どちらの一方も、他方の単なる含有物として理解されることはできないのである。また完全にどちらかのやり方をとったとして、どちらかが他方に通じるとは限らないのである。そして人格主義にも共同社会主義にも、いずれにもふさわしい場所をもたないようなある第三の道を仮定することは無意味である。

このような人々は、自分たちに役立てられ得る最良の社会理論との対話の中で「共同体における人々」というドグマを主張した。そのドグマは経済生活についての現代のキリスト教的思考のための決定的な原理を打ちたてようとする試みであった。これらのドグマは、戦略の実施の方法や、決定の仕方を説明しなかったし、そのような視野の内での意見の相違は続いているのである。それにもかかわらず、このドグマは、どこでそしていつ社会がある特定の方向へと傾いて行くかを示している。もしも私的利害と個人の経済的計算が（たとえ、もっとも啓発された個人的動機付けによって導かれたとしても）社会的調和よりも強調されるならば、経済的無秩序が結果として生じる。もしも強調が完全に集団的行動や階級的連帯性におかれるならば、あるいは公正な共同体のための激しい戦いに与えられるならば、その避けられない結果は、経済的独裁主義である。いずれの場合も、「罪の支払う報酬は死である」。

このような展開の中で注目に値することのひとつは、それらが社会についての経済的見方というよりは、経済についての社会的見方を伴うということである。そこでは人間の自我の社会的本性と、精神的および道徳的原理を共同体における社会関係の構造化された組織へと適用することの必然性が前提とされている。そしてそれは経験的に、また規範的に経済活動に先立つものとみなされているのである。従って、もしも根本的な変化が経済生活においてなされるべきならば、それは最初に原理付けられた人間関係の形成において、そして共同体（例えば、家庭、学校、病院、職業、組合、企業、および政党）の一般的な構造の骨組みの変容こそがなされねばならない。その後で、はじめて経済《ポリティカル・エコノミー》という場において制度化され得るのである。さらに人間関係と共同体構造の変容への手がかりは宗教の領域に見出され得る。とりわけその根と枝において倫理的であり、「神の国」という言い方で要約された、原理と目的とをもって生きているような宗教においてである。イエス・キリストについての人格的知識は公共神学《パブリック・セオロジー》的な意味をもっている。そしてもしも誰かがキリスト教的倫理によってとらえられないで、キリストによって救われ、あがなわれ、聖別されたと主張するならば、それは果たして神意にかなったことだと言い得るのだろうか。しかしそれはただ神のみぞ知ることであり。地においては、そのような主張が、公開の議論や政策形成によって、何らかの判断を生むということはあり得ないことである。

社会的福音の広まり

このような教説が発展して行く中で、それと平行して二つの運動が教会の中で展開されるに至った。これらの運動は近代社会史において、この教説を具体化する際に独特の役割を果たしてきたものである。ひとつは、日曜学校運動であり、もうひとつは、伝道運動であった。

① 日曜学校運動

キリスト教社会科学の教説を発展させた人々は、教会生活に深く関与していた。多くの者は牧師であり、幾人かは神学校教授であった。彼らはこの教説を一般信徒の間に広めるために努力したのであった。彼らは、地方教会で説教し、そしてキリスト教雑誌で主張を展開した。非常に早い段階で、彼らは日曜学校プログラムのなかに自分たちの考えを広める機会を得たのであった。日曜学校プログラムは一九世紀においては、青年のみならずむしろ成人のために用意されたのであった。彼らは人々に彼らの使信を伝えたかったのである。彼らのように確信を持った一般信徒たちは、キリスト教的市民性を通して経済生活の望ましい変容を成し遂げることを考えていたのであり、直接的に公的機関を批判したり、あるいは公的声明文を出すというような傾向は少なかった。「権力によらず、能力によらず、主の口から出てくるすべてのことば」によっていたのである（ゼカリヤ書四・六）。

経済生活についての新しい社会的教説は、成人用トラクトの出版と配布の全国的な展開の中で中心的な主題として掲げられた。いくつかの教派は、それらの資料をいくらか異なった方法で展開したが、これらの文書は内容と形式においてほとんど同じものであった。例えば、一九一〇年のプログラムのシリーズ番号一は、成人の日曜学校のクラスにおいて用いられたものであるが、全国共通なものとして、その学びのために選ばれた聖書のテキストと、現代生活の社会的経済的状況についての注解が付されており、両者は相互に関連付けられていた。(3) それは一般信徒自身が仕事と経済《ポリテイカル・エコノミー》の世界において、キリスト教的な方法を実現するための、一般平信徒向けの戦術を暗示してくれるものであった。議論された主題は、後にニューディールとして知られるようになったものをより素朴な仕方で説明したものや、一九〇八年から今日にいたるまでのエキュメニカルなプロテスタンティズムにおける議題と似たようなものであった。(4)

このシリーズは「仕事の倫理」のための聖書的基盤の分析から始まっていた。聖書本文への多くの言及とともに、神は創造的な働き人としてあらわされている。人間には働くことが要求されている。キリストは働き人である。使徒たちも聖パウロもそうである。働くことは、すべてのキリスト教徒たちに求められていることなのである。このことは、ある人々が過分な富の故に働く必要がない時、また他の人々が怠惰の故に働くことをしない時、そしてある人々が働きたいが失業の犠牲者になる時、それは聖書の原理が侵害されていることを意味するというものであった。賃金を得ることや工業生産が仕事の唯一の場と考えることはできない。このシリーズが指摘したように、多くの労働者や農夫の妻たちは賃金獲得者ではないが、彼らはそれにもかかわらず、勤勉な働き人なのである。さらにこのシリーズは、芸術的および創造的労働が増加することを要求した。とりわけ長時間を要求する、単純肉体労働は、キリストに従う人間の能力を阻害すると考えたのである。典型的な方法でこのシリーズは、「州政府は各人に働く機会を提供すべきか」とか、「有閑階級と労働者階級は存在すべきか」というような問題を、討論のための問いとして提供したのであった。

経済生活に関するこのような出発点から、このシリーズは、さらに続いて「キリスト教の全精神が禁ずる」子どもの労働と「産業における女性」の役割を検討した。最初にそれは、特別な環境のなかでリーダーシップを得た聖書の英雄たちに注意を喚起する聖書本文を引用した。そして次第にそれは現代の産業体制は特別な環境であると主張した。というのは「機械を使用することによって、この世の仕事は、ますます肉体的な問題ではなくなり、ますます頭脳的な問題になりつつあるからである。新しい状況のもとでは、男性の能力とされていた身体的力は多くの職業において何の重要性も持っていない。ところが女性のすぐれた神経組織は、まさしく成功の条件を提供する」(5)と主張したのである。

女性に対する不平等な支払いの否定的効果と、もしも家庭生活の内的構造が再建されなければ家庭生活に対する否定的結果もあり得ることを跡づけた後に、シリーズは富と資本の一般的問題にとりかかった。聖書資料と、階級間の増大する相違に関する現代の統計学への詳しい言及とともに、このシリーズは社会的基礎、そしてさらにすべての富の社会的義務を強調した。そしてさらにこのシリーズは、自由意志による法人組織への政治的コントロールを要求し、労働組合を支持し、そして産業における健康および安全の基準を満たす方法を示唆した。

同様の方法で、このシリーズは住宅、公益事業、都市の腐敗の諸問題を取り扱い、そしてその解決として社会主義を論じた。このシリーズはまた国内問題としては人種問題、労働条件、刑務所の改革、そして移民政策に特別の注意を払った。また外交関係の討議としては、植民地主義、国際的な調停、および平和の諸問題を取り上げた。これらの討議を通じて、このシリーズは経済学における資本主義と社会主義の文献を利用していた。ただし、それはマシューズとラウシェンブッシュが、はっきりとした言い方で述べたようなキリスト教的な教説を前提としている。

ここで論じられた主題は、現在になってもなお刷新されていないし、その当時も決して新しいものではなかった。しかし、その意味深さは半世紀以上にわたる当面の問題についての著述に、そして数十年にわたる体系的な陳述に反映している。主題を明確に述べていた原理と、それを使った研究の方法は、今日に至るまでキリスト教社会倫理における多くの大衆向け著作の主題を方向付けてきた。

② 伝道運動

日曜学校運動と平行する仕方で、伝道集会もまた発展していた。初期のアメリカの伝道協会は、一九世紀の最初の一〇年間にその体制が作られたが、この運動がもっとも急速に成長したのは、さまざまな教派が、女性伝道委員会（一八六八年から一八七一年までの間）を形成した後のことであった。この組織においてもまた「共同体における人々」という新しい教説が支配的になった。伝道者の努力の多くは個人の魂をキリストへと回心させる福音的動機によるものであり、また絶えず、宣教の地域本部を、文化的帝国主義と同様に、政治的および経済的前哨地にしたいという誘惑を持っており、さらに伝道運動は教派間の信条を曲げないように分裂を削り落とそうとし、さらに全教会に、よりエキュメニカルな見方を与えようとしたのであった。シェイラー・マシューズが一九三六年に、彼の自伝において書いたように、伝道運動にかかわった多くの者は、

「伝道は西洋と東洋の文化の相互浸透の一側面であることを認識してはいなかった。しかしこの世を変革しようとする召命によって、宗教的熱心へと強く心動かされた同時代の心理学は変化して行ったのであった。その範囲

内においては不正の帝国主義は存在しなかった。もしも産業主義、軍国主義、および科学が、国際的接触の唯一の形式であったならば、何がその結果になっただろうかということは容易に想像できる。しかし、多くの青年男女は、西洋的理念の意味を、搾取としてしか理解していなかった諸国民に説明したのであった(6)」。

これらの理想のなかには、キリスト教社会科学の教説に含まれている諸改革と支配的なヴィジョンとしての「神の国」があった。国際的な伝道運動が進展した所ではどこでも、教会と同様に学校や病院の設立、女性の地位の向上のための諸組織、人権を認める運動、そしてデモクラシーを確立する運動が見られた。そしてしばしばこれらの努力は、植民地の諸権力の商業的および帝国主義的利害と直接的な緊張関係にあった(7)。

伝道への関心は同様に、相当数の「国内伝道」の進展を促した。多くのそのような伝道協会は新しく自由になった黒人を援助するために南北戦争のすぐあとに形成されたものであり、一九世紀末までには、ほとんど各主要都市には少なくともひとつの市内伝道協会が設置されるようになった。多くの都市には伝道協会がいくつもあった。この働きを調整するために、バプテスト派、長老派、会衆派、メソディスト派、およびディサイプルズ派（時には聖公会やルター派の協力を得て）は、しばしば超教派の委員会を形成するために集まった。キリスト教社会科学の擁護者たちは、これらの後援者団体の中に、キリストの体をばらばらにするドグマの人為的な分離主義を超えるような公共神学《パブリック・セオロジー》を具体化する道を見たのであった。というのは彼らはまた、協力的で一致した神学的な理論が、社会的および経済的諸問題についても諸教会を一つに結び付けるための最良の方法であると見なしていたのであった。

これらの初期の委員会から真のエキュメニズムへの道は、さらに長く、遠く、そして複雑な道である。しかしながら間違いなく、アメリカにおけるエキュメニカル運動の起源は、一九世紀末の国内伝道会にあり、そして経済的変化に対するキリスト教徒の対応（この章で概観したことを基礎にして）は、一九〇八年の連合教会会議の形成を可能にした協定の核心となるものを生じさせたのであった。

三〇のプロテスタント諸教派から構成されている連合教会会議は、その最初の主要な宣言を「社会的信条」と呼んだ。それは一九一二年に、そして再び一九三二年にわずかに修正されたが、それ以来基本的には変化していない。それは経済的、社会的事柄を取り扱うために新約聖書とイエスの権威を強調することによって始められている。すなわち「現代産業の諸問題は、新約聖書の教えによってのみ解釈され、そして解決されることができる。イエス・キリストは、個人生活と同様に社会生活においても最終的な権威である」と述べている。声明はさらに続けて、教会は「その長い進展のなかで重大な危機」に直面したと宣言し、さらに連合会議とそのメンバーになっている諸教会を社会改革についての非常に長いリストに賛同する人々の集団と考え、これらの危機について解説を加えようとしている。もちろんすべてが経済的な問題ではなかった。あるものは政治的であり、あるものはそうでなかった。あるものは他のものよりも聖書的社会批評の伝統的テーマに近かった。とりわけそのリストは、すべての人に平等の権利、貧困の消滅、健康の管理、子どもの労働をなくすこと、働きの場における女性の権利の確立、より安全な労働条件、労働者のための災害保険と年金、より短い労働時間とすべての人に最低生活に必要な賃金を提供すること、産業的紛争を解決するための労働組合と雇用者――被雇用者間の交渉、アルコール販売から個人や社会を守ること等を提案した。リストの最後は、「キリスト教原理を、財産の獲得と使用に適用する」という要求と、「産業製品を可能な限り、もっとも公平に分配する」という要求であった。声明の結論は、その鍵となる表現を、直接初期のキリスト教社会学科者たちからとったのであった。すなわち「最終的なメッセージは贖いである。世界における個人の贖いである。一方の贖いがなければ、他方の贖いはない。」[8]

それから一〇年以内に、共通点を持ったさまざまな声明が個々の教派によって正式決定され、承認された。そしてこれらの声明は、主流派のキリスト教の公式の立場をあらわすものになった。ロバート・モウツ・ミラーは、メソディスト派、北部バプテスト派、長老教会、会衆派、聖公会、ディサイプルズ派、改革派、北米の福音派およびユニテリアンの決定を調査している。[9] 彼によればこれらのほとんどの決定は、財産権が、基本的な人権の侵害になる時、それは聖なるものではないと主張している。またそれらすべてが共有した信念は、公正な社会というものは貪欲に駆り立てられた産業的独裁政治、独占欲の強い個人主義、および競争的資本主義に代わって、「協力的社会」を必要とするということであった。

この章の範囲内でこれらの宗教的発言が、どの程度ニュー・ディールの形成を決定づけたかを正確に跡づけることは不可能である。しかし明らかなことは一九三〇年代の大恐慌の窮迫がアメリカに打撃を与えた時、国家の政策になったのはこれら教会指導者によって擁護された独特の政策であったということである。これらの社会的諸問題が実際に進行した時に、それらの社会的諸問題は宗教的な領域とはほとんど関係なく生じていた。にもかかわらずこの状況は、いかに公共神学《パブリック・セオロジー》的な見解が、具体的な歴史的帰結をもたらすのかということについてのある手がかりをわれわれに与えてくれる。公共神学《パブリック・セオロジー》的な見解が、直接的に公共的政策を形づくるということはほとんどないが、危機が襲い、政策決定がなされなければならない（しばしば、何十年後や何世代後になるが）、その公共性のエートスの中に、ある種の特別な原理（それらは公共的なある選択を受け入れ、他の選択を退けるようにさせるものであるが）を織り合わせていたということが明らかになる、というような仕方において公共性を生み出すことになっていたのである。

キリスト教社会主義衰退の現在

現代の宗教的指導者集団、とりわけ牧師職たちはこのキリスト教社会学の伝統に無知であるように思える。彼らはキリスト教的思考が、経済生活にどのような貢献（もし貢献があるとすればのことであるが）をしなければならないかについて混乱している。彼らがその構成員であるところの諸教会は、しばしば以前の伝統との直接的な連続性で決議をなすが、牧師たちはそれらのことにほとんど注意を払わず、またこれらの関心事について何も知らないままである。彼らはスチュワードシップについての考えを資金集めに限定している。他方で教会員たちは、社会的および経済的政策のための手がかりを敬虔や神学のいずれにも関係なく、世俗的な出版物、政治的イデオロギー、あるいは個人や階級や法人の利益の純然たる計算から得ようとしているのである。

このような最近の傾向と、伝統についての現在における無知には、いくつかの考えられ得る理由がある。ひとつには公共的諸問題についての宗教的思考の焦点が、ヒトラーに抵抗する戦いと、スターリン主義に反対する冷戦の真っ最中にあって、経済的な問題から政治的な問題へと変化したことによる。（ことわざにあるように、「ストレスやプレッシャーがある時には集中することは難しい」のである）。同様に、経済改革のより古い伝統によって擁護された多くの（ニュー・ディールにおけるような）制度は、経済的問題に持続的な関心をもっている人々に、自分たちの目的を達成するためには政治的手段に頼るしかないのだという意識を与えてしまったのであった。元奴隷に対してなされた約束の裏切りによって促された「公民権」運動、ヴェトナムへのアメリカの介入、および植民地を解放して独立させる国際的運動と政府のプログラムを通じての急速な発展の希望というような、より新しい諸問題もそうであった。このように経済的正義を実現するための国家政策として自信をもって提示された政治的な諸問題が、既に述べられたような伝統の継承者になるであろう人々の関心を支配し始めたのであった。

第二に、心理学の影響の増加が、神学教育において、以前に社会学的諸問題に強調をおいていたことにとって代わり始めた。国家がより広範な福祉機能を引き受けたように、エキュメニカルな教会における牧会と福音的教会における回心のための心理学的技術が、「応用キリスト教」の定義になる傾向があった。神学的事柄が私的なものになり、そして個人的なものになるにつれて、社会制度の宗教的内容と道徳的具体化は、多くの人々にとってますます関心がないものになった。

その上、聖書学に関する新しい見方が、公共的事柄における倫理的手引きのために、新約聖書に頼ることの信頼性を脅かすようになったのであった。聖書の歴史的研究におけるブルトマン的革命の衝撃のもとで、「イエスの原理」は実存主義的「決断主義」の熱風の中に解消されて行くように思えた。そして社会的問題と福音の使信との関連性は、さらに難しくなってしまい、それ以後あまり語られなくなってしまった。原始教会の証言と現代文化との間の不連続性が強調されて、多くの人々が聖書資料と現代の思考様式との間には連続性があるのだろうかと考えるまでになった。つい最近になってポスト・ブルトマン主義者たちが、新約聖書の社会的および倫理的意味について再び考え始めるようになってきたが、彼らは、ほとんど「キリスト教社会科学」の伝統に精通してはいないのである。

さらに、応用経済学と社会科学としての経済学は、より数学的な領域と関わりながら発展してきたので、社会的、哲学的、倫理的、および宗教的分析になじみにくいものになってしまった。産業と金融の摩天楼の塔は、教会の尖塔をそれとは対照的に小さく見せ始めた。そして、コンピューターにプログラム化された規模の大きい数学的計量経済学のモデルは、その中に社会的、あるいは宗教的変数を含む余地を残さないように思えたのであった。

エキュメニカルで社会的な志向をもった牧師のグループは、個々の社会的問題に関する巨大な議題の議決を擁護するために、今世紀の最初の七五年の間に築き上げられたような知的資本に頼ろうとしたのであった。しかしながらそれらはほとんどの場合、アカデミックな団体を導くことができるような公共神学《パブリック・セオロジー》を提示することは出来なかったのである。非プロテスタントのグループの強まる影響もまた、上述のような努力におけるプロテスタント的なアプローチをとらない人々を非協力的にしたのであった。物質的利益の結集を基礎にした「行動主義」は、社会変化についての「実践志向」の多くの支持者にとって魅惑的なものとなった。同時にまた世俗的な大学制度のみごとな成長は、経済《ポリティカル・エコノミー》に興味をもっている学者を、「キリスト教的情報源」から切り離した。それどころか、経済《ポリティカル・エコノミー》は、ますます「アメリカン・ドリームの問題」になってしまった。そして経済《ポリティカル・エコノミー》は明白に、宗教的および規範や倫理的問題から切り離されてしまった。そのような中でたとえば、ジョン・ケネス・ガルブレイスのような人たちが、反対者を論破する際に、相手が辛辣な意見を繰り返す場合に、彼らの反対者の見解を「神学的」と呼ぶようになったのである。皮肉なことに「教派的派閥主義」と「信条主義」は、宗教的グループの間においてよりも、経済的理論家たちの間においてこそもっともよく当てはまることなのである。

倫理学と経済学の今日の状況について考察しようとする場合、聖書的資源を利用して進めているわれわれの研究は、これまで見てきたような一世紀間におよぶ伝統の文脈の中で行われなければならないであろう。もちろんそれは現在は無視されているために衰退しているが、キリストの教えの中心についての信念と、経済生活についての非独占的な傾向とか非集産主義的理解との関係への広がりを含むものである。そしてそれは、普通「キリスト教社会科学」という用語のもとにまとめられる。

われわれの研究をさらに続けるために、われわれはこれまでよりもさらにエキュメニカルな問題に向かって行かねばならないであろう。われわれは、宗教がどのような意味において経済《ポリティカル・エコノミー》に影響をおよぼすかという社会史的な問題について考えようとするなら、この問題について大きな影響を与えてきた理論家たちに焦点を当てなければならないであろう。さらにわれわれはカトリックと福音派の思想におけるいくつかの新しい発展についても概観しなければならないだろう。これが、次章においてわれわれが取り組まなければならないことである。

さらなる研究のための問い

この章では現代の「キリスト教社会科学」の擁護者の考えを吟味した。彼らは、新約聖書におけるイエスの生涯の記録をもとにして、彼らのイエスについての見方が初代教会の世界とは全く異なった現代の産業社会において、われわれにどのように生かされ得るかについて、また手引きを与えることができ、事実与えているかということを示そうとしている。

①聖書は、資本主義、社会主義、デモクラシーのような現代の体制について何も語っていない。それにもかかわらず、これらのことについて判断する際に、われわれは新約聖書を利用することができるというキリスト教社会科学者にあなたは賛成するか。

②「キリスト教社会科学」の創始者たちはすべて、デモクラシーは、政治の適切な形態であり、その適切性は基本的にはキリスト教原理によると信じた。あなたはそれに賛成するか。非デモクラティックな国々における人々もまた、キリスト教徒であり得るのか。デモクラシーに積極的に反対する人々も、キリスト教徒であり得

るか。

③これらの著者たちは、われわれの時代の大きなチャレンジは、デモクラシーを経済生活にもたらすことであると信じた。あなたは「経済的デモクラシー」をどのように理解するか。もしもより多くの人々がキリスト教徒になれば、その国は政治的に、経済的に、デモクラティックになるだろうか。

④説教者の奉仕が、時々政治的および経済的利益とイデオロギーの手段となってしまうことがあるのだろうか。商業的・帝国主義者の利益と説教者の努力の間にある衝突と緊張の現代的例は何か。

⑤もしも「キリスト教化」が、ある意味において、「デモクラシー化」の意味を含むならば、経済の「デモクラシー化」は、資本主義か社会主義のいずれかの意味を含むのか。

⑥資本主義者はキリスト教徒であり得るか。社会主義者はキリスト教徒であり得るか。

⑦あなたのイエス理解は、あなたが経済的哲学と体制を評価する方法との間に、いかなる齟齬を生じさせるか。

⑧ビジネスをおこなう方法においてヒンドゥー教徒、イスラム教徒、仏教徒、および無神論者は、キリスト教徒と、経済生活について、同じ見解に至ることができるか。

⑨神学的基礎をもたない経済活動にどんな危険があるか。もしも宗教を経済的な問いから遠ざけておくならば、われわれはより幸福であり得るだろうか。

⑩キリスト教の主要な影響は個人および対人関係をつくり上げる可能性を提供するとシェイラー・マシューズが主張する時、彼は正しいとあなたは思うか。

⑪キリスト教がもっともよく理解されるのは、すべてのキリスト教徒が、そのようなことへと召されている預言的社会運動においてであるとウォルター・ラウシェンブッシュが主張する時、彼は正しいとあなたは思うか。

⑫われわれの経済生活と、家庭、教育制度、および法制度のような、社会における他の構造との間には重要な関係があると思うか。キリスト教は他の社会構造には関係がないというのと同じ仕方で、前にあげたもののいくつかについては、それに関係があると言い得るだろうか。

⑬すべては兄弟姉妹であるという「神の家族」における「信仰の家族」は、社会のもっとも良いモデルであるのか。そのことは労働組合や会社《コーポレーション》のような現代の経済的機関にとって何を意味するだろうか。

⑭「キリスト教社会科学」の擁護者たちは、自分たちの考えを前進させるために日曜学校や成人のための勉強のグループ、および青年のための諸団体を利用した。現代の指導者も同様のことをすべきか。

⑮社会の変化にもかかわらず、ある事柄は同じであると言い得るのか。人間の本性は変化するか。イエスの教えの現代の経済《ポリティカル・エコノミー》に対する関係をわれわれが理解するために、あなたはどのようにすればよいと考えてるか。

---

(1) Mathews, The Social Teaching of Jesus : An Essay in Christian Sociology (New York : Macmillan, 1897) および Rauschenbusch, Christianity and the Social Crisis (New York : Macmillan, 1907)。これらの著作にこれから言及する場合には、本文においてその頁を括弧で示す。

(2) 特に、彼の Christianizing the Social Order (New York : Macmillan, 1912) を参照のこと。

(3) Studies in the Gospel of the Kingdom, ed. Josiah Strong (Astor Place, N.Y. : American Institute of Social Service, 1910)

(4) Paul Allen Carter, The Decline and Revival of the Social Gospel (Ithaca, N.Y. : Cornell University Press, 1954) と Paul Bock, In Search of a Responsible World Society : The Social Teaching of the World Council of

Churches (Philadelphia : Westminster Press, 1974) を参照のこと。

(5) Studies in the Gospel of the Kingdom, 4, 9

(6) Mathews, New Faith for Old (New York : Macmillan, 1936), 34-35

(7) T. Christenson and W.R. Hutchison, Missionary Ideologies in the Imperialist Era (Copenhagen : Arhus,1981), E.J. Dunn, Missionary Theology : Foundations in Development (Lanham, Md. : University Press of America, 1980) ; Max L. Stackhause et al., Apologia : Contextualization, Globalization, and Mission in Theological Education.

(8) A.D. Ward, The Social Creed of the Methodist Church : A Living Document (Nashville : Abingdon Press, 1961), 317

(9) Miller, American Protestantism and Social Issues : 1919-1939 (Chapel Hill. N. C. : University of North Carolina Press, 1958)

第五章　エキュメニズムと経済

「キリスト教社会科学」に関する著作の初期の読者たちは、エキュメニカルに方向付けられたプロテスタント諸派の間の相対的な一致ということについて同意していた。なぜならイエス・キリストの福音はわれわれが「共同体における個々の人格」となることを要求しているからであり、またわれわれの召命というのは、神の律法のもとにあり、神の国に向かって生きている他者との契約ということへと注意を喚起しているからである。われわれの人生における物質的な次元と同じように霊的な次元にも注意を喚起しなければならないし、また存在の個人的な力と同じように社会的な力にも注意を喚起しなければならないのである。このような点を強調することが、スチュワードシップの新しい核、そして公共《パブリック》神学《セオロジー》の再構築のための新しい努力の中で注目されるようになったのである。エキュメニカルな神学者や教職者たち、あるいはまた教会の指導者たちへの影響にもかかわらず、このような視野はキリスト教思想のより広い状況を見まわしてみると、ごく少数の意見に留まっている。大多数の「神学者たち」は信条的、教派的なものに留まっているし、個人的な問題や彼岸の問題、あるいは教会の諸問題というものに焦点をあてている。われわれがアメリカ合衆国においてその典型的な形態を見たこのような事態は、英国においても、そして大陸においても平行現象を見ることができるのである。[1] このような状況の中でエキュメニズムがその社会的な実践において具体化した出来事と言えば、自由奔放な資本主義の病理を克服し、国粋主義的な専制主義やボルシェビック的集産主義を回避し、また現代の経済《ポリティカル・エコノミー》における経済的な秩序のデモクラシー化を引き起こしたということであったと考えてよいであろう。このような認識は、エキュメニカルに方向付けられたプロテスタントの諸教会の指導性が強化されることによって、諸教会が今世紀後半以後、よりデモクラティックな社会の傾向ということを考えるようになり、また他方でよりデモクラティックな資本主義ということを考えるようになったことから、ますます支配的になった。(2)

総じて、このような思考や行動のパターンは本質的には西洋的なものに留まっている。それらはただまったく偶然的に、一九世紀と二〇世紀初頭の海外伝道運動によって基礎を据えられた諸教会によって新たに中心的なものになったに過ぎなかった。ところがエキュメニカル運動の世界への拡大が、また同じように二つの世界大戦が、教会の視野の拡大を生じさせ、またこのような理念の非西洋的なコンテクストへの適応という問題を生じさせたのであった。

しかし世界をとりまくこのような志向は、伝統的なキリスト者の福音理解との緊張を生じさせることになったし、またそれと同じように伝統的な文化や、キリスト者となる改心を必ずしも必要とせず、イエス・キリストがその時代の政治や経済について語ったこと、なしたことの意味を明らかに無視するような非神学的な基盤をもった社会変革理念によってもたらされた新しい、強力な政治的・経済的なヴィジョンとの緊張関係を生じさせることにもなったのである。コミュニスト・インターナショナルの初期の失敗によって無に帰したかに思えたカール・マルクスの諸理念はレーニンが「科学的社会主義」という仕方で一九一七年になってそれらの諸理念を実践化し、人々に重大な衝撃を与えたことによって、再び世界的な現実性を持つものとして甦ったのであった。そしてその次の世代においては、自由主義的資本主義とマルクス主義的な社会主義に対する軍事的・ロマン主義的な反動として、ヒットラーが「国家社会主義」という新しい形態を打ち出したのであった。このような展開は、経済《ポリティカル・エコノミー》の諸問題は、もやは単独の国家政策の問題や用語として扱え得ないものとなっているということを明らかにした。また政治的には軍事力の問題において、また経済的には、生産と分配についての「合理的」、技術的な意味の応用という問題において、それぞれ視点のグローバル化が求められたのであり、これらのものとキリスト教神学との関係はますます減少するようになって行ったのである。

いくつかの歴史的・エキュメニカルな言明

ひとは世界の「工業化」（それはしばしば「合理化」とも言われるが）の国際的な特徴を認識するなら、それがこの世界における教会の国際的、または超教派的な特徴の拡大という出来事と似ているということに気付かされる。一九世紀の諸教会の伝道活動はこのような考え方をさらに強調することになった。しかしこのような伝道活動は、伝道される側にとってはいわば親教会となる伝道する側の教会が全てにおいて常に絶対的なのかという疑問を生じさせることにもなったのであった。厄介者のプロテスタンティズムである分派主義者の愚かさは、今まさにそれにまきこまれている植民地化の問題、あるいは（後に）植民地であることから独立し、発展するようになった諸国家の直面している政治的、経済的な問題に対してキリスト者が一致した見解をもつことを妨害する、危険なものとしてみなされるようになったのであった。そして現代の経済的な危機との関連において、いわゆる公共神学《パブリック・セオロジー》のより厳密な定義を探求することの必然性が、その後大恐慌によってさらに増進させられたのであった。

一九二五年の九月、キリスト者たちは、「キリスト教社会科学」の伝統について、また伝道活動について、さらにこれらのグローバルな発展における社会倫理のキリスト教的な理解を重ねて強調し、明らかにすることの必要性を明確化するために、ストックホルムで生活と労働についての国際的なキリスト教協議会を開催したのであった。そこで彼らは社会的、経済的、そして政治的な問題におけるキリスト者の怠惰とこれまでの任務における罪について告白している。そしてそこでは「われわれの救済の導き手」と呼ばれたひとりのお方へと専心するということを深め、純化することが企てられている。

「『私に従え』と呼びかけられたイエスに答えて行くことを、……（そこでは）人間の生活のあらゆる領域――すなわち産業、社会、政治、そして国際問題という領域においてイエスの福音をそれらに適応し尽くすことであると理解している。（そこでは）魂は重要な価値を持つものであり、それは財産権や産業のメカニズムに従属させられるべきものではないし、また産業は個々人の利益の充足ということの上に基礎付けられるべきではなく、共同体に仕えるものとして理解されるべきである。財産とは、その管理報告書を神に提出しなければならないもののスチュワードシップとして理解されるべきである。資本と労働との協同は、雇用者と被雇用者が同等に召命の充足としての産業の一部分であると考えることを可能にしようとする試みなので、そこでは衝突が生じることになる。(3)」

さらに、不適当な住宅供給、失業問題、教育、家庭、そして女性や子供の搾取的な扱いという社会問題に関して、彼らは個人的な解決を試みることは不可能であるということを主張している。すなわち「共同体はこれらの問題に対して責任的に取り組むべきであるし、このような社会的なコントロールについては、個人的な行動を超えて、個々の事例についての共通な善のための行為が必要とされるのである。……（このような諸分野において）教会は個別的な人々の権利のために戦うのではなく、道徳的な人格性の権利のために戦わねばならないのである」(4)と述べられている。

このような努力において、彼らは、これらの認識の中にもっとも困難な状況にある社会から疎外された人々のことが十分に考えられていないことを認識していたと思う。それ故に彼らは諸国の若い人々に向けて「神の国と人類へと仕えること」への召命についても記したのであった。さらにそこには「この世界のための働き人」についても記されている。「ナザレの大工であった人の子の名において、われわれは諸教会と労働者運動の間にあるさまざまな分裂の原因を悲しみ、そして公平で友愛的な社会秩序のために労働者たちとの連帯を呼びかけるのである」(5)。

ストックホルムの会議から三年の後、すなわち諸教会の国際的で社会的な活動の次の段階において、このエキュメニカルな動きはさらに広がりを持つようになった。エルサレムの会議において、さまざまな宣教師たちの団体が協力し合い、そしてキリスト教と産業社会の問題に焦点を当てたのであった。そこで出された報告書において注意を喚起されたのは「個々人」の問題というよりは「共同体」の問題であった。すなわち「イエス・キリストの福音はその使信において、ただ個人の魂の問題だけではなく、その個人が生活をしている社会機構や経済機構との関係を持っているのである。……イエスがエルサレムに向かって涙した時、彼は霊的な荒廃を嘆いたのであったが、それは単に個人の問題というわけではなく、社会全体を問題としていたのであった(6)」。そこでは「人格性の高潔さ」が主張されているが、新たに重要なこととして「協同の責任性」についても注意を払わねばならないとされているのである。その報告書はアメリカの社会的福音《ソーシャル・ゴスペル》が決して描くことの出来なかったような方法で、教会の本質から産業における協同についてのひとつのモデルを描き出したのであった。この報告書はキリスト教の教会を、ひとつの

「社会」として、また「身体」として、そしてそれらを含む「交わり」として理解したのであった。

「すべての人間は、他者の中のひとりとして交わりの中にある。……それ故に、戦争、経済的な抑圧、利益の利己的な追求、幼児や老人、あるいは病人や抑圧された者たちの軽視というような、交わりを破壊するあらゆる力は、可能な限り、そして必然性をもってキリスト教の精神から鋭く切り離されねばならない。……（このような基盤の上にたって）教会の使命について語るべきであるし、社会や経済における不正義に対して大胆に戦わねばならないし、社会的な連関、産業機構や経済生活という世界の中でキリストの王国の完成へと近づくためのさまざまな努力をサポートしなければならない[(7)]」。

またこの協議会の参加者たちは、「近代化」の衝撃を受けた諸国が以前のようにその強い影響の中から抜け出せないでいる状況の改善の可能性について議論したのであった。そこにはかなり長い、重要な言葉が述べられているのであるが、私はその中から四つの重要な要素を取り出し、それを中心に以下のようにまとめてみたいと思う。

① 未開発地域における資本投資と自然的資源の開発では、その地域で元来生活している人々の幸福や福祉が保護されるような期間が想定されねばならない。
② 未開発地域に対する融資は国際的、政治的なコントロールが主体となってなされるべきである。
③ 個人的な投資はどんな場合でも政治的なコントロールのもとにある特権によってなされるべきではない。
④ 「雇用契約」は、その労働者が働き、生活している国のレートでなされ、労働者の自由の規定は厳重に守られるべきである[(8)]。

このエルサレムでの協議会の年に、大恐慌が深刻化したのであった。そしてもう一度エキュメニカルなグループが召集され、その時はロンドンで会議が行なわれた。協議に先立って作成された文章では、キリスト教社会科学、（とりわけアダム・スミスの経済学に従って諸国で試みられてきたような）「失業問題」、（とりわけマルクス主義へと旋回して行くことになる）国際的な労働者運動、そして現代の経済的な機構の「合理化」ということに焦点があてられていたのであった。協議会は「個々人の財産や金融生産をも含む現代社会の秩序は、真のあるべき発展に対して、無神論的で軍事的なものに廃退してしまっている」と主張している。そして「自然法の光、究極的にはキリストにおける神の法の光において見るならば、神の意志とは矛盾する方向に向かっている多くのシステムは究極的には自己破壊的であり、ただ神に従って行くことこそ、合理的であり得るのであり、また耐久力のある生を可能にし得るのである(9)」とも主張したのであった。

失業問題に注目することは、結果的には資本主義の支配的な経済教説の根本的な欠陥にふれあうことになったのであった。しかし資本主義の欠陥を補うことや、配分の不公正や労働者の苦闘の克服というのはなお未解決な問題だったのである。これらの諸問題は厳密には、産業化した社会内部、あるいは国家間における具体的な実践と道徳的な問題なのである。それに答えてこの協議会の報告書は、労働者階級の労働環境、住宅問題、医療、保険、そして賃金問題について協議する国際的な大会の開催を要求したのであった。このような応答は、今日の支配的な政治的、経済的な機構は、労働者階級への公正な立場と保護とを十分に整えていないというマルクス主義者たちの批判を承認することでもあった。しかし、それは、階級闘争をさらに分極化させることや、マルクス主義が経済的機構や政治的機構の問題についてのキリスト教的な原理の妥当性を否定したことを曖昧にしているということでは断じてなかったのである。

協議会は、現代的な生活の「合理化」ということの中に、「知的、社会的な問題における発展の傾向の特徴」を見出していたのであった。一般的に考えるならば、合理化は現代の産業の特殊な諸問題をさらに深刻化させるし、さらに「現代世界全体がもっている表面的な性質という傾向をさらに増大させ、近代社会全体を非キリスト教的な基盤の上に構築することになってしまうであろう」。それ故にこの協議会は「産業界における責任あるグループ」との新しい接触を呼びかけて、「人格的な責任性が産業界においてますます非人格化されたシステムの中で場所を持ち得るような何か」を発見しようと呼びかけたのであった。また特に注目すべきことは、独占の増大、信用取引の力、そして「産業的父権主義」などは現代における特異現象だと考えたことである。(10)

同じような問題は、一九三二年にバーゼルで開催された協議会でも、また同じ年にジュネーヴで行われた協議会でもさらにとりあげられたのであった。その翌年、レングスドルフで行われた別の協議会で、以下に要約したような、経済的な問題についてのさらなる意見の調整がなされたのであった。

①労働とはすべての成人の課題である。

②所有財産は神によって与えられ、委託されたものである。それ故にスチュワードとしての責任を与えられているのである。所有財産はそれゆえに絶対的なものではない。

③経済的な行為は、われわれの交わりやさらに広く共同体への奉仕とみなされるべきである。

④経済的な生活は主体的に正義を求めるということが要求されている。それは倫理的なものから特別に控除された領域ではないのである。

⑤政治的な権威は神によって秩序付けられているが、神は国家についての何か特定の形態をあらかじめ想定してはいないのであり、その意味で国家というのは元来「制約されたもの」なのである。特定の形態と結び付いたデモ

クラシーは現代のさまざまな条件のもとにある国家権力によって制約されたものであるように見える。
⑥政治的な権威はその固有の領域に限定されるべきであり、個人の権利や、社会における他の共同体、家族、あるいは教会の権利を侵すべきではない。(11)

政治的な生活と経済的な生活との関連についての明確な定式化の導入は、人間の行為の二つの領域を結ぶ線が消滅してしまった、ファシストとコミュニストの国の両方において広まった当時の考え方を意識しているのである。また同時にこの協議会の参加者の多くは英国におけるデモクラティックな社会主義である「労働党」、アメリカにおけるデモクラティックな資本主義であるニューディール政策において見出される経済における政治的な調整の増大に向けての歩みに賛同していたように思える。

第二次世界大戦前の最大の協議会は一九三七年にオックスフォードで行われた。その際公にされた八巻の報告書は、おそらく西洋世界が偉大な神学的な精神によって二〇世紀において生み出した社会や経済の問題についてのもっとも深い洞察力をもった提言であろう。(12)ファシズムに対する緊迫した戦いという思考態度が明らかであるが、そこに収録されているのは、本書で取り上げてきたような諸問題に関する諸論文である。そこに投稿しているのはJ・H・オルドハム、エーミル・ブルンナー、F・W・ファーラー、C・H・ドッド、クリストファー・ドーソン、パウル・ティリッヒ、ウィリアム・テンプル、ラインホールド・ニーバー、ケネス・スコット・ラトゥーレットであり、そこには歴史的に深く、神学的な洞察力に満ち、またこの問題の文脈に促した分析がなされている。それぞれの領域において一流の業績を残してきたこれらの実力者たちがこの問題についての最初のそして媒介的な伝統を作り上げたのであり、この新しい視野は、第二次世界大戦中、またそれ以後のアメリカにおいて、また同時に世界において支配的な神学的、倫理学的な思想となったのであった。彼らは強い言葉で、無政府状態の資本主義、ソヴィエト型の共産主義、そして「ファシズム的な国家社会主義」を批判したのであった。すなわちその批判というのは二〇世紀の経済学の支配的な形態は道徳的、霊的に腐敗しており、それ自体の再構築を内部から生じさせる力を持ち得ていないということであった。

このような不正に対する見方の中で、彼らは、キリスト者はこのような不正なシステムが過分な力をもつようになった時には、正義を回復するために力を行使すべきであるということを主張したのであった。博愛的なシステムへの「自然」な進展の理念、あるいは完全に非暴力的な再構築への完全主義者的な希望は退けられたのであった。そのような議論の背後には、三つの現代の経済《ポリテイカル・エコノミー》、すなわち国家社会主義というもっとも矛盾した考え方に対する暴力的な抗争へのキリスト者の参与、また自由放任的な資本主義、そして共産主義という病理によって再構築された社会に対して用いられている力の必要性ということがよこたわっていたのであった。このような基盤の上に第二次世界大戦の期間の戦いはなされたのであり、第二次世界大戦後のアムステルダムにおける協議会の主題において、ようやく冷静さが回復され、破壊された世界における「責任ある社会」の新しいヴィジョンと取り組むようになったのであった。

このような協議会の展開の中に、われわれは初期に展開された「キリスト教社会科学」からの二つの大きな変化を見出すことができる。社会分析の面からすれば、力の行使の問題が、社会的福音の指導者たちによってなされていた解釈をさらに先鋭化させているということである。また、神学的な面からすれば、「イエスの教え」への言及がだんだん減っているということであろう。もっとも大きな点はキリスト教信仰という神学的な主題と正義についての理論における「自然法」の後退であろう。このような変化は、最初の一〇年の聖書釈義的な、より「福音主義的な」方法や思考における「公同教会的な」方法からの転向を意味していた。このような転向は、この時代に新たに発見され、カール・バルトがその影響を神学的な問題にまで拡大したキェルケゴールの思想の影響に対する否定的な反応ということによって証明される。このような反応を生じさせることになった原因は、当時流風した実存主義的な神学、あるいは教義学的「信条的」な神学が、経済《ポリティカル・エコノミー》という公共的な問題への開かれた議論を不可能にしたということの中に見出されるであろう。[13]

それに加えて、われわれはこれらの協議会についてのよく知られている二つの制約性についても注意を払わねばならない。そのひとつはいわゆる「第三世界」からの声がほとんど反映されていなかった、ということである。一九三八年にマドラスで行なわれた協議会もこのような状況を部分的に修正したに過ぎなかった。アジアやアフリカ、そして南アメリカの伝道地の教会は、西洋の母教会からさらに自立した展開を始めていたし、とりわけ第二次世界大戦によって生じた植民地の独立の余波の中で、二つの力、すなわち植民地支配の力の残余を所持していた者たちと新しい国内のエリートたちによる新しい国家の発展と開発という問題に直面しはじめていたのであった。彼らは中央集権的な世界計画をその背景にもったソヴィエトに心動かされ、あるいは政治的・技術的な指導に経済的な発展の可能性を見たロマン主義的な国家主義の新しい形態に魅惑されていたのであった。第三世界のこれらの「新しい教会」は植民地支配勢力からは自由にされたが、さまざまな領域における経済的な「不完全発展」や援助への依存が、経済システムをめぐっての議論に新しい緊迫した状況を生じさせたのであり、とりわけ伝統的な経済システムの破壊によって生じた近代化と合理化は新しい問題を生み出すことになり、文化全体に大きな問題を投げかけることになった。共産主義と資本主義との間の「第三の道」を模索するというのは人々を惑わし、誤った道へと導くことになった。第二次世界大戦後の理論というのは、土着の、伝統的な文化の価値を「保護する」と同時に経済的な発展を強調するというものであり、それは「アフリカ的社会主義」、「アジア的社会主義」、そして「ラテン・アメリカ的な社会主義」として広められたのであった。現代の自由主義的な神学がこのような展開とその失敗に影響を与えたのであった。

またこの協議会は他方でローマ・カトリック教会とその信者たちと、この問題についての十分な議論をなしていないという点で制約を受けている。一八九〇年代から第二次世界大戦の間の「社会問題についての回勅」には、その背後にあまりローマ的ではなく、どちらかといえば公同教会的な理論が在存しており、それは真にエキュメニカルな立場を表明した第二ヴァチカン公会議へと至ったのであった。ヨーロッパにおいて「労働司祭」は、聖フランシスコの霊的な影響に基づいた伝道を労働という手段によって行うことでヒューマニズムを目指していたのであった。彼らはしばしば、ローマ・カトリック教会の社会教説で用いられていたプラトンやアリストテレスという古典的な哲学者の思想を使うのではなく、ルソーやマルクスという現代の理論を用いるようになっていた。それが宣教師たちのかなりの数を占めるようになり、発展途上諸国においてあの「第三の道」の支持者となって行った。アフリカにおける、個人的な声明や（ジョン・K・リヨンからジョン・カートニー・マレーに至るまで）一九一九年に出された「社会的再構築についての司教団のプログラム」や、一九四〇年に出された「教会と社会秩序」のような正式な教会的な文章においても、ついに全てのキリスト者が今直面している問題のために一同に集まるべきだという考えが展開されるようになったのであった。(14)

いくつかの歴史的な経済《ポリティカル・エコノミー》理論

このような展開の中で「キリスト教社会科学」の側にキリスト者の新しい「エキュメニズム」についての形態が

生じていたし、もうひとつ大きな展開としては、社会学の側における「経済《ポリティカル・エコノミー》」の考え方の中にあったひとつの形態の再認識という出来事が生じたのであった。それは現代の神学者や教会の指導者たちの間では必ずしも広く認識されていなかった思想をともなっていた。政治的、そして経済的な生についての新しい社会学的な解釈が、個人主義的な理論と集団主義的な理論とに共通の危険性を回避した神学的な見方と、社会学的な見方との関係についての新しい思考方法を提供したのであった。

マックス・ヴェーバーは一九〇三年から四年にかけて、彼の『プロテスタンティズムの倫理と資本主義の精神』に含まれている諸論文をドイツのある専門誌に発表した。この諸論文について大陸では多くの批判的な見解が提示され、ヴェーバーは数年後にそれらの批判に答えるために新しい版を出版したのであった。彼は後に、宗教が社会に与えた重要な影響についての史的研究である『経済と社会』という重厚で体系的な書物として知られるようになった、比較文化における宗教と経済との関係についての三巻本を書いたのであった。[15] ヴェーバーの同僚であったエルンスト・トレルチはヴェーバーの思想の方向性を採用し、それを彼の大著である『キリスト教会及びその諸集団の社会教説』にまとめ、出版した。[16] その後イギリス労働党の学風を重視したR・H・トーニーは彼の『宗教と資本主義の興隆』という題で出版された有名な講演を行なったが、[17] その議論の展開は先ほどのヴェーバーの諸論文に注目することから開始されている。トーニーはヴェーバーの議論を部分的に歪めて用い、「補足的な」主張を述べていると言いながら実は「反対の主張」を展開している。しかし彼の議論は結局は、ヴェーバーの理念を英語圏の読書に紹介する、というものであった。いずれにしてもこの十年の間に、指導的な西洋のプロテスタント的な学者の経済的な思考に重点の変化が始まったのであった。

もしなおも神学者たちの何人かが、これらの議論はもはや危うくなってしまったのだという誤解を続けているとしても、[18]既に変化は始まっていたのであった。要するに神学者たちや宗教的な倫理学者たちは、もはや資本主義の本質や特性についてのもっとも「学問的な」発言者としてアダム・スミスやカール・マルクスを取り上げることをしなくなったということである。この二人の理論に基づいて、神学者たちは経済的な構造や発展、またそのプロセスは宗教的な問題と関係してはいないし、そうすべきではないと考えてきたのである。そして今世紀の前半のエキュメニカルな思想家たちはまさにこの点において彼らを批判したのであった。しかしそれとは別の、それにとって代わる「学問的な」視点のいくつかは宗教と政治的な力と経済的な変革との関係を取り扱っていたのであった。というのは、確かにスミスもマルクスもなにか「摂理」のようなものを信じていた。すなわち両者は明らかに経済的な発展の「諸法則」の中に、それが正しく展開するならば、どうしようもないようなそれまでの社会は立派な、調和のとれた、慈愛に満ちた、効率のよい、人間らしい社会へと導かれるという一種の「摂理」を信じていたのであった。このような視点から両者を見ていた人々は、スミスもマルクスも同じような問題を問うことによってこのような「諸法則」を発見したのだと考えたのであった。スミスはなぜいくつかの国家が他の国家よりも豊かであるのかということに関心をもち、また何が生産された富なのか、ということを知ろうと思ったのであった。マルクスはなぜ人民の中のいくつかの階級は貧しいのか、またいかにして経済史の法則はこのような状態を修正できるのか、ということを知ろうとしたのであった。スミスはこの答えは、市場における「見えざる手」の中に見出し得ると信じていたし、マルクスはそれは階級闘争の「弁証法」の中に見出し得ると考えたのであった。

しかしヴェーバーとその弟子たちは、経済学は発展して行くのだという法則から直接に道徳的な改善ということまで引き出し得るのかどうか疑問に感じたのであった。ヴェーバーは「ある」ことと「あるべきこと」との関係は、スミスやマルクスが考えたことよりももっと複雑であると考えたのである。神は世界ではないし、摂理は発展や革命という「自然の法則」に従って社会史の中に生じる必然性ではないし、道徳的な諸原理は、いかに労働について考えるかという経験的な諸科学の分析からは直接引き出すことはできないのである。それ故に、もしわれわれが両者をあまりにも早急に結び付けるなら、事柄の正確な理解を破壊してしまうことになるであろう。社会現象の「事実」はその倫理的、霊的妥当性を証明することはできないのであるし、もっとも深遠な道徳的コミットメントも、それによって世界内で起こっている事柄の厳密な理解を保証することはできないのである。「自然法」は物質的で、現実的な労働を取り扱い得るのか。実際にはもしわれわれがそれによって十分に現実の労働ということについて知り得たとしても、労働には「別の」レベルの意味があり、また価値はそれらによっては説明され得ないものではないのだろうか。

「事実と価値」とのこのような区別は、ヴェーバーが社会思想の左派や右派からもっとも激しく批判された問題であり、両者は、解釈学的な円環の中で、価値を諸事実から引き出し、諸事実を価値から引き出そうというしたのであった。ヴェーバー主義者はこの円環は常に開かれていると考えたのであり、またそれ故に神学と社会諸科学とは、一方は他方を必要としないので、両者はお互いを破壊しないと考えたのであった。それに対して「キリスト教社会科学」と「社会倫理」とは、それらが公共の意志決定を形成するために妥当性をもっている限りにおいて、それらは常に「統合的」であり、またそれらが、社会の原動力と構造の厳密な解釈であり、また倫理的な原理の源泉と規範についての正確な知識であろうとしているという二重の検証を経ていることにまさに注目するのである。以前のように神学者は神学者としての社会構造の分析などについて特別な能力を持っているのではないし、社会理論家は社会理論家として、価値の問題に何らかの知識を持っているわけではない。経済《ポリティカル・エコノミー》の規範的でもなく、記述的でもない説明というのは十分に可能だというのである。

しかしそのことは事実と価値とが、社会史の中で相互に無関係であるということを意味しているのではない。それどころか、労働の問題を比較という方法によって研究したヴェーバーやその他の人々の主要な貢献というのは、個々の領域における歴史的、比較的な分析によって、政治的、経済的な生活という特殊な領域に、他の異なったものからの強い影響があることを見出したということなのである。神学的なものというのは、それが人々によって信じられ、そして社会の構造として慣例化している場合、個々人や大衆にある種の動機を与えるものとなるのである。人々が宗教的、道徳的、そして霊的なものへと傾倒することそれ自体が、政治的、経済的な存在に新しい、形態を導入する社会的にも重要な「文化的」諸事実なのである。経済学と政治学というのは、類型論的な比較や対比による経済的、政治的な発展についての断定的な諸形態の研究のことであり、より古くは人間の行為や、人間の関係や人間集団と物質的あるいは政治的な力との関係による社会の変化の追求という他の領域との関連を特徴とした学問であった。特別な霊的、道徳的な視点に引き付けられたグループが、そしてまた物質的な必要性をそのような視点から修正したり採用したりしたグループは、とりわけ顕著な仕方で宗教的な伝統の影響を受けていたのであった。人々はしばしば「理念的な関心」と「物質的な関心」との区別に至る。このような調査によって、われわれは社会や文化の歴史の巨大な複合体の中に引きづりこまれているのであり、既に述べたような諸連関、諸相互関係について調査することは可能であり、そこでは政治的経済的変化についてのさまざまな定式を経験的に分析するということが試みられたのである。

もちろん（巨大な経済的な力をもった）ビジネス・マネージャーと政治的指導者がスミスやマルクス、あるいはそれらの後継者の学問に従ってきたことは明らかであり、公共の政治的、経済的な議論は彼らによって用いられた用語や概念によって続けられているのである。新しい「社会的な諸問題」を見出した現代の神学者たちの場合はスミスやマルクスの後継者よりはヴェーバーの後継者に直接的な関心を抱いているのである。もしわれわれが、われわれがなすべきことについて考え、理解する場合に、われわれはもはや神学的、倫理学的な諸問題についてはもう悩む必要がない状況にあるのだと言うとしたら、あるいは神学的に与えられる洞察はわれわれが他の研究によって与えられる状況とはまったく関係がないのだと考えるならば、それは驚くべき生の単純化ということになるであろう。

「キリスト教社会学」を再構築しようと試みてきた少数の伝統は、他の線へと向かって行ったのであった。ロバート・マッキーバー、タルコット・パーソンズ、ロバート・マートン、ラインハルト・ベネディクト、S・N・アイゼンシュタット、ロバート・ベラー、そしてクリフォード・グリーツと言った第二次世界大戦後の指導的な社会理論家たちはスミスやマルクスからは離れて、「ヴェーバー主義者」の立場へと向かったのであった。神学的な確信というのは社会的な現実性をもっており、その重要性は、たとえ物質的な役割を果たしていたとしても物質的な力には還元され得ないものである。キリスト教社会倫理の指導者たちは、このような時代の方向の中で仕事をしたのであった。第二次世界大戦後の世代の聖職者の倫理学者たち、すなわちリチャード・ニーバーとラインホールド・ニーバー、ジョン・ベネット、ジェームズ・ルーサー・アダムス、リストン・ポープ、そしてヴァルター・ミュルダーは彼らの主要な問題を「歴史的、比較的な社会学」という新しい方法論から受け取ったのであった。人間の生における社会的、物質的な諸力は、それ自体ダイナミックなものであり、それらはその時代の宗教の影響を受けているとしても、それを単純に神学的な洞察によってとらえることなどできないというのである。

この学風の重点は、現代の経済的な諸発展はただ物質的な諸力だけの単純な分析によっては理解できないということである。「理念的な」諸力が、物質的な力との関連によってそのエートスを規則化したり、機構化されたりする時に、実はそこから生み出されるものが必然的に社会と歴史の中に現われ出るのである。物質的な力だけによって、経済学における永続的な変化が生じるということはめったにないことであろう。そしてもしたとえそのような場合でも、そのような社会的エートスが広がって行く文化的、宗教的、倫理的な諸価値の種類や性質について注意を払うことで、分析的なことと、規範的なこととの両方が要求されるのである。

たとえば物資的なものの衝撃にとらえられ、支配されるということが、あらゆる歴史の中で、またわれわれがよく知っているようにあらゆる文化の中で起こったのであった。それは現代の産業社会と特別な関係を持っているわけではない。事実、西洋文化よりも他の諸文化の方が、しばしばこれらの衝撃をより強く経験してきたのである。西洋文化は現代の経済システムの発展のための政治的、技術的な前提条件をもっていたし、もっているのである。しかし他の文化領域ではスミスやマルクス、そして彼らの弟子たちが期待したようなホモ・エコノミクスのモデルとしては発展して行かなかったのである。なぜなら彼らはある特定の方法論的な前提をもっていて、それを世界に適用しようとしていたからである。しかしそのようにはできなかったのである。そのような適応のためには、訓練や規制や計画、そしてそれを意味付けたり、目的付けたりするための機構の特別な形態が必要とされるのである。すなわち現代の経済的なシステムは、物質的な関心、社会的な前提条件をもっているだけではなく、それに加えて、世界に対する「禁欲」（それは「貪欲」に対する「禁欲」ということでは説明できない概念であるが）というものを持っているのである。このようなあらゆる「近代化」の基盤にある「合理化」という態度をヴェーバーは現代の経済学の「精神《ガイスト》」と呼んだのであり、われわれはそれを普通「資本主義」と呼んでいるのである。

われわれの問題は「精神《ガイスト》」ということによって何が意味されているのかということであるが、さらに議論を続ける前に、「資本主義」という言葉の意味について語る必要があるであろう。というのは資本主義と社会主義との相対的な評価についての長い議論の中で、資本主義とはヴェーバーがここで生の自由放任的な経済の形態として引き合いに出したものだと信じられてきたからである。さらに付け加えるならば、アメリカの社会的福音やヨーロッパにおける宗教社会主義という神学的なグループの遺産において、また現代の植民地解放後の諸国における自由主義神学者へのマルクス主義の影響においては、ヴェーバーは資本主義と社会主義とを対比させたのだという見方が一般的な想定となっているからである。確かにヴェーバーが一八世紀、一九世紀における会社《コーポレーション》の構造について解明した議論においてはこの視点はある妥当性を持っていたであろう。しかし彼の主たる視点は明らかにそこにはなかったのである。彼の主たる関心は、このような意味での資本主義と社会主義との対比ではなかったのである。そうではなく、そこでは、一方での技術的な意味合いで用いられている生産と分配との合理化された形態、また官僚化による機構化、そして権威の「合理的で規則化された」形態による支配と、他方での親族や、一族、あるいはある階層による家内制産業に依存し、農業や手工業、あるいは両親から子供たちまでがそこに依存する荘園的な産業形態や家父長的な権威による支配とが区別されたのである。すなわち彼の目的というのは、社会の「現代的な」形態と「伝統的な」形態との対比にあったのである。このような第一義的な区分によって、彼が方法論的に、訓練された人間の社会的な機構と資本の蓄積の増大という生産物の物質的な意味とに注目して「資本主義」と呼んだものが何であったのかが明らかになる。もちろんそのことには社会的な変革と、協同的社会組織の新しい形における、伝統的に「共同体的なものの」優位性の変革の進展との対比が必然的にともなうことになる。それは家庭におけるような協同的な資本主義と国家的な資本主義との間にある環境を分類することであり、それはわれわれが「資本主義」と「社会主義」との違いを指摘する際にしばしば用いるものである。しかしこれはヴェーバーの意味していたことではない。[19]

しかしヴェーバーについてのわれわれの中心的な関心は「精神《ガイスト》」という単語である。ヴェーバーの視点によれば、現代の社会主義者も資本主義者も経済学はどちらも宗教的な世界観にその起源と特徴とを持っていると考えたのである。その典型的な例は、いかにして「超越的な」特定の形而上学的な倫理が、経済学の自然な法則を変革するような個人的、集団的なエートスを形成するのかということである。ヴェーバーは古代ユダヤ教や原始キリスト教の研究の中で、伝統的な諸要素が既に多分に人々を誤らせていたにしても、預言者の「カリスマ」の中に、このような現代の発展の先取りを見たのであった。[20] 近代化のための物質的な基盤は、しばしば西洋よりもヒンドゥーや仏教、あるいは儒教やイスラム文化においてのほうがよりよく発展したのであった。しかし非西洋的な伝統的宗教と文化的な価値、とりわけ家族や国家的な「諸集団」への宗教的忠誠は、たとえば孔子の思想の視野や禁欲的な労働倫理、そして職業行為に対する高い見識にもかかわらず、近代的な意味での経済への変革を妨げたのであった。[21]

現代的な経済学への変革は、プロテスタンティズムの特定の一派が労働を、また生産、分配、財政、そして技術における意味と目的の合理的な秩序を究極的な意味において「意味あるもの」とみなした時に生じたのであった。経済、政治、家族生活、そして家父長的な権威といった社会生活における「自然的な」、「伝統的な」形態が、人間は世界における神の意志による召しを持った者であるというように考えに置き換えられ、この神的な召しが、正義や公平、そして伝統的な道徳契約の形態（自然法のようなものであるが）においては人間的なものによって支配された場所を満たすことになったことによって、「現代の」社会的な形態への変化が生じたのである。人類は神の意志についての慎重な、また合理的な研究によってこの召命に仕えるのであるが、もちろんそれは理性のより深い諸形態と矛盾することもないし、神が創造において世界に書き込まれた「自然法則」の学問的な研究とも矛盾しないというのである。このような基盤において、アニミズム的な世界観を含んだ自然についての魔術的な見方である伝統的な共同体の社会的世界は「魔術から解放」され、現代的な社会へと変革されて行くことが可能となったのである。

ヴェーバー、トレルチ、そしてトーニーは全てのものが深く宗教的であったのではなく、その上、彼らの自覚や意識の基盤に世界の変革への視野があったというわけでもない、ということにも十分に注意を払っている。逆に多くの場合に、直接的な物質的方法によって十分な利益が得られているのである。そして多くの場合彼らの物質的な興味を成し遂げるために「宗教的になる」のである。そしてさらに他の者たちは、「宗教的なもの」は社会的、経済的、政治的システムにこのように変化を生じさせた者に関心を与える点で、純粋に実用的なものとして必要なのだと考えたのであった。[22] あらゆる人間はその行為は「意味を与えられたもの」であると信じているにもかかわらず、それと「超越」との関わりについて批判的に吟味してみるものはほとんどいないのである。ある時そのようなものがもたらされた現代の産業化社会は、ベンジャミン・フランクリンの考案した貧者リチャードの暦が既に西洋に起こった中産階級を示しているように、その行為においては純粋に「世俗的に」なり得たのであった。しかし伝統的な共同体の大部分である下層に属する労働者や小作人にとっては、ただ二〇世紀の諸革命だけが、「意味深い」近代化の選択肢であったのである。もちろんこのような決断を当時彼らが下したとき、彼らは、「慣例固守化」や「組織偏重主義」、あるいはまさに強大な経済《ポリティカル・エコノミー》システムの特別な形態である「官僚主義」へのプロセスを選択することになったのである。そのようなプロセス自体は必然的なものでもあったわけである。

それにもかかわらず、本質的に宗教的なものに方向付けられた隠された力を解明することなしに、単に世界のあらゆる「伝統的な」文化との対比の中で、現代の産業社会を理解するのは不可能であろう。ちょうど古代中国やインド、エジプト、イスラエル、そして西洋中世の経済が彼らの宗教的に特徴付けられた世界観からの影響なしには理解できないように、現代の経済生活の「合理化」は、その宗教的な起源からの影響ということを考慮して理解されねばならない。理念的な出来事と物質的な出来事からの「影響」によって生み出される社会のエートスは、「第一」、「第二」世界において勢力をもち、影響力のあるものとなった。宗教的なものの力と物質的なものの力との非常に複雑な歴史的結びつきは、「市場の法則」や「歴史の弁証法」からは理解され得ない生の社会的な形態から生じるものなのである。それがたとえ明確な仕方で意識的に「宗教的なもの」であったかどうかは別にして、それは今日「……そのような仕組みを……生み出した全ての個々人の生活」を規定することになった経済的な状況を生み出したのである。[23]

現在この諸システムは、神学的なものへの依存という意識を失ってしまった。そしてそれは市場調査に基づく実用主義や世俗的な計算法にとってかわられている。このような諸システムが形而上学的―道徳的に基礎付けられた意味を失うことによって「新しい絶対的な預言」に驚かされたり、「古い理念や理想の復興」によって変革されるべきだというような主張が生じたりするであろう。要するに宗教は経済《ポリティカル・エコノミー》にとって歴史的に決定的なものであったし、そのようなものであり続けるであろう。それ故に内的な精神、そして倫理的な基盤なしには経済《ポリティカル・エコノミー》は簡単に「鉄の檻」となってしまうのである。[24]

このような経済《ポリティカル・エコノミー》への関心は、その分析の中にスチュワードシップについてのいくつもの重要な示唆を見出すことができる。ヴェーバーが明らかにしたように、われわれは公共的な事柄への神学的なものの意義についてもはや疑いを持つ必要はないのであり、少なくともわれわれの時代の事柄を生み出したものであるという認識を持つべきである。その上さらに、われわれはヴェーバーの業績の中に、スミスやマルクスの落とし穴を回避する道をも見出すことができる。スミスとマルクスという二人の思想家は、基本的な社会的因果関係の領域から宗教を排除するのである。彼らは経済的な合理性は宗教から自立していることを要求したが、ヴェーバーは世俗化された社会であっても、このような自立は存在し得ないと考えたのであった。そして結局はヴェーバーの業績はわれわれに、人類の歴史における宗教的な倫理と経済との相対的で認識論的な独立性と相互依存性との両方を示してくれているのである。そのような意味で彼は現代の社会理論のアインシュタインと呼ばれるのである。たとえヴェーバー、トレルチ、そしてトーニー、そしてその後継者たちへの批判が生じたとしても、それはアダム・スミスやカール・マルクス（あるいはその後継者たち）の影響を受けた神学者や社会分析、あるいは宗教的倫理学者や「キリスト教社会主義者」の初期の経済に関する議論に、再び望みのない時代遅れのイデオロギー的な檻を提示する程度のものに留まるであろう。

ヴェーバーの理論の倫理的な変換の必要性

もちろん大きな溝がキリスト教的な著作家たちとヴェーバー学派の思想との間に横たわっている。ヴェーバー（そして広くはトレルチやトーニー）は比較文化と文化史における社会経済的な物質と宗教や倫理的な価値との役割の記述的な分析を試みたのであった。しかし公共《パブリック》・神学《セオロジー》に興味を持つものは誰でも第一義的には規範的な問題に関心を持つのである。宗教的なリーダーシップと宗教的な機構の特別な責任というのは、われわれが直面する社会的な現実を、どのようなものとして考えるのかということについての正確な、そして正当な手引きを提示することにある。この点についてヴェーバーはわれわれに助けを与えてはくれない。彼は神学者でもなければ、倫理学者でもないのである。彼は現代社会の現実性は、他の諸力に加えて、われわれの経済や政治システムが依存している現代のエートスをもたらした、形而上学的—道徳的ヴィジョンの細部についての知識なしに、単純には理解できないということを証明したのであった。しかし彼は形而上学的—道徳的なシステムが真実であるかどうかとか、正しいかどうか、ということについてはわれわれには語らなかったのである。

次第に、あらゆる伝統的な文化社会の年長者やわれわれ自身のロマン主義的傾向を大いに悩ませたヴェーバーが認識したエートスは、世界の近代化の打ち消しがたい国際化によって、正確に理解されるようになった。しかしそのことは単にこのエートスがヨーロッパや北アメリカの主要な特徴へと変化したというだけではない。それはそれについての公式な見解や、近代化の基盤の評価が宗教的あるいは倫理的な強制になっていることを忘れてしまったり、それに敵対心をいだいたりすることはあったとしても、実はアジア、アフリカ、そして南アフリカにも浸透して行ったのであった。

大きな問題が（われわれが過去においても、そして将来においても直面してきたように）われわれに提示されている。現代の経済学的な構造は、経済的な動向の内的論理に対して無知になったということである。そしてわれわれがもしこの「精神的な」基盤を回復させたり、洗練したり、受け取り直したりできないなら、現代の舵取り不在のメカニズムはますます、意味喪失的で、目的喪失的で、原理原則を失ったものとなってしまうであろう。

今日エキュメニカルな立場のいくつかは、再び現代の経済《ポリティカル・エコノミー》に対して公共神学《パブリック・セオロジー》の基盤をはっきりと提示しようとしている。アメリカとカナダとのカトリック教会の司教団の新しい「教書」は、現代の会社《コーポレーション》や国家的な規模の資本主義に対応できるような公共神学《パブリック・セオロジー》の原理を提供するための努力を続けている。同じように、アメリカ合衆国の長老派教会とキリストの教会連合も神学と経済的責任についての新しい声明を用意した。そこで示唆されていることはさらに研究してみる価値のある事柄である。しかしそれは真に形而上学的—道徳的な視点が、より深く、広いエキュメニカルな神学の伝統と、具体的な経済《ポリティカル・エコノミー》の社会的な分析との両方を結び付け発展させ得るものかどうかということについては明らかにしていない。この書物の残りの部分では、いくつかのさらなる具体的な可能性について議論を展開してみたいと思う。

さらなる研究のための問い

この章では「キリスト教社会科学」以来、諸教会がこの世における政治的、経済的生活の「合理化」について、スターリン主義やファシズムというものの脅威、そして「第三世界」からの新しい声に対してどのように発言をしてきたのか、その展開に注目した。

①社会の「合理化」というのは、もしそれが神学的な基盤によって基礎付けられないとするならば、それはどのような問題をもたらすのか。「合理化」はわれわれにどのような利益をもたらすのか。

②この世の中には罪は存在していないのだろうか。また政府は最終的に自己破壊的になるということはないのだろうか。宗教的な人々は政治的には足手まといだと言われてしまうのは仕方のないことなのか。

③神の国はデモクラシーではない。そうであるならば、いかにしてデモクラシーが他の社会システムよりも地上における神の目的により密接に関連し合っていると言い得るのであろうか。

④諸世紀にわたって、キリスト者は非戦論と軍事行為への参加の両者に分裂してきた。公共神学《パブリック・セオロジー》はキリスト者の戦争に対する態度についてどのように考えるのであろうか。

⑤物質的（経済的）な発展と霊的、道徳的発展との間にはいかなる関係が存在しているのか。

⑥あなたの信仰は、あなたの「物質的な関心」に対してどのような影響を与えているか。それは偶像崇拝とどのように違っているのか。

⑦あなたは世界教会協議会のようなエキュメニカルな組織が現代の政治や経済的な機構のわれわれのスチュワードシップ理解に援助を与えるということについてどう考えるか。

⑧あなたは現代の会社《コーポレーション》は政治的な権威によってコントロールされ過ぎだと考えるか。それともほとんどコントロールされていないと考えるか。逆にあなたは現代の政治は会社《コーポレーション》の関心によってコントロールされ過ぎだと考えるか。それともほとんどコントロールされていないと考えるか。

⑨あなたはアダム・スミスとカール・マルクスの経済理論はそれが生み出された初期の特定の時代だけではなく、今日においても用いられるべきだと考えるか。われわれはキリスト教徒はそれらを用いたり、信仰とそれらを両立させたりするために、何かを学ぶことができるだろうか。もしそのようなことが可能であるならば、それは何か。

⑩あなたは「政治的、経済的な社会理論」は「政治的、社会的な経済理論」よりも優れていると考えているか。もしそうであるならはその理由は何か。

⑪マックス・ヴェーバーやその他の社会学者は、現代の経済システムは「伝統的な」経済システムから区別された「精神《ガイスト》」と同一視することができると考えているが、あなたはどう考えるか。この「精神《ガイスト》」はキリスト教と矛盾せずに両立するのであろうか。

⑫「近代化」はそれによって人類と社会とに新しい危機と新しい保証とをもたらしたのであろうか。それは何であろうか。ますます相互性を強める経済システムを生み出した、急速に現代化するグルーバルな経済《ポリティカル・エコノミー》のあろうか。

中で、「伝統的な」経済の形態やシステムはどのような位置を占めているのであろうか。

⑬あなたは、キリスト教の公共神学《パブリック・セオロジー》は、現代の経済や政治について、さまざまな「学問的な」視点から議論すべきであるという考えについてどう思うか。またこのような「方法によって」もたらされた説明が、あなた自身が「いかに考えるべきか」ということにどのような影響を与えるか。

---

(1) R. Preston, Church and Society in the Late Twentieth Century : The Economic and Political Take (London : SCM Press, 1983) を参照のこと。

(2) R.M. Miller,American Protestantismus and Social Issues : 1919-1939 (Capel Hill, N.C. : University of North Carolina Press, 1958) を参照のこと。

(3) World Council of Churches, Stockholm : Official Report, in : Ecumenical Documents on Church and Society (Geneve : WCC Press,1954) , 3

(4) Stockholm : Official Report, 4

(5) aaO. 5

(6) Jerusalem : Official Report, in : Ecumenical Documents on Church and Scoiety, 7

(7) aaO. 5, 7

(8) aaO. 11-17

(9) London Conference Report, in : Ecumenical Documents on Church and Society, 23

(10) aaO.28

(11) Rehgsdorf Statement, in : Ecumenical Documents on Church and Society, 44-47

(12) The Oxford Conference Books. 8Vols., ed. J.J. Oldham et al.（London : Willett Clark, 1938）なおこの問題の展開を見て行く上で重要なのは書物としてはPaul Bock, In Search of a Responsible World Society : The Social Teachings of the World Council of Churches（Philadelphia : Westminster Press, 1974）, Faith and Science in an Unjust World, 2 vols., vol.1 : Plenary Presentations, ed. Roger Shinn ; vol.2 : Reports and Recommendations, ed. Paul Abrecht（Geneva : WCC Press, 1980）を参照のこと。

(13) この点についてはRobin Lovin, Christian Faith and Public Choices : The Social Ethics of Barth, Brunner, and Bonhoeffer（Philadelphia : Fortress Press, 1984）を見よ。

(14) L. Masse,The Church and Social Progress（St. Paul, Minn. : Bruce Publishing, 1966）; また The Faith That Does Justice, ed. J.C. Haughey（New York : Paulist Press, 1977）を三商のこと。

(15) マックス・ヴェーバーの『プロテスタンティズムの倫理と資本主義の精神』、『経済と社会』とを参照のこと。（原文では以下の英訳が指示されている。Protestant Ethic and the Spirit of Capitalism（New York : Scribner's, 1958）; Economy and Society : An Outline of Interpretive Sociology, 3 vols., ed. G. Roth and C. Wittich, trans. E. Fischhoff et al.（Totowa, N.J. : Bedminster Press, 1968）以下の引用はこの英訳によっている。）

(16) Ernst Troeltsch, The Social Teaching of the Christian Churches（New York : Haper, 1931）（以下の引用はこの英訳からなされている）

(17) H.R. Tawney, Religion and the Rise of Capitalism（New York : Harcourt, Brace, 1926）

(18) たとえばJürgen Moltmann, The Experimental Hope（Philadelphia : Fortress Press, 1975）のとりわけ九章 Juan Luis Segundo, The Liberation of Theology. trans. John Drury（Maryknoll, N.Y. : Orbis Books, 1976）のとりわけ一九頁以下を参照のこと。

(19) たとえば現代的、歴史的分析とを結びつけ、神学的と社会学的な形式を撤廃する非西洋的な神学者のそれらの関連についての議論を参照のこと。Choan-Seng Song, Third-Eye Theology : Theology in Formation in Asian Settings（Maryknoll, N.Y. : Obris Books, 1979）: Lamin Sanneh, West African Christianity : The Religious Impact

(Maryknoll. N.Y. : Orbis Books, 1983) ; Kosuke Koyama, Mount Fuji and Mount Sinai : A Critique of Idols (Maryknoll, N.Y. : Orbis Books, 1984) ; あるいはヴェーバーについてのもっとも直接的な応答としては Rubem Alves, Protestantism and Repression (Philadelphia : Westminster Press, 1985) を参照のこと。

(20) Weber, Ancient Judaism (New York : The Free Press, 1952) を参照せよ。

(21) Weber, The Religion of China : Confucianism and Taoism,Trans.and ed. Hans Gerth (New York : The Free Press, 1951) と The Religion of India, trans. and ed. Hans Gerth (New York : The Free Press, 1958) を参照せよ。

(22) ヴェーバーの大変短い論文「プロテスタンティズムのセクトと資本主義の精神」(The Protestant Sects and the Spirit of Capitalism, in : From Max Weber, ed. Gerth and Mills (Oxford : Oxford University Press. 1947) を参照のこと。また R.H. Tawney, The Acquistive Society (New York : Fontana Library, 1921) と Ernst Troeltsch, Protestantism and Progress (Boston : Beacon Press, 1958) を参照のこと。

(23) Weber, The Protestant Ethic and the Spirit of Capitalism, 181

(24) Weber, aaO.181

第六章　敬虔と権力

これまでにわれわれは公共神学《パブリック・セオロジー》のための源泉と、それが経済《ポリティカル・エコノミー》に対して持ちうる関係について、組織神学的探求と歴史的探求とを行ってきた。これまでわれわれは自らの課題の根本的な場を、聖書のみ言葉、すなわち現代的実存に対して忠実で首尾一貫し、思考と生活とを導くことのできる使信の中に見出してきた。私が試みたことは、われわれは聖書・伝統・理性・経験という相互作用的な源泉を用いて神の言葉を明らかにしなければならないということを示すことであった。これらは、われわれが述べ行うべきすべてのことについての権威の試金石である。われわれがこれらの参照点を規範的なものとみなし、われわれの神の言葉についての理解が日常生活の中に具現化される方法を同定するためにそれらを用いることを試みる時に、われわれは「公共神学《パブリック・セオロジー》」を発展させることが必要でもあり可能でもあるということを見出すのである。そのような神学は公共的な問題を取り扱う。それはわれわれの告白に基づく交わりの特権的な洞察を越えて、公共的な言述において意味を持つ。またそれは、あらゆる時代、あらゆる宗教、哲学、または形而上学的・倫理的世界観によって扱われねばならない永遠かつ普遍的な問いに対して、説得力のある実質を持つ解答を与える。キリスト教の基本的な主題である創造・解放・召命・契約・律法・罪・自由・教会・三位一体・キリスト論は、実践的な「神についての学」が公共的な生活に関わる時に、その核となる概念を構成する。これらの主題は社会を導くための豊かな源泉をもたらし、また教会が主に担うべき公共的な責任に奉仕する。これらの主題はまた、われわれを倫理的な責務へと駆り立てるのである。

これまでの各章における歴史的な視点から、われわれはキリスト教徒たちが前世紀において、経済《ポリティカル・エコノミー》の近代的体系に対して、それが西洋で生まれ、地球全体に広がるに際して、これらの主題にどのように適用して行ったのかということを考えた。彼らの努力は「キリスト教社会科学」を呼び起こしたが、それは神学的テーマを近代的な諸制度と結び付け、世界的な承認を得ることになった。しかし現代における経済構造は、ますます世界を支配しつつあるが、その内的な形而上学的、倫理的基盤を失ってしまったように思える。アダム・スミスとカール・マルクスおよび彼らの後継者たちから引き出された優勢なモデルは、構造について必要とされる記述的把握ないし規範的把握を提供することができなかった。そして現代の神学の大部分は、信仰告白的または文脈的になり、現代に対して何らかの保証を与えるような働きをするものではなくなっている。神学的右派はまだスミスに依拠しており、神学的左派はますますマルクスに向かう。しかし両者とも社会および神学自身の分析を歪曲させる時代遅れのモデルとなってしまっているのである。今日教会に属するわれわれの多くの者は、われわれが直面する体系の扱い方について確信を持てなくなった。しかし「キリスト教社会科学」の創立者たちの関心が再び取り上げられ、変化した状況のもとでの公共神学《パブリック・セオロジー》の基本的モティーフと結び付けられなければならないはずである。

これらの基盤を念頭において、われわれは経済《ポリティカル・エコノミー》の分野において大いに議論されている諸問題に向かおう。しかし最初に注意しておきたいことは、「政治」と「経済」との間には多くの相互的影響とともに顕著な違いがあるということである。両者は同じものではなく、両者の間には常に緊張がともなう。確かに、一方が失敗すると他方もひどく害を受ける。そして一方の健全は、他方の繁栄の吉兆となる。さらには一方の関心は、不可避的に他方の行動を形づくる。しかし「経済《ポリティカル・エコノミー》」という表現の中にある二つの用語間のわずかなギャップは、二つが同一ではないこと、そして現代のもっとも大きな問いの一つは、このギャップがどれほど大きなものであるのかということを示している。

さらに「政治」も「経済」も、それ自体単純な概念ではない。例えば、現代生活の文脈において「経済」について語ることは、生産と分配のプロセス、需要と供給の法則、市場の機能に関わるばかりでなく、経済がそれを通って動く水路を切り開くあらゆる機関に関わることになる。現代経済に欠かせないものは、複雑な法体系、企業体、経営とコミュニケーションの洗練された技術、そして職業の新しい多元化である。

これからのいくつかの章においてわれわれはこれらを個別的にある程度詳しく検討する。ここでは、これらが十分に発達していないところでは、左翼の革命政府や右翼の軍事政府が知っているように、経済構造を統制する唯一の手許にある手段は「政治的なもの」であると考えられていることに留意しておきたい。しかし複雑な法体系、企業体的・制度的生活、現代的技術および専門化は、政治的制度があらゆることを統制しない社会環境においてのみ急速かつ創造的に発達するように思える。

公共的な生活を理解するためにわれわれがもつ通常の方法に欠陥があること、すなわち公共的な生活を本質的に政治と経済との両面において理解するということに欠陥があるということはあり得ることである。そして社会的・神学的な解釈がわれわれの現代の状況についてのより適確な読解を提供し、さらにそれをどのように扱うべきかについて倫理的な導きを与えてくれるということはあり得る。その場合問題となるのは政治の経済に対する関係だけではなく、現代文明の基本的な価値である。

政治権力の多様な側面

政治の性質をいくらか理解するための試みから、分析を始めることにしよう。政治はその核心部分で権力と関わっている。それは、命令を与えたり命令に従うために、権力を統合し、確固たるものとし、それを行使することと関わっている。命令は、法律・勅令・政策といった形を取るであろう。命令は王、軍の執行部、カリスマ的宗教指導者、革命的政党、代表議会などによってなされるであろう。それらの命令は幾分、情け深く、人間味があり、理にかない、正しい時もあろうし、あるいはその逆の時もあるであろう。どのような形を取ろうとも、誰が命令を下そうとも、いかにその内容が倫理的であろうとも、王位継承、選挙、武力による征服、政党支部会、同盟、クーデター、政党などは、統治する領域において、命令する力を獲得し、固め、行使するためにあらゆる努力を払う。そしていったん権力を手に入れると、編成された実行組織や、政府機関、警察、官僚組織などがそれに取って代わり、あるいは命令を行使し実施するために構成される。権力が命令を行使し実施する限り、その背後には常に強制や圧力という要素が伴う。たとえ権力を得る際に（今のように）強制や圧力が存在していなかったとしてもである。もし法律や規律が守られないならば、法廷や警察や時には軍隊までもが、力の脅迫をもって違反者を追及するであろう。

近代西洋諸国では、指導者から指導者へ、政党から政党へと比較的穏やかに権力の移行がなされてきた。それは政治史においても、そして今日の世界の大半においても稀なことであった。そのため立憲民主主義国に生きている者は、政治は常に強制や圧力が伴ない、破壊的な側面さえも持つという厳然たる事実に気が付かない傾向にある。

世界のいたる所で、そして歴史の大部分において、血が流される時に権力は人の手に渡っている。強制という側面を考慮せずに政治について考えることは、まったく素朴と言わざるを得ない。

私がここでこの点について強調する理由は、あらゆる深遠な宗教が罪深いと考える行為に、政治が避けがたく関わっているからである。政治は暴力を用いる。しかしそれは暴力を阻止し秩序を確立するためである。したがって信仰者は政治について常に次のような相反する思いを持つ。政治は、せいぜいよりひどい暴力と無秩序からわれわれを守り、人間の活動が暴力的な破壊なしに行われる機会を与えるような比較的平和な環境を提供する。

宗教は第一に政治と関わってはいない。宗教の関わっている「力」は強制力ではない。また政治が必然的にそうであるのに対して、深遠な宗教は特定の領域に限定されてはいない。たとえイスラエルに対するユダヤ教のシオニスト、イランに対するイスラム教のシーア派、日本に対する神道など、幾つかの宗教は時には特定の国家的な領域に集中するということがあったとしても、深遠な宗教は、真に神的なものは特定な地域内に強制によって制約されたりせず、それによって枯渇させられたりせず、完全に強要されるべきものではないということを、直感的に知っているのである。事実そうしようとする試みは、その管理体制を広げることによって、宗教の境界線を拡大しようとする帝国主義的な試みに至らしめる。しかしこの試みは人々の心を納得させることはできないのである。

宗教の核心は古典的な意味で敬虔であり、権力と敬虔はまったく異なったものである。したがって両者は当然のことながら、人々が参加する二つの別個の共同体を組織する。近代的（西洋的）用語を用いると、われわれは一方を「国家」と呼び、他方を「教会」と呼ぶ。これらの名称はその性質上、組織的で制度的なものである。いかにヒンドゥー教におけるバラモンの僧侶とクシャトリアの支配者が密接に協力し合うとしても、いかにイスラム教のイマームがカリフと親密な関係にあるとしても、そしてたとえキリスト教の聖職者と世俗的支配者との間につながりがあるとしても、両者の区別は常に設けられている。具体的には、敬虔を中核とする共同体の一員であり、それに参加することは、政治的制度の一員でありそれに参加することによって決定されず、また決定され得ず、また決定されるべきではなく、その逆もしかりなのである。

キリスト教の歴史において、この問題は少なくとも「東方のマギー」が王の知らなかった「王」を拝みに来て以来、さらに「カエサルのものはカエサルに、神のものは神に返しなさい」とキリストがわれわれに教えられて以来、主要な主題となってきた。確かにこの主題は、教会が領邦教会として確立されるようになったというキリスト教の伝統のある部分では、不明瞭なものとなってしまっている。しかしながら、教会が国境を越えて別の地にも共同体を確立しようとしてきた所ではどこでも、さらにあらゆる政治的制度やイデオロギーを評価するために用いられる正義の原則を確立しようと試みてきた所ではどこでも、この主題は保持され続けた。この問題に対する直接の政治的結果は、多岐にわたり複雑である。それらをここでは十分に辿ることはできない。われわれが宗教的共同体の一員であることは、ある教派的権威によって決定された「正しい」政治的組織に属しているか否か、あるいは「正しい」政治的体制の市民であるか否かに依存すべきではない(1)。

敬虔と権力を一つの組織に組み込む努力は決して長続きするものではない。政治的伝統と宗教的伝統は深遠な公共神学《パブリック・セオロジー》から生じ、両者の伝統において西洋は形づくられてきたのだが、われわれはこれらの統合を遂げようとすることは誤りであると判断してきた。教会と国家との分離は、われわれが過去から受け継いだ貴重な遺産のひとつである。政治と宗教は、一方の運命を他方の運命としたり、利点を得ようと他方を手段として用いたりすることによって、どちらか一方が他方の運命を手中に収めようとすると、両者は苦難を味わうということは、既によく知られた事実となっている。この事実は聖書、理性、経験に根拠を持っている。この事実は宗教の歴史それ自体において不可欠な要素ではないだろうか。第二次世界大戦以来、世界の諸国家はより一層この事実を共有するようになってきた。教会と国家との分離は、国際連合の人権宣言において大切なものとされた点であり、実際にはたびたび破られているけれども、原則としては今や加盟国の大抵の憲法に織りこまれている。

しかし教会と国家との分離で話しが終わるわけではない。制度上の整備は重要であるけれども、それで宗教と政治、あるいは敬虔と権力の意味が検討し尽くされているわけではない。権力と敬虔は単純な現実ではなく、複雑なものである。われわれはまだその複雑さのすべてについて言及してはいない。われわれは考察をさらにすすめ、より深い結論を導き出す必要がある。

すでに指摘したように、権力は強制と暴力の要素を常に含むということができる。しかしそれは権力の持つすべてではない。財力も違う意味ではあるが力である。富は経験と政治的生活を歪めることになるような影響力を持っている。それは常に政治の世界では役割を演じている。裕福な人々は、たとえ多くの文明国でその影響力を統制しようと試みているにも関わらず、あらゆる力の華やかな集まりにおいて、不釣合いなほどに影響力を持っている。その方法は数も多く多様である。たとえばデモクラシー国家では、投票を売買することは倫理的にも法的にも悪である。しかし投票を買うことのできる所ならどこでも、それは住民の間では珍しくない慣行としてなされ、政治的制度と経済的制度の区別は、必ずしも定かではないのである。たとえその区別が受け入れられたとしても、官庁との商談をまとめることは広く行われている。そして世界のいたるところで、政府は一般市民の物質的状態を改善するように、少なくともその一部分でも促進することによって、支配期間を保証できるように企てるのである。西洋デモクラシー国家においては陳情団に対しても、また個人が特定の選挙運動のために寄付する金額に対しても制限を加えている。しかしながらこれらの統制はどのような効果があるのか、そして十分に厳しいかどうかが激しく論議されている。明らかに、賄賂を受け取り、役職の任命を売り、重要な立法上の問題についての投票を競売にかけるような公務員は泥棒に等しく、あばかれ起訴されるべきである。

　これらの単純な考察は、残りの章でも話題にのぼるであろう、より大きな問題を示唆している。政治と経済との間のとても重要な倫理的、法的、制度的区別は存在するけれども、政治的権力と経済的影響力との間の不可避の関係についても認識しなければならない。政治と経済との間では絶対的な区別をすべきであるというリバータリアニズムの経済学者が考えていたような幼稚な考えは、単純に支持することはできない。一方では近代の経済活動全体は、政府による造幣に頼っている。他方、個人の経済活動と財産を保護する法律は、政治的権威によって可決され、実施される法律である。そして政府は自らの財源を産み出すことができない。たとえ政府が商業や貿易、産業が依存する道路、橋、水路を供給する予定があるとしても、政府は強制力を行使して集めた税金に依存しなければならない。さらに経済的活動は比較的平和な状態を仮定している。経済《ポリティカル・エコノミー》は、戦争の間は破綻するものだからである。投資は衝突を避ける。信頼し得る将来に適合した査定によって存する事業は、政治的秩序が崩壊する時には計画を立てることができない。確かに軍需品製造業者や兵器供給業者や軍事請負業者等、混乱の時代に大きな富を獲得する者があるが、それらはどんな活力ある経済システムにおいても比較的小部分を構成するに過ぎない。

　おそらくわれわれはこの点においても、これらの社会的な事実についてのいくつかの意味深い含蓄を見てとることができる。放任主義の理想は社会の政治的部分と経済的部分との間のいかなる結び付きをも許容せず、そのことによって政治と経済との現実の必要な関係を虚偽化するが、他方完全に政治的、経済的機関を統一することにも逆の危険性がある。ラインホールド・ニーバーが何年も前に指摘したように、それがマルクス主義経済における最大の危険性の一つなのである。[2]マルクス・レーニン主義の社会では、少数の富裕者の政治的生活に対する不均衡な影響力を克服するための努力が、経済活動を政治的に支配する試みにつながってしまうのである。しかし、経済《ポリティカル・エコノミー》は完全に政治の論理のみに従うのではなく、政治的、技術的、社会的、文化的、宗教的要素の相互作用に従って生じるものであるため、政治権力は経済《ポリティカル・エコノミー》を支配するためには、社会の体系全体を支配するように動かなければならない。このことは支配のための巨大な官僚機構を確立するだけでなく、また求められた階級のない経済《ポリティカル・エコノミー》を推進するのではなく、結局は新しい特権階級を作り出したのである。われわれのここでの課題は、このような現実の分析をさらに進めることを許さないが、この点でわれわれが注意を向けることができるのは、マルクス主義に影響された今日におけるこの方向をとる解放主義運動は、リバータリアニズムの理想と同様に、政治的生活と経済的生活の同時的な独立と相互依存を確認するという点において成功していないということである。

権力は別の要素も持っている。表現様式はそのひとつである。「魅力的な」表現様式とみなされることは文化的、あるいはサブカルチャー的な美学を含んでいる。この魅力的な表現様式によって権力は強まる。ドイツでは大衆がヒットラーに魅力を感じたのは彼の表現様式であったし、「教養のある」人々がヒットラーに初めに反対を示したのは彼の政治に対する評価をもとにしたものではなく、彼の表現様式に対する軽蔑をもとにしたのであったとハンナ・ティリッヒは指摘している。(3) そしてマス・メディアの発達した現代の状況では、表現様式はその重要性を増したように思える。アメリカの場合は表現様式には「民族的要素」が含まれている。話し方、レトリック、身振り、シンボルの用い方などは、立候補者、指導者、政党などがイングランド系、アフリカ系、ユダヤ系、イタリア系、アイルランド系、アジア系、ラテン・アメリカ系のどの系統のアメリカ人に共感しているかについて、幅広く示している。男女比のバランスの問題は、表現様式においても指導者においても、ますます政治権力に影響を与えている。しかし表現様式の問題の背後には、しばしば敬虔についての評価がある。つまり候補者、政党、政治運動などが、政治力の潜在的保持者を評価しなければならない者たちのもっとも深く抱いている形而上学的、倫理的視野に、心から深く傾倒しているかどうかの問題である。

それに加えて能力を力のひとつとみなすことができる。それは指導者たちの思慮深さや、良識ある者を彼らの仲間に惹き入れる能力と関連している。愚かな指導者を尊敬する者はいない。政治的に野望を抱く者は誰でも、自分が問題を理解し、複雑な問題を扱うことのできる分別や明晰な頭脳を持っていること、そして良識ある者を彼らの主張へと惹きつけることができること、彼らの対立者は無知で分別のない者であり、自分は彼らとは異なっていることを世間の人々、特に世論を作り出す者たちに確信させようと試みる。ここで敬虔が再び重要なものとなる。と言うのは人々が信頼できるのは、確かな思慮深さを示すことのできる指導者だけだからである。その思慮深さとは、精通した知識以上のものであり、情報以上の把握力であり、尊敬された専門家によって承認されたものである。人々は、政治権力への野望を抱く者のうち、とりわけ「霊的知恵」を持つ者を支持するであろう。

しかし力はなおも複雑である。政治権力は支配力だけでなく、富が与える影響力、様式の魅力、知力などを含んでいる。政治権力は被支配者たちに、事柄を命じる権利を持つという信仰を与えようとしている。またその権力には統治すべきであるという合意と、事柄を治めることが妥当なことであるという合意が必要である。様式や知恵はこれらの一助となっているが、法もまた同様である。もし政治権力が権力を用いて制定された法に違反するならば、またもし法から逸脱するために様式や知恵を使うならば、人々はその権力に抵抗するであろう。権力闘争をめぐっていつでも、正しく公布された法が違反されているという非難と、それに対する反論が起こる。ここにおいて公共神学《パブリック・セオロジー》の根本的な主題のひとつの出番があることを見てとらなければならない。権力は合法性を必要とする。そしてそのような合法性を最初に示すものは法の順守である。しかしここまで論じて、われわれはそれは単に国法の問題ではないということを強調しなければならない。というのは不当な法が可決され、少なくともしばらくの間強制的に施行される場合があり得ることを誰でも知っているからである。これら立法の背後にあり具体的に表現されているのは、「道徳律」であり、善悪の根本原理のヴィジョンなのである。それは法を可決し公布し命じる者たちでさえも順守しなければならないものである。もし政治権力を持つ者たちがこれらの道徳律に従わない場合、法を強要する者たちに抵抗し、法の網をくぐり抜け法に従わず、法を作る政治権力に挑みそれを倒そうと陰謀を企てる者たちが現れるであろう。

ここで問題となることは、「権威の問題」である。もし政治的グループ、政党、指導者が政治的権力と結びつこうとするならば結局、法律の条項を越えて倫理的、精神的要因が権威の問題では必然的に問題となってくるのである。この点で敬虔はもっとも深層部分で、そしてもっとも幅広く、政治的可能性を形づくる。これは権力のもっとも明白でない観点であるが、恐らくもっとも重要な点であろう。

この事実への不認識こそ、政治的な事柄を扱おうとする現代神学において、そして恐らく一般的に多くの現代政治理論においてもっとも、大きな欠点であると言えるであろう。マキャベリストになればなるほど、権力を扱う者は現実主義者になっていかざるをえないと、多くの者は考えてきた。しかし誰が銃、ドル、政策、法律を握っているかなどの困難な推測をして、この「現実主義的」分析に重点を置くことは、合法的権威についての問題に関して倫理的、精神的レベルにおいて空白を生み出す結果の一因となってきた。(4) しばしばファンダメンタリズムや解放主義のレッテルのもと、右派と左派の新しい熱狂主義がその空白へと洪水のように流れこんでいる。熱狂主義者は人々の敬虔な心を支配しようと取り組んでいる。彼らはファンダメンタリズムや解放主義者はエキュメニカルな信仰者よりも、人々の敬虔な心が権力の形成にとって決定的な場であることを知っているのである。われわれはここで倫理的、精神的権威の戸口に立っている。優勢な敬虔が形成されることが、他のどの要因よりも強く権力の将来を形成するのに寄与するであろう。これこそまさに聖書、伝統、理性、経験との関係が表われている点である。(この点に関しては第一章を参照していただきたい)。

　要するに、権力はより深く複合的な局面では宗教的権威を必要とするのである。敬虔なる心と権力は同じものではないので、あるレベルでは教会と国家の分離は必要であるが、このレベルでは宗教と政治は必然的に重なり合っている。確かに政治は宗教を必要としている。政治的に重要な問題は、どのような種類と特質の宗教が支配的になるかということである。そしてこの重要な問題は、同様にどのような種類の、そしてどのような特質の宗教が支配的となるべきであるかという問いをも必要的に生じさせる。この問題は神学的解答を必要とし、その解答の故に公共的な根拠が与えられるであろう。公共神学《パブリック・セオロジー》を求め、現代経済を管理する者となることを望んでいるすべての者は、好むと好まざるとに関わらず、この意味において神学者とならなければならない。なぜならば神学は、異なった様々な敬虔を批評し、それらのうちどれが神的事柄に関して容認される知識に基づいているかを研究する唯一の学問だからである。

敬虔と政治との関係――その限界

　われわれは権力の側からと同様に、敬虔の見地から同様の問題を考察することができる。深遠な宗教の中心は、魂と神との関係であり、信仰の交わりにおける魂と他の魂との関係である。この点に基づいて宗教的組織を設立することができる。礼拝、祈り、相互の交わりに参加することを決めることは、とても深い意味できわめて個人的なことであり、政治的では決してない。しかしながらそれは、ある意味では個人的な「決意」ではない。われわれは自分よりも大きな力によって捉えられていると感じるからである。それはそれによらなければ友人の間に見出すことのできない人々や、興味を共有することもない人々とわれわれとを結び付ける力でもある。この力は武力や富、様式、能力、地域的な法律の境界や壁を越えて、終末を求めることへとわれわれを向ける。そしてこの力はわれわれ自身では構築できず、選ぶことのできなかった原理、すなわち人間が支配することのできない正義、目的、共感の原理のもとへとわれわれを導く。確かにこれらの多くは個人的であり、個人的であり続ける。それが政治化するとその中の何かが裏切られることになる。確かに宗教団体が権力問題に取りつかれると、敬虔において取り返しのつかない何かが失われてしまうものである。たとえばそれは内部的には「教会の争い」であったり、対外的には政治的忠誠心のある者を信仰における兄弟姉妹とみなしたりすること等である。

これですべての話が終わったわけではない。と言うのは、人々が彼らの敬虔な心を真剣に受け取るやいなや、そしてその敬虔が人生をその上に築くような基盤となるやいなや、また神が人間の実存全体にとってまことの生きた導き手として現れるやいなや、敬虔は個人的なものにのみ留まってはおれなくなるからである。敬虔は富、知恵、法律に対する態度やふるまいを変革するように働きかける。それはわれわれの様式についての理解を変え、国民性、民族性、階級、性別の問題についてのわれわれの考え方をコスモポリタン的なものへと変えてしまう。もはや武力や富、様式、能力、法律が最終的な意味を持つしるしではないのである。これらは神学というそれにふさわしい学問によって考察され理解されなければならない。神学はその根源から得られる基準の下にある社会において、それを管理する責任の場となっているが、これらを基にした権力は究極的な重要性を与えられていない。

これらの事柄が生活の中に具体化されると、これらは社会に変化をもたらし、政治的生活が依存している気質を変質させ、よい社会、正しい政治形態、国家的優先事項、公共政策に対するわれわれの認識を作りかえる。もし神学的吟味に耐えることのできた敬虔さが真剣に受け取られるならば、その主要な関心事は決して政治的事柄ではないけれども、その敬虔さは個人的問題だけでなく公共的な問題にも、また私的な争点だけでなく政治的な争点にも訴えかけるであろう。信仰者の良心を通して、また人間のための信仰の共同体の慎重な倫理的な証言を通して、敬虔さは政治に影響を与える正義、公平、平和、共感を必要とする。このように、政治は人生にとって中心的な意義を持っていないことをわれわれは知っており、またわれわれは最後の時に政治権力によって罰せられたり救われたりするのではないことを知っている。しかしそれと同時にあらゆる奥深い敬虔はそれ自体を越えて、政治への責任ある従事をも要求する。先に権力について考察し、政治は宗教を必要とすることを明らかにした。そしてここでは敬虔を考察することによって、宗教は政治的結果をともなう社会への従事を要求することが明らかとなる。

これは教会と国家の制度上のレベルとは異なったレベルであり、このレベルでは宗教と政治は関わりあっていないと考えることはできず、そのような考えは意味をなさない。もし宗教がこのレベルの社会倫理と関係がないとしたら、その宗教は本物とは言えず未熟な宗教である。もう一方のレベルにおいて教会と国家が分離すべき理由は、宗教が国家の統制から自由に人々の敬虔な心に影響を与えることができるためである。敬虔は、人々の良心や自由に組織された宗教団体を通して、これらの敬虔に根ざした本来的に宗教的、倫理的、精神的、道徳的な関わりに対して政治的圧制を監視する役を負っている。敬虔においては政治家、国家、政党、政府は何の権限も権利も特権も持っていない。

権力と敬虔についてよく理解すると、一方のレベルでは教会と国家の分離が必要であり、他方のレベルでは宗教と政治の密接な関係が求められている実状が明らかになる。そのため両者の関連と区別が共存し、お互いに融合してしまう恐れのある幾つかの領域が今や明らかとなる。現代経済の管理に実際的に関係している六つの領域を検討してみよう。

第一に、罪と犯罪の区別の重要性を主張しなければならない。殺害、強盗、暴動、暴行のようなことは事実、罪深く犯罪的である。敬虔な者たちはこれらの領域では罪を犯さないであろう。そして彼らは時々強制力を用いてこれらの犯罪を取り締まらなければならない政府当局に従い協力するであろう。しかしすべての物事がこのように単純なわけではない。時には人殺しは犯罪ではない場合がある。例えば兵士が戦争で敵を殺すことがそうである。実際国家は市民的な義務として、われわれが殺人のために金を使い、訓練し、また現実にそれに参加することを要求することがあり得る。より恐ろしい禍を防ぐために戦争が避けられずそれが正当化される場合には、通常責任感のある人々は、忠実な信仰者とともに義務に忠実な信仰者でもあり続け、たとえ戦争を必要とした状況全体が罪深いものであり、そのような冷酷な手段が要求される前にそれが避けられ、正されるべきであったことを彼らが知っているとしても、殺人に参加する。同様に、力、富、表現様式、能力の結合としての政治的力が、人権のような正義の普遍的な原則を破る法律を制定したり、深い敬虔を迫害したり、教会と国家との組織的な分離を破壊する場合には、信仰者たちは倫理的にも霊的にも革命に参加することが要求される。

別の場合、搾取をする権力が政治的生活を支配する時や、人類、社会、被造物を脅かす武器が用いられる場合には、武器を持つことは、国家がそれを要求し拒否するものを犯罪者として罰するとしても、罪深いことであり得る。このような状況では、信仰者たちは罪を避けるために犯罪者として告発される危険をおかすことが要求されるであろう。勿論そのような決断には、現実の状況の具体的な社会的分析と公共神学《パブリック・セオロジー》の第一の原則への注意が常に要求される。これがアメリカ合衆国のローマ・カトリック教会の司祭たちによって書かれた、核戦争についての教書の背後にある論理である。(5) 人がこの内容すべてに同意するかどうかよりも、この書簡が二〇世紀ではこの件で他の教会の主張には例のない、実行可能で権限を与えられた公共神学《パブリック・セオロジー》的な主張として、これらの事柄について述べていることとの方が重要なのである。

この第一の問題と密接に関連しているのが、次の第二の問題である。それは、誰が罪を定め、誰が犯罪を決めるかという問題である。普通この区別は、それぞれ宗教的指導者と政治的指導者に委ねられる。そしてこのことが意味するのは、宗教的指導者と政治的指導者との適切な関係は、直接的ではなく間接的なものであるということである。もちろん聖職者は公共的な倫理的問題について発言する自由を当然持っており、政治家はどの信仰が彼らにとってもっとも重要であるか適切な仕方で述べることはできる。しかし聖職者は国家の役人となって犯罪と罰について強制的な権力の式服を着るべきではない。同様に政治的役人は、適切な宗教的儀礼、祭式、聖礼典、教義、態度、活動等を定義する者となるべきではない。

われわれはこの間接的な関係を別の仕方で表現することができる。聖職者と政治家とは、人々の良心を通じて働かなければならない。信仰者である市民は、信仰の共同体の内と外とにおける対話と議論を通して、聖職者によって教えられた原則と視野のうちどれを非常に真剣に受け取るべきか、どれを差し引いて受け取るべきか、また政治家の政策のうちどれが支持するに値するものか、どれが排除する必要のあるものかを判断しなければならない。われわれはすべてそのような評価をするのであり、それらがどれだけ有効なものかを明らかにしなければならない。敬虔の原則と視野とが実際の物質的状況に適用される際に、いかにしてその執事となるかを決めるのは信仰者としての市民である。このことは勿論、一般信徒に非常に高い召命感を、聖職者に特別の役割を課す。人々の間の教師や説教者のように、聖職者は生活を支配する基本的原則を明らかにする公共神学《パブリック・セオロジー》を提供し、人々が社会の倫理的、霊的問題を解釈するための備えとなる「キリスト教社会科学」とその神学とを関連付ける責任を持つ。しかしそのような説教と教育が意味を持つものかどうか、それが具体的な政治的判断においてどのような役割を果たすものであるかを決断するのは一般信徒である。聖職者の教えと説教に従うのは、それが特別な権威を主張する時ではなく、真に権威あるものを指し示す時のみである。

教会と国家との区別、そして宗教と政治との関係という二つのレベル間の微妙な接合点に立つ第三の領域は、社会的奉仕と社会的主張である。敬虔が公共神学《パブリック・セオロジー》によって解明されると、それはまた信仰者たちの団体を越えて、人間の行動や組織の中でも明確になる。それは、外に出て行き、個人だけでは行うのが不可能な仕方で隣人を援助するシステムを組織することによって、隣人の世話をする自主的な組織を作り出す。(6)さらに敬虔は、すべての人々の集団に対して阻害し、抑圧し、堕落させる社会的機関を、特にそれらの人々に服従を克服する手段を発展させる力を与えることによって、変えることを試みるであろう。

確かにこの線に沿った宗教的努力によって、時折宗教が新しい責任を持つことを人々全体が認識する程になることがある。かつて学校は教会によって創設された。また病院や孤児院、貧者や高齢者や障害者や見捨てられた者たちの家もまたそうである。これらの役割のうち多くのものは、現代の経済《ポリティカル・エコノミー》システムにおいては政府によって引き継がれた。今日、何らかの形態の公共教育、福祉、社会保障、健康と治安維持、さらに医療は、これらの事業が受ける援助の度合いやある形態の政府事業が「依存の習慣」を作り上げてしまうではないか、ということについてあらゆる種類の激しい政治的議論があるにもかかわらず、それらは社会全体によって提供されるものであり、またそうあらねばならない、ということを現代社会におけるすべての党派が前提としていることは意義深い。今日、現代の経済《ポリティカル・エコノミー》における主要な倫理的問題は、程度の問題であると論じられることがある。しかし諸教会がそのようなすべての役割をすすんで政府に渡したことは、不遇な者たちの世話をし、彼らを支えるために人々が召命を受けた倫理的および霊的権威が崩壊し始めたことを意味するという見方の方が妥当である。従って政府の官僚は不遇な者たちに関心を寄せるようにとの大きな重圧を人々から受けているとはほとんど感じないであろう。「慈善」の分野において繰り返される宗教的行為のみが、公的な責任を再生し、政府が責任をとるための基礎を再び敷くことになるのではないだろうか。

キリスト教的な伝統における宗教的機関は、公共の資源が不遇な者たちのために、最小限に惜しみながらではなく、最大限に気前よく使われることを見るために、彼らを組織的に動員しようとする。これが最善の方策となるかどうかは、多くの場合、基本的な政治原則の問題ではなく、思慮深さの問題である。原則的に問題と関わるというのは、人々がこの種の政府の施策に反対し、組織的に不遇に対する非政府的な別の方策を支持するが、決して社会的奉仕や社会的主張の熱心なボランティアの努力に参加しないというような場合であり、その際彼らは、聖書の時代以来の弱者や寡婦や被抑圧者への関心を敬虔な生活の印とみなしてきた本当の公共神学《パブリック・セオロジー》の印を裏切ることになる。

関心の第四の領域は国際問題に関わる。先にわれわれは、すべての大宗教、特にキリスト教は原則として地域的でないということを指摘した。公共神学《パブリック・セオロジー》は、民族国家を究極的な真剣さをもって取り扱うことを拒否する。宗教的団体が政党になったり、その精力を政治的参加にのみ集中するならば信仰的にも、また政治的にも危険ではあるが、現代のキリスト者は投票し、政治的党派に参加し、その投票と政党が認められる政治システムを推進する義務を持つ。さらに多くの場面において、キリスト者は、愛国的であることが倫理的、霊的な危険を伴うとしても、真の意味で愛国的であり得る。公共神学《パブリック・セオロジー》は修道院に隠遁せず、分派的共同体に引きこもらず、世界の邪悪に対する信仰告白的な批評が十分であるとは考えず、地域共同体の家族的奉仕に満足するようなこともない。国家に対する忠誠を第一義として投票し、党派に参加し、あらゆる政治的判断を下すことは、偶像礼拝的である。修道院的神学、セクト的神学、信仰告白的神学および家族的神学は、確かにそのような忠誠が国家保障を最大関心事とすることや、階級的、人種的関心にすばやく転換すること、そしてこれらは敬虔と倫理にとって大へんな危険性をもっているということを承知している。しかし彼らが提供する解決は、単に世界をハゲタカたちに委ねることであり、現代経済の混乱し闘争にあふれた世界に、神の言葉を受肉させることに失敗する。「大きな」問題にのみ専心することは、神をある小さな領域に制約する傾向があると彼らは言う。しかし公共神学《パブリック・セオロジー》はそれとは反対の方向に進む。国家政治の「大きな」問題は、礼拝に値する唯一の神にとっては、それでもまだ十分に広いものとは言えないのである。

深い敬虔は、公共神学《パブリック・セオロジー》が、われわれの理解できない文化の中にある、あるいはわれわれが承認しない社会の中にある、さらにはわれわれが反対すべき体制のもとにあるわれわれの知らない隣人に到達するための刺激となるであろう。また深い敬虔は、このような世界的な関心を、単にわれわれの国家主義的な関心の縦糸と横糸の一部にしようとするあらゆる試みに対して抵抗するであろう。このような神学は人類をその聴衆とし、敵を対話と議論の相手とみなすであろう。議論の共同体は、人類の中でもっとも重要な事柄をすすんで検討するすべての者たちの集団となる。別の言い方をすれば、このような敬虔は、宣教や教育や医療や災害の救済や希望を失った者に希望を与えることの母となる。このような公共のための神学は、普遍的な視野を持ち、投票対象を変え、キリスト者が参加する政党の性格を変えるであろう。それは普遍的な人権に関心を持ち、普遍的で正義である平和を確立する試みにおいて活動的である。それは改宗と養成によって教会やボランティア組織や基盤となる共同体の形成を促進する。この共同体は主義主張に基づいた仕方で、権力と政治的責任を分け合うすべての人々の成長するデモクラティックな参加の下部構造となる。そしてわれわれ自身の国家も含めて、そのような発展に対して国家が敵対し、抵抗するいかなるところでも、投票と反対政党が動員されて、指導者と政策を変えて行くことになるであろう。

もちろんこのような見解は、信仰者である市民たちが自国の外交政策をいかに評価するかという点と関わりがある。彼らは政治的、軍事的指導者たちが提供した報道を福音として受け取ることはないであろう。彼らは、当該の国家政策によって影響を受けている人々の間の、本当の状況について、宣教師たちや世界中の同志である諸教会が代弁してくれることに注意を向ける。彼らは政府の軍の当事者たちが最悪の事態に備える基本的な責任を疑うことはないが、より素晴らしい道を切り開く可能性を促し続けるであろう。そして別の文化や文明とのあらゆる遭遇において、その社会の諸側面は神のロゴスの証人でもあり、価値観や洞察や知恵や、普遍的な重要性を持つ可能性がありながら、われわれ自身の伝統においては目立たなかったり見出されなかった真理の要素を帯びているのではないかと問うであろう。ひとがこのような視点を考慮に入れるとすぐに、政治的理念は変化する。武力や富や知能や市民法は、国益への「われわれの」関心を助長するための道具よりも、より大きな理想像のために用いられる資源となる。現代経済の莫大な力は、国益と一致する目的ではなく、スチュワードとしての責任において人類に対する奉仕と救済のために用いられるべき手段である。そして「われわれの」利益に奉仕する者たちを支持するのではなく、信仰者である市民はこれらの目的を促進するために進んで権力を行使する政治的指導者たちを選び、支持し、権威を与えるであろう。

このことは、機関のレベルにおける教会と国家との間、およびより高いレベルにおける政治と宗教との間に存在する「緩衝地帯」の中に認められる五番目の領域にわれわれを導く。われわれは政治的責任を実行する際に、政治的生活と経済的生活との間の不可避的な依存性と必要な独立性の両方に常に注意しなければならない。政治的機関と経済的機関の適切な分離は、常に相互浸透と相互影響関係があるが、教会と国家との分離と類似する。特定の種類の相互浸透と相互的な影響は神学的にも倫理的にも有効である。政治的生活に対する経済的影響の過度の不公平は、政治的、法的に制御されなければならない。それは罪深いことであると同時に犯罪でもある。政府の政策がもっともな不満に正しく対処するためには、経済的に収奪された者たちを政治的に動員しなければならなくなる。このような動員が結果として政治的なデモクラシーと呼ばれるのならば、放任主義経済が純粋な形態において存在することはできない。

経済生活の政治的支配という別の形態の不均衡は、社会のあらゆる局面に対する支配につながる。これは経済的発展の可能性を破壊し、経済的機関の国営化を強制し、武器の力と富の影響力を特定の者たちの手の中に置き、あらゆる就職の際に政治的に従順であることを課し、さらに不可避的にある地理的領域内のすべての知性、表現様式、そして敬虔の支配を包含する傾向がある。要求される微妙な均衡が保たれるのは、規律と貪欲の抑制とすべての人々に対するスチュワードシップの普及した感覚が、われわれが政治上の判断をする上での決定の一部になる場合のみである。

そして最後になるが第六に、公共神学《パブリック・セオロジー》はそれが持つ意味合いを解きあかすことを求めるすべての者たちを正しい政体の形成へと押し進めるであろう。権威の問題は正統性の問題と重なる。公共神学《パブリック・セオロジー》にとって、もっとも親密な対話相手は法学である。[7] 公共神学《パブリック・セオロジー》は、政治的および経済的活動に秩序ある法的構造を与える「恩寵の諸形態」を求めるであろう。最近のアメリカ合衆国憲法公布制定二百年記念の祝賀と「権利章典」を通して不文から成文の「憲法」へと向かうカナダの努力によって、西洋にいるわれわれは、権力の行使を導くためには法の信頼し得る構造を明確化し擁護する必要があることを思い起こさせられる。また信仰告白や身の回りの問題にのみ集中する現代神学には、これを行うことはほとんどできないということも、われわれは感じさせられる。

事柄を非常に具体的に述べるならば、現代のどの重要な神学の方向性が、イランやニカラグアやフィリピンで恐怖と拷問による邪悪な古い独裁制が覆され、また南アフリカで挑戦を受けている時に、だまってはいられないか、ということなのである。しかし、イランにおいて邪悪な新しい神権政治が権力を握ることを阻止するため、ニカラグアにおいてサンディニスタが主要な市民権と自由を停止するのに抵抗するために、フィリピンにおいて新しい政府が新しい憲法を制定するために、また南アフリカでカイロスが完全に果たされた後で指導の立場に立つ者に可能な再建の展望を与えるために必要な「恩寵の諸形態」をどの現代神学が提供し得るのであろうか。公共神学《パブリック・セオロジー》は、政治的生活と関わるときに、まさにこのような問題と取り組むこととなる。そしてこのような事柄についての議論は、世界における神の言葉へのわれわれの奉仕にとって不可欠なものとなるであろう。

結局、生活の中に受肉するべき神の言葉のスチュワードとして、われわれは第一に公共神学《パブリック・セオロジー》の理解を深める必要がある。そしてそれを、スチュワードシップと特別に関連する事柄に集中させる時には、われわれは経済《ポリティカル・エコノミー》の肝要な事柄と取り組まなければならないということを見出す。しかし政治的生活における権力のいくつかの主要なレベルを区別するときに明らかとなるように、この神学はさまざまな側面をもつことになる。公共神学《パブリック・セオロジー》は、教会と国家との分離とともに、「恩寵の諸形態」とみなされ得る権力の諸形態に対して注意を向ける政治と宗教との間の同時的で親密な結び付きをも含意している。これらのレベル間の境界は、いくつかの領域での活動的な営みによって守られている。確かに、このようにして主要な論争点を選別することでは、経済《ポリティカル・エコノミー》のすべての問題が解決するわけではない。そしてわれわれは、すぐ後で他の事柄と取り組まねばならない。しかし、このことは最近の選挙における宗教と政治的生についての議論の多くは単純であり混乱していることを理解させてくれるであろう。残念ながら、われわれの公共生活においてこの混乱はこれからも長い間続くと思われる。そして、それを払拭するためには、長期間にわたる教育と説教と範例のプログラムが必要となるであろう。しかし、デモクラシーと人権の将来を正しく永続する平和への願いは、宗教と政治の指導者たちの心を奪っている、いわゆる「ホットな事柄」よりも、このような問題についてどのように取り組むかということに依存するのかもしれない。もしこのような事柄と取り組むことがなされないならば、われわれはそこここでの政策の争いにほとんど勝つことなく、教会と国家と神の民全体と人類を教化することに失敗して、スチュワードとしての責任を果たせないということになるかもしれない。

さらなる研究のための問い

本章および以後のいくつかの章では、公共神学《パブリック・セオロジー》が過去に経済《ポリティカル・エコノミー》の問題と取り組んできた際の体系的、歴史的基礎についての学習から、信仰と政治の関係についての新しい提案に移ることになる。

①歴史的に、聖書の時代から現在に至るまで、敬虔と権力との間にはどれだけ大きなギャップが存在したか。

②経済と政治との間にはどれだけ大きなギャップが存在したか。富の所有は、政治的権力を個人あるいは集団のために確保するか。政治は、経済活動と富の集積と配分に対して、どの程度影響を与えるか。最近何らかの変化が生じたと思われるか。変化は生じるべきか。

③「宗教の自由」と現代経済の発展との間にはどのような関係があるか。
④あるキリスト者たちは「神はわれわれに何かをするように強制することはない」と言う。もし政治が権力に関わるものであり、権力が不可避的に無理強いや強制を行うのであれば、キリスト者は聖書の光に照らして「権力」を如何に見るべきか。ヨハネ福音書一章一二節の「……彼を受け入れたもの（に対して）……彼は神の子となる力を与えたのである」という言葉をどのように理解するか。
⑤社会は権力の公式の構造と、非公式の構造の両方の例に満ちている。政府や富と直接的に関係のない権力の例をあげよ。
⑥社会がどのような指導者の表現様式を魅力的とみなすかは、その社会の美意識が何事かを教えてくれる。社会が、指導者の特定の表現様式を好むことは、その社会の宗教的傾向についても何事かを教えてくれるか。
⑦「教会と国家との分離」は、どうして「召命」の原則の応用であるのか。
⑧教会と国家と会社とが過度に密接に結び付くと何が起こるか。今日の世界において見出され得る明白ないくつかのその帰結とはどのようなものか。
⑨人々は指導者が「霊的知恵」をそなえていることを求めるか。このことは無神論の社会や、神を政治と経済に対する影響に過ぎないとみなす世俗的機関においても意味をもつのか。
⑩「霊的知恵」と「倫理法則」の原則との関係、また「正統性」との関係はどのようなものか。
⑪今日、特に少数者のコミュニティーにおいては、多くの聖職者は二重の召命を得ている。時折彼らは教会とともに政治の場においても奉仕する。このことは教会と国家の分離と矛盾するか。教会の視点に立つと、このような奉仕についての規則は、聖職者と一般信徒にとって異なるか。国家の視点に立つとどうなるか。

⑫多くの公的な福祉機関は教会によって創始され、後に国家に引き継がれた。国家はこのような機関の支出と特典をより多くの人々に拡げることができるため、より多くの奉仕をより経済的に提供する傾向がある。しかし、国家機関は時に冷たく、非人間的で、配慮に欠け、霊的でないという評判を受ける場合がある。このことについて教会は何をすべきなのか。

⑬国家主義に基づいた敬虔は破壊的であり得る。またある宗派の宗教的熱狂に基づいている場合も同様であり得る。その例としてはどのようなものが存在しているか。このような罠にもかかわらず、キリスト者たちは政治的生のスチュワードとして召命を受けている。キリスト教における公共神学《パブリック・セオロジー》を信じる者にとって、どのような種類の政治参加とどのような種類の愛国心が可能であろうか。

---

(1) これらの事柄は、拙著 Creeds, Society, and Human Rights : A Study in Three Cultures (Grand Rapids : Eerdmans, 1984) の特に第一章から第六章において、ある程度詳しく考察した。この見方は、最近影響力を持っている極めて教派的でラディカルな見方とは対照的である。例えば Beverly Harrison, Making the Connections : Essays in Feminist Social Ethics. ed. Carol Robb (Boston : Beacon Press, 1985) を参照のこと。

(2) Niebuhr, "The Christian Faith and the Economic Life...," in Goals of Economic Life, ed. A. D. Ward (New York : Harper, 1953) を参照のこと。

(3) H. Tillich, From Time to Time (New York : Stein & Day, 1974)

(4) L. Menaud, "Critical Legal Studies : Radicalism for Yuppies," New Republic, 17 March 1986, pp. 20ff. を参照のこと。規範的神学および倫理学に関する事柄と法の体制的な規則の形成の間の歴史的関係についてより詳細に扱った研究としては、H. J. Berman, Law and Revolution : The Formation of the Western Legal Tradition (Cambridge : Harvard University Press 1983) がある。

(5) The Challenge of Peace : God's Promise and Our Response (Ramsey, N. J. : Paulist Press, 1983) を参照のこと。

(6) J. L. Adams, Voluntary Associations, ed. J. R. Engel. (Chicago : Exploration Press, 1986) と H. C. Boyte, Free Spaces : The Sources of Democratic Change (San Francisco : Harper & Row, 1986) を参照のこと。

(7) この面に関して創造的な新しい対話のためには、The Journal of Law and Religion という新しい定期刊行誌を参照のこと。

第七章　霊性と会社《コーポレーション》

近代社会の将来について現実的な可能性をわれわれが予見できる限りにおいて、会社《コーポレーション》と結び付いた経済《ポリティカル・エコノミー》はもっとも複合的なものであろう。政府による規制、税政策、支出、および契約によって会社《コーポレーション》の方策が形づけられ調整されるとしても、生産と供給についての判断や資本化や経営は、会社《コーポレーション》を中心としたものになるであろう。経済《ポリティカル・エコノミー》に対して私的および公的統制が厳密にどのように複合されて行くのかは明らかではない。しかし、予見可能な将来においておそらく「会社《コーポレーション》的資本主義」が経済生活の主要な社会形態となるであろう。国営による完全な計画経済も、個人企業家による経済《ポリティカル・エコノミー》も、それらが経済活動の中心となる見込はほとんどないであろう。実際、世界中でこれらが存在するところでは、経済活動の停滞が生じる傾向が見られる。近代的会社《コーポレーション》は、雇用や研究、生産や供給において、経済組織の周知のあらゆる社会的形態を越えている。会社《コーポレーション》は多元的社会においてもっとも広範囲に発展しており、活力のあるデモクラシーにはそれが構造的に必要なものであるということを、さまざまな重要な証拠が示している。(1)

これらの事実は、神学的、倫理的な関心を持つ多くの指導者たちに困惑をもたらす。多くの者にとって会社《コーポレーション》は、利益を追求する貪欲の具現化であり、環境を汚染する精神なき人工物であって、人々を農場から取り去り、工場を閉鎖させ、労働者を移動させ、富む者と貧しい者の間にある矛盾の増大を助長するものであり、さらにその国際的な形態においては、他の文化を侵略し、土着社会を堕落させるものである。会社《コーポレーション》とは、ある者にとっては霊的生活と社会的責任の敵なのである。

会社《コーポレーション》的資本主義をむしろ驚嘆すべき物質的達成の故に称揚する者と、それを明白な恐怖の故に断罪する者とは、それぞれ資本主義と社会主義の指導的な理念的擁護者となる。しかし、前者は個人に強調点を集中させ過ぎることにより、後者は社会生活全体について、政治こそはすべての経済的活動を支配するものとみなすような政治理論を持つことにより、ともに現代経済の現実の構造をしばしば誤解している。両者とも相手が経済生活を単純化しすぎていると考える点においては正しいかもしれない。しかし近代的経済のもつ顕著な社会的特徴を両者のどちらもが正しく究明したとは言えない。責任をもって現代社会を管理するためには、「会社《コーポレーション》」の問題と新たに取り組むことが必要である。

社会において経済組織の主体となり得る場

社会における経済組織の主体となり得る場として七つほどの可能性が考えられる。他の基本的な人間の活動と同様に、経済生活は定義の可能な社会的場を持たねばならない。第一に、少なくとも理論的には、完全に個人が経済活動の場となり得る。しかし、ロビンソン・クルーソーでさえフライデーを必要としたし、複雑な経済機構においては多くの人々が組織化された仕方で共同して働くことが要求される。確かに個々人が常に経済について決定をするのであり、何百万人もの個人の決定がもたらす累積的な効果はいかなる経済においても莫大な重要性を持つ。だが一方、完全な経済的個人主義は、現代社会においては観念上の空想にすぎない。近代における会社《コーポレーション》は、現代における政府の官僚機構のように、ラディカルな個人主義に耐えることはできないし、また個人主義者たちの方でも会社《コーポレーション》に耐えることができない。

第二に経済活動は、しばしば社会の最小の「構成ブロック」とみなされる家族の中に、その場を置くこともできるであろう。事実、家族的な範型は、そのより発展した形態として特に一家、一族、階級などにおいて、経済史の中で大きな影響力をもった。さらにこの後考察するように、荘園、プランテーション、大農場、王朝などの「家族」もまた影響力を持ちつづけた。しかし「事業」と、共通の「遺伝子貯蔵庫」に属する人々を家族として包括する愛情的・世代的なきずなとの間には、しだいに区別がつけられるようになった。現代経済において、一族によって創立された事業は、次第に「会社《コーポレーション》」組織によって運営されるようになる。この組織は一族以外の人を入れ、一族に属する者を締め出す。そして家計と事業の予算は区別されるようになる。縁者びいきは仕事上悪いこととみなされる。ただし、社長との結婚や社長の娘との結婚は、会社どうしを結び合わせるための昔からの方法ではある。「夫婦経営店」や家族農場においてさえ、組合組織の原料供給者や市場商人に一層依存するようになった。もっともそれは後者がローカルな小売店や生産者を完全に接収していないならばの話であるが。ある子供たちは両親の独立した事業を一世代か二世代の間は引き継ぐかもしれない。しかし、彼らの兄弟姉妹やその子供たちは別のところで働くであろう。

第三の可能性は、「カルテル」である。それは「同業組合」の労働者たちや、「合併」事業を行なった経営者たちの間で結ばれるかもしれない。どちらの場合にせよ、その一団は主要な製品や技術や業務の独占権を得ようと試みる。それは大いに短期間の効果はあるかもしれない。しかしそれは決して長続きはしないのである。「同業組合」はすぐに「同業組合」としては行き詰まり始める。ある者たちは同業組合の新しい管理者たちに利権を売る。このような傾向をあらゆる現代の「労働者と経営者」の試みは持ち続けてきた。同様に、カルテルがすべてのことを統制することは不可能であるため、それは複雑な経済《ポリティカル・エコノミー》の中では行き詰まってしまうのである。それは競い合う経済力によってだけでなく、政治力や技術力も結集して遅かれ早かれその努力をつぶしてしまうのである。もっとも印象的な現代的な例として石油輸出国機構（ＯＰＥＣ）は、この場合によく当てはまる。

第四として、宗教組織が時には経済組織の主な機関となってきた。神殿は最初の銀行であった。紙幣は物の価値交換の合理的な手段として聖職者によって発案された。そして教会、神殿、モスク、修道院、原始共産制を保持してきた宗派などは、時には領域全体にわたって決定的で莫大な資産を持つようになった。過去の時代には、宗教当局は生産物のための灌漑設備や交易・流通のための通商路や市場などを管理していた。しかし本質的には、宗教は政治権力に関わらないのと同様に、これらの事柄にも関わらない。それぞれの文明にとって宗教が政治や経済の倫理性に関して権威的な指導を行なうことは必要かもしれない。しかし宗教の目的が経済的な価値によって支配されると、宗教にとって本質的なものは失われてしまう。あらゆる偉大な宗教の中核にあるものは常に獲得ではなく献げること、支配することではなく従うこと、生産することではなく分かち合うことの強調である。世界宗教における改革者たちは、宗教を営利化することに内部から異議を申し立てる。一方、農民、実業界の指導者、統治者らも、宗教組織が所有物を先取りするようになると、それに対して外部から反対する。（そして時には財産を取り上げることもある。）宗教組織は経済生活において貧しさを基本とする。その真髄はそのような経済活動の中にはあり得ないのである。

経済活動にとって第五の組織化され得る場は、市場である。しかしながら市場は間接的な仕方でのみ社会的場となる。市場は何かを生産するわけではない。それは取引を容易にするのみである。市場は一連の会合において決定される経済的相互作用の場以上に独立した社会的場とはならない。会合では他の経済活動の場の代表者たちが彼らと商品や流通、請求、契約などを取り交わす。これらの相互作用や会合は、当事者たちが資産を取引し、その過程の中での損得を査定することを認めている。市場は、単純な社会では偶発的であるが、複雑な社会になると継続的になる。政治的に統制された限定内ではあるかもしれないが、市場なしでは複雑な社会は存続することはできないのである。市場が政治的に統制されればされるほど、商品や流通は闇で取引されるようになるであろう。この事実は、市場が一方では独自の論理を持っていながら、他方では外部の状況に極めて依存しているという、かなり奇妙な現実を反映している。需要のために何かが作られる時、政治的に比較的安定した状況にある時、そして決定する自由をある程度人々が持っている時にのみ、市場は存在することができる。政治は完全に人々の自由を統制することはできないため、人々はあらゆる環境においても市場を作りだし、常に商品や流通を利得の為に取り交わすのである。市場が極めて活発なところでは、人々や政治当局者たちは、全体としてその社会体制が経済的に発展能力を持っていると確信するのである。

しかしながら、現代の経済《ポリティカル・エコノミー》は市場に対して完全には信頼感を持つことはできない。麻薬から売春、投票、機密扱いにされた情報、秘密情報まで、需要があると思われる商品の多くは、規制のもとにある。それらは市場では売買することは許されていない。同様に労働力は買うことができるかもしれないが、それも規制された条件のもとでなされていることである。確かに人々が市場に信頼を持つに足る予想可能な仕方で市場が動いているのは、市場が政治的にも法的にも規制されているからなのである。

第六と第七の経済活動の可能な場は、国家と会社《コーポレーション》である。これらは今日、公共性の議論の中心となっている。国家は、個人、家内事業、宗教、市場などに対してより直接的な統制をおこない、会社《コーポレーション》はそれらに対して法人組織の形態をとることを勧めつつ、より自由を認める。今世紀になって七〇年近くの間、ある人たちにとっては、社会主義者や全体主義者が唱える様々な「国家資本主義」は、近代化の手段であり、将来の支配的な様式となるべきであると思われてきたかもしれない。彼らによると政府は資本化を推進する中心の場であり、生産と分配の立案者であるべきであった。また個人や有力な家や（支配的な一族、種族、社会的階級）、独占的な同業組合、宗教組織、独立した市場などが得た利益に反対し、経済活動を合理化する主体であるべきであった。そして世界のある地域では、この将来像が引き続き支持を得ている。しかしこれがいかに成功したとしても、経済的な生産と分配のために設立された組織は、国家の統制を直接受けることがなくなり、生産、輸送、商品の市場での売買、流通の供給などを決定する自治が比較的認められるようになる。社会主義者や全体主義者の政府が宣伝するよりも、結果は「会社《コーポレーション》」により近くなる。さらに深い倫理的熟考と世界大戦の経験に基づいて、もし「国家資本主義」を推し進めて行くとするならば、社会主義者の考える形態は全体主義者の考える形態よりもゆるやかであるだろうと考えられている。なぜならば、社会主義者の形態は経済問題を合理的に扱おうとし、経済的に低層の人々に関わろうとするからである。それに対して、全体主義者の形態は非合理的で、カルテルが公式に許可されたエリートを支え、またエリートによって支えられて、貧者から組織的に搾取することを許している。しかし今日では、一族、「同業組合」、様々な「部門」や産業が、ますます市場において相互に影響し合う独立した会社《コーポレーション》のような機能を果たすことを許可することによってのみ、国家資本主義について社会主義者が考える形態は、計画された経済《ポリティカル・エコノミー》の目標を実現することを可能にしているように思われる。

一世代前の神学の巨匠たちがこのことに失望してしまったことはもっともなことであった。シェイラー・マシューズ、ウォルター・ラウシェンブッシュ、カール・バルト、ラインホールド・ニーバー、パウル・ティリッヒ、マーティン・ルーサー・キング・ジュニアらはすべて、それぞれの仕方で社会主義的傾向を持っていた。同様に今日の解放主義者たちもそのような傾向を持っている。そしてこれらの影響を受けてきた牧師たちの多くは、社会主義によって幾分色づけされた社会正義と公平というヴィジョンを持っている。一方彼らは独断的なマルクス主義やレーニン主義、共産主義については厳しく批判する傾向を持っている。このように、われわれの最近の神学的遺産の次元と、世界のより多くが参加するようになったと思われる生産・分配・消費に関わる重要な近代的組織との間には、明らかに相違が見られるのである。

会社《コーポレーション》——神学的評価の必要性

現代生活において会社《コーポレーション》がもつ影響が継続的に広がっていることは、短期的にはヨーロッパにおいて最近国家的資本主義（社会主義あるいは全体主義）の傾向から民主社会主義の国家へと着実に移行しているという事実によって裏づけされているように見える。それらの国々は産業を民営化し、会社《コーポレーション》を「私営化」と呼ばれる過程において強化していった。「アフリカ社会主義」の様々な企てが結局は経済的破綻をもたらすことになったアフリカにおいても、この方法は取り入れられている。そしてアジアの昇りゆく星、すなわち特に日本や今では中国のような国々においても、この方法が見られる。これらの国ではそれを生み出した本来的な文化とは異なった宗教的文化的伝統へとそれが接ぎ木されている。今や合衆国やカナダは、ヨーロッパよりもアジアとの貿易をより相互共同的に行なっている。これは大西洋共同体から、精力的に資本主義的に身を起こしつつある太平洋共同体へと貿易活動の中心が移っているという現象である。またラテン・アメリカにおいて現在の解放の神学の精力的な勢いにもかかわらず、この地域の大きな国々は会社《コーポレーション》の役割を増大させてデモクラティックなやり方へと新しく転換しつつある。一方社会主義者の取り組みは至る所で貧困を共有するだけに終わっている。

しかし今までのところ、会社《コーポレーション》については宗教的・神学的考察はほとんどなされていない。現代の公共神学《パブリック・セオロジー》では、ある程度詳しく経済的問題について、特に分配の平等の義務について取り組んできた。われわれは貧しい人々を心に留めなければならないということ、そして抑圧された人々が経済生活において良い機会を与えられているか政治的に確認しなければならないという霊的・倫理的義務があることを知っている。しかしわれわれは生産の決定的な場、すなわち会社《コーポレーション》について、ほとんど神学的関心を向けることはなかった。現代の霊性は、貧しい者と同一化して彼らの視点から福音書を読むことの重要性を強調してきた。しかし神学者たちは、現代の経済《ポリティカル・エコノミー》においてもっとも影響力のある社会組織の一つについてめったに考察することはなかった。それは世界を見渡せるほどのものである。

われわれの最近の神学的先駆者たちが会社《コーポレーション》の重要性を認識できなかったことの理由の一つは、彼らが今世紀における政治的な大きな挑戦に立ち向かわなければならなかったということにある。彼らは全体主義と共産主義の脅威に直面したため、政治が主要な関心事となった。これらの神学的指導者たちは力強い政治的証言を行った。このことについてわれわれは常に感謝の気持ちを持っている。少数者の市民的権利を守る憲法の下で、多元的な政治的デモクラシーに対して神学的な支持を明白に表明していた。彼らと彼らの弟子たちはこれらの政治的事柄についての霊性を人々の間に広めた。彼らの思想は聖書的および伝統的信仰の源泉と結び付き、狂気に対して理性的であり、人々の経験に対しても敏感であった。しかし彼らの経済《ポリティカル・エコノミー》に対する見方はあまり深まったとは言えず、現代的なものにあまり広く浸透してはいない。

これらの考察の幾つかは、合衆国とカナダのローマ・カトリックの司教らによって新しい仕方で取り上げられた。あるグループは「デモクラティックな資本主義」に近く、別のグループは「デモクラティックな社会主義」に近い。両者は共に、預言者的であると同時に祭司的な新しい霊性の何かを生み出すために、解放の神学のテーマとのやり取りの中で、公共神学《パブリック・セオロジー》的な見解を表明しようと試みている。彼らは経済生活のための聖書的、倫理的規範を再び明白に述べて、それらを回復しようとしている。人権を擁護し、完全雇用を保証し、商品や流通のより公平な分配への運動を要求し、搾取に反対して貧困者を守る政策を求めている。また強欲や貪欲を戒めている。彼らは経済生活において政府の役割を認め、国際的な経済的責任を高める計画をも要求している。[2]

最近カトリックが取り組んでいるこれらのテーマと、社会福音派という現代のプロテスタントの教派が取り組んでいる主題とは類似している。[3] 彼らの貢献に感謝したい。分配と消費の問題について、彼らは人々が育む必要のあるその種の霊性にわれわれの注意を向けようとしている。その霊性は、聖書、伝統、理性、経験によるキリスト教の権威についてのもっとも深く広い原理と同一線上にあり、前世紀に発展した「キリスト教社会科学」の試みとも一致したものである。これは確かに真正なキリスト教の証言である。

しかしこれらの取り組みも、生産の場である会社《コーポレーション》のより難しい問題については、はっきりとは述べていない。それがこの章でこの問題に焦点を当てる理由である。これらの様々な文書や彼らの態度や試みている計画の中で繰り返し見うけられる問題点というのは、近代工業に関する経済は生産の問題を解決し、唯一残っている問題は分配の不公平であると単純に考えられているということである。今日会社《コーポレーション》が欲望を誘惑的にあやつることによってわれわれは惑わされ、悪魔的な消費主義に取りつかれているという事柄と、不平等という問題は関連があるとしばしば考えられている。

ここで私自身のことを言わなければいけないと思う。過去を振り返ると私もこれらの事柄を信じ、礼拝の説教でこれらについてのわれわれの責任について語ってきた。ここ一五年の間、研究休暇ごとにそして何回かの夏を、著しく異なった生産方式が行われている第三世界の国々や東欧の社会主義国で過ごしてきた。その中で私はこの問題に心を傾けてきた。ところが私は大幅に誤解していることに気が付いた。伝統的、社会主義的経済体制は、デモクラティックな発展を抑制する社会的力を強めるだけではなく、その体制の中には誤った分配と激しい消費主義が劇的なほどに存在しているのである。もしそれほどでもないとしても、西欧よりはそれが際立っている。伝統的、国家資本主義的経済が吟味される時、不平等な分配と貪欲な消費主義の悪は、近代西ヨーロッパにおける生産の構造にのみ根源があるとは言えないことが明らかとなったのである。

現代神学が会社《コーポレーション》の生産について的確な見方を展開してこなかったという事実には、おそらくより深い理由がある。これらに反対するものの大部分は「進歩的」に聞こえるがかなり保守的なものであろう。それは廃れてしまった過去のロマンティックな記憶に影響を受けている。元来聖書の全時代にわたって農業は生産の根本的な型であり、それは現実を有機的に見る見方を導き出した。農業は人々を土地に結び付け、自然の周期に結び付け、そして古代ギリシア人がオイコスと呼んだもの、すなわち家父長共同体と結び付ける。既に述べたように、「オイコス」は経済と世界教会の両方の言葉の語源になっている。このこととに関連してダグラス・ミークは『エコノミストとしての神』という近刊予定の著書の中で、それ故に経済においては分配が中心的な問題であることを示している。あらゆる個人の消費には限界がある。すべての人は年齢、性別、結婚しているか否かに従って、生産において決められた役割を期待されている。神は創造の時に豊かな命のために必要なものはすべて与えられ、すべての人はただ与えられた秩序に従うのみであると考えられている。

さらに生産能力と消費能力は、常に経済《ポリティカル・エコノミー》に影響を与える決定的な二つの社会構造、すなわち科学技術と政治という構造によって限界づけられている。生態系の秩序の中で技術能力が介入できることはかなり限られている。(なお牛、羊、ヤギの群れの放牧は、牧草を食べ尽くし、まきや材木のための木を切り倒してしまい、この永続的な侵食によって耕作のための土地を一掃してしまった。このような古来の経済様式の影響は中東を今でも苦しめている。最近北アフリカに見られるように、今日この様式は多くの土地で再び行われ、産業公害よりもより深刻に荒廃をもたらしている。)そして政治的統治力は財源の面で家(オイコス)中心の生産に依存している。巨大な政治権力それ自体が大規模な家そのものなのである。

世界の宗教の大部分や教会の歴史において、類似した様式が支配的であった。事実、何世紀にもわたって教会は、土地からの生産物のみが倫理的に正しいものであり、貿易・商業・金融業は倫理的に好ましくないと考えてきた。ひとつには神の創造は創造力豊かなものであるはずだと考えられていたからである。[4] 自然のみが人間の家(オイコス)を維持するために必要でふさわしいものを生み出すことができ、「商売」は、個人的な利益のために自作農の家族から「余剰なもの」をすくい取ることによって、家の外から富を持ってくるせいぜい必要な悪であると見られた。商売は、放浪する行商人・貪欲な両替人・外国人・家庭や家族の適切な絆から離れて疎んじられた人々によって行われていた活動であった。「商売」へ転向することは、人間の本質と霊性からの逸脱であり、まさに貪欲の現れであった。現実には家の中で生きていなかった真に霊的な人々は、利益のための生産と交易を共に避けて完全に共有しあう「宗教的な家」の中で清貧と貞節を誓った者たちだった。一言で言えば家や修道院の分配の方式や伝統的な権威者を支える方式によって統制されている時にのみ、生産と商売は倫理的・霊的にふさわしいものであった。

われわれはこれらの事柄をかなり長く扱ってきたが、それでもまだ余りにも単純で簡潔すぎるであろう。なぜなら経済《ポリティカル・エコノミー》に関する西欧キリスト教の伝統が、世界における他の地域の共産主義的な伝統と比べて、徹底的な個人主義を生み出してきたとしばしば考えられているが、これは人に誤解を与えるような反面の真理しか含んでいないということを強調する必要があるからである。西欧の根本的な伝統では、個として人間は、神の似姿として、また神の恩恵に個人的に応えることが罪の贖いにとって決定的である罪人として、そして世界において神の意志の代理者として、高く評価されている。しかしこのように個人に強調を置くことは、常に共同社会の文脈の中でなされていることである。現代の経済生活にとってより重大な問題は、どの共同社会が生産・分配・消費の主要な場であるかということである。したがってこれらの重要であるにもかかわらず顧みられなかった主題を過去に振り返って語る理由は、歴史からの圧倒的多数の報告の中にその答えが与えているからである。すなわちその答えとは「家」であり、実際には、男性と女性、親と子、相続財産法、実業の倫理的劣等性など固定観念で見られている役割の見地から「家」がともなっているあらゆるものである。

しかしながら古代の農業的「家」制度の時代と現代の経済《ポリティカル・エコノミー》との間に何かが起こった。それはこれらの諸徴からまったく異なった社会が生み出され、特に生産と交易の仕方を変化させた。またそれは「家」と伝統的な政治の統制の確立された様式の両者から区別された会社《コーポレーション》を発展させた。確かに、家と体制の影響は経済生活から消えてはいない。しかしこれらは補助的な機能を演じるようになり始めた。家は次第に生産ではなく消費する側になった。分配の構造の一部は、特に徴税を通して、道路、橋、学校、病院、衛生設備、そして最近では福祉への設備投資をするという再分配の面において、政府の管理に委託されるようになった。これは、当時の体制によって支持された「家」制度において行われていた共有についての古代の神学的原理が現代的に応用されたものである。

しかしこれらすべてのことよりも際立っており、現代の経済《ポリティカル・エコノミー》の仕組みを過去の仕組みと区別することが三つある。それらは科学や技術、専門職の出現、そして会社《コーポレーション》の形成の三つである。科学や技術は次の章で、専門職の出現はその後の章で取り扱う。そしてわれわれが今ここで問題としているのが会社《コーポレーション》である。実に、会社《コーポレーション》は科学や技術、そして専門職をもつ現代社会の中心である。会社《コーポレーション》が、現代の経済《ポリティカル・エコノミー》の依存する生産と商業の基本的な中心となってきたことは注目すべきことである。大部分の現代の牧師や神学者がこの点についてどのように考えるべきか全く理解できないでいるからである。そして経済的事柄に関する彼らの見解は、一般の人々によってほとんど重じられてはいない。しかし一般の人々は経済生活のふさわしい基盤として会社《コーポレーション》を受け入れているのである。

会社《コーポレーション》の定義

会社《コーポレーション》の由来はどこにあるのであろうか。その存立根拠は何であろうか。その行方はどこか。われわれはそれを倫理的にどう評価すべきであろうか。会社《コーポレーション》を認め、それと結びついた霊性はあるのか。あるいは教会の伝統の大部分では、常に農業以外の生産物・貿易・商業・金融に貪欲が潜んでいると疑いの目を持って見られているが、会社《コーポレーション》は単に組織的にその貪欲を爆発させたものなのだろうか。

これらの質問に対して二つの行き詰まった答えがあることをわれわれは知っている。一つの答えは、利己的な救いに対するファンダメンタリストの強調に由来する。利己的な救いとはリバータリアニズムの考えるような市場経済主義に宗教的に対応するものである。しかし「世俗的ヒューマニズム」の今日のもっとも名高い反対者たちが、しばしば経済生活となると世俗的ヒューマニズムのもっとも有害な形をとる加害者になってしまうことは、まったくアイロニックなことである。彼らは個人経済については功利主義的、啓蒙主義的理解を無批判に受け入れている。その現代における継承者は、宗教的ファンダメンタリズムや宗教団体は、経済に影響を与えているという考えを軽蔑している。その中にはたとえばルードヴィッヒ・フォン・ミーゼス、フリードリッヒ・ハイエック、アイン・ランドらがいる。これらのファンダメンタリストたちは、このイデオロギー的な考えが事実心理学的、法学的、社会学的に考え出された由来については曖昧にしている。彼らは熱心に「個人」経済や宗教的責任を唱えるために、富の蓄積と管理の場として家を偶像視している。世俗的ヒューマニズムのこの形の洗礼を受けたファンダメンタリストの神学においては教会論が弱いことや彼らが伝統的な家や資本家の諸価値を保護する政治的体制を好むことは決して偶然なことではない。

もう一つの行き詰まった答えは解放主義によって与えられている。彼らはマルクスの社会理論に惹かれている故に会社《コーポレーション》に反対の見方を意識的、あるいは無意識的に採用している。この見方は、会社《コーポレーション》の発展を、無産階級を統制する本質的には疎まれるべき階級が支配する結果として捉えている。もし革命が成功したら、このような方針は、革命党によって管理される唯一の会社《コーポレーション》へと社会全体を従属させることになるであろう。銃を統制する者が工場をも統制する。軍を統制する者が食料をも統制する。それぞれの「ビジネス」が国家の各省庁になり、公認された政治的イデオロギーを基準に経済的決定をなすことが要求される。どちらの選択肢においても、独立した社会的組織として会社《コーポレーション》が倫理的・霊的合法性を持つということが受け入れられることは不可能である。

それではわれわれは会社《コーポレーション》を理解する方法を見つけるために「ビジネス界」に目を向けるべきなのであろうか。しかしそうすることはあまり助けにならないことが明らかとなるであろう。多くの実業界の指導者たちは、自らの組織や活動の根本にある社会的、歴史的、精神的根源に注意を払ってはこなかった。ほとんどの者は事業をする会社《コーポレーション》の仕組みを定めたように見える社会的・歴史的・精神的文脈を自明の前提して、仕事の迅速さ、活力、効率、収益性などをできるだけ高めてノルマを果たし続けている。大学の構造に興味を持っていない物理学者や、病院がどのように営まれているか注意を向けない外科医のように、ビジネスに従事している者の多くは、彼らがそこで生き、活動し実存する構造の特徴を何も知らない。数年前ハーバード・ビジネス・スクールの研究者の一団がアメリカのビジネス界の指導者たちに世界観を尋ねた。『アメリカ的なビジネスの信条』と題されたその報告書は、ほとんどのビジネス界の指導者たちは専門領域において流行遅れのイデオロギー的な見方を持っていることを示していた。彼らの専門領域は、彼らが毎日していることや、実際には彼らの生活の中心をなしている様々な種類の社会的交渉と一致していないのである。

残念ながらこのことについて、今日数多く見られる現代の経済学者にさらに答えを求める必要もないであろう。ほとんどの者たちは、いかに個別の機能が働いているかについての発展的な計量経済学的なモデルに心を奪われているため、経済《ポリティカル・エコノミー》のより広範な問いを無視しているように見える。しかし、経済《ポリティカル・エコノミー》のための公共神学《パブリック・セオロジー》の明確化に興味を持つ者はこの件を放っておくことはできない。他方われわれは、実業界の指導者たちや経済学者たちがしていることを、単純に繰り返すべきでもない。われわれは、彼らが前提とする文脈の倫理的活力と、彼らが人員配置をする生産の大規模な機構の霊的倫理的な性格を査定したい。とりわけわれわれは、時々そうみなされているように、会社《コーポレーション》が霊的、倫理的、社会的にもっとも関心の高い人々の敵であり続けるべきかどうかを知りたいのである。

ではわれわれは、会社《コーポレーション》を支配する生産と社会形態を理解するためには、何処に向かい、どのような問いを立てればよいのであろうか。私は、現代の会社《コーポレーション》の背後にある宗教的社会的歴史をより深く探究しなければならないと考えている。経験的にみて、会社《コーポレーション》は宗教と社会の歴史における少数派の伝統の産物である。この少数派の伝統が特別な種類の霊性と世界に対する特別な適応を引き起こした。これは教会の歴史に根源を持つものであり、今日勝利者であるとともに猜疑の目で見られているそれ自身の内的論理を備えた「非自然的」な組織の形態を作り出した。

会社《コーポレーション》について第一に言えることは、それが作られた人格、すなわちそれ自身の内的な「精神」と「性格」を備え、人間的な交渉における行為者・演技者としての法的立場を備えた人工物であるということである。所有者と経営者と労働者は会社《コーポレーション》の中で行き来するが、会社《コーポレーション》は存続し続ける。それは訴追することまた訴追を受けること、契約を結ぶこと、地所を所有し売買すること、国から国へ移住すること、合併において「縁組する」こと、子会社という形で子孫をつくること、外国で市民権を与えられること、成長し拡大すること、また解体されることにより死刑に処されること等が可能である。会社《コーポレーション》は、個人、家族、他の会社、政府、労働組合、または教会の年金基金によって所有されることができる。会社《コーポレーション》は、男性または女性、黒人や白人、老人や若者、ヒンズー教徒やイスラム教徒、ユダヤ教徒や無神論者によって経営されることがあり得る。労働者は四〇年間雇用され続けるかもしれないし、五年ごとに被雇用者の入れ替えがあるかもしれない。これらすべてのことは、会社《コーポレーション》が何をし、何をしないかという観点から問題を考える場合には、何ら本質的な違いとはならない。会社《コーポレーション》は、それが如何に莫大な影響力を持つものであるとはいえ、非常に狭い基盤に基づいている。会社《コーポレーション》とは、それが生産を続けられるかどうかという問いに基づいてあらゆる決断を下さねばならない効率的な生産を目的とする人々の共同体である。この判断は会社《コーポレーション》がその存在を永続化させることになる合法的な利益を獲得できそうかどうかによって決定される。もし会社《コーポレーション》が利益を上げないなら、またはそれが非合法的な手段で利益を上げるなら、その経営者は解雇され、その所有者たちはその会社《コーポレーション》の利権を売却し、会社《コーポレーション》は再建または解体のために管財人の手に託される。もし会社《コーポレーション》が利益を上げるなら、それは基本的に不死の存在である。

どのようにしてそのようなことが実現したのであろうか。その次第の物語は、ここで詳細に語るには複雑すぎるが、その手がかりは一九世紀の法制史家や、(5) 今世紀初頭における会社《コーポレーション》理論家らの主導的研究や、(6) 最近のいくつかの研究(7)に見出すことができる。伝統的宗教が会社《コーポレーション》に対して抵抗してきたし、またいまだに抵抗しているにもかかわらず、この現象の根源は決定的に宗教的であった。

会社《コーポレーション》の宗教的根源

初代教会は信仰の家的組織、オイクーメネー、すなわちキリストにおいて一つであり伝統的な家と政権の両方から独立した社会的・制度的中心を形成する人々の霊的な組織を確立したのである。そうすることにより、教会は実質的に、そして後には法的に、「非自然的」な起源を持ち、生活のあらゆる面を変容させることに献身した集団的自己認識を形成することが可能であるという考えを確立した。はじめは使徒行伝にみられるように、教会は生産のない消費のみの共同体を確立した。しかしこのことは、家族的または帝国的支配から独立して組織されたグループによって経済的資源が規律をもって用いられるということの先例を示した。

キリスト教はその初期を通じて、土地所有や農業生産や支配者への奉仕に従事しない周辺的な者たちにもっとも興味をもたれ、都市労働者にも非常に魅力的であったようである。それには、都市の奴隷に限らず、職人や商人やテント造り等も含まれていた。要するに、キリスト教はその最初から、生産や商取り引きに従事する都市の人々と結び付いていた。土地とそれについての家の義務に結び付いていた者は異教徒と呼ばれ、政権に第一義的な忠誠を置く者は偶像崇拝者と呼ばれた。これらに対し、教会はそれ自体の共同体組織と規律を発展させた。それらは後の多くの種類の法人《コーポレーション》の構造の原形となるものであった。

そのはるか後に中世都市が発展した時、部分的には修道士による宣教によって北ヨーロッパに紹介された生産の新しい方法に刺激されて、一連の法的条項が都市自体を法人《コーポレーション》として確立した。教会のように、これも家と政権から独立していた。さらに、病院や学校や他の慈善的団体が教会とその修道会の類比に基づいて形成された。

プロテスタントの法律家たちの手により、前デモクラティックな政治的機関も形成されつつある時期に、この長い伝統は有限責任的な会社《コーポレーション》の形成によって拡大され、特に商業的目的のために発展させられた。このことは人々が、投資した者とは別の個人的、家族的、政治的な資本にリスクを及ぼすことなく、会社《コーポレーション》に投資することを可能にした。プロテスタント的労働倫理、「契約関係」への献身、生活のあらゆる面を規律ある合理的な制御のもとに置く傾向、敬虔や政治やあらゆる種類の社会的関係のデモクラシー化へ向けての意図、そして召命の感覚の徹底化等によって特色づけられて、有限責任的な会社《コーポレーション》は「被信託者」という概念を発展させ、執事職の新しい社会的形態を作り出した。後に発展した形式は、産業革命が現代的生産技術と新しい職業の可能性を莫大なスケールで導入した時に、産業革命に寄与し、それとともに増大した。この歴史の痕跡をその最深部にまで帯びている会社《コーポレーション》的エートスは、この歴史に根づいた価値観をもって、会社《コーポレーション》で働くすべての者たちに浸透し続けている。共通の経済行為は、労働倫理、家族的政治的支配から分離した一連の価値観、合理的制御によって導かれる規律、少なくとも「職業」の感覚、そして自分自身のものではない富を管理する執事職を要請する。現代の会社《コーポレーション》における労働者と経営者は、これらの倫理的・霊的前提を「本性」とするエートスの中に知らず知らずのうちに引き込まれているのである。ただし、明示的な神学的基盤は、全般的に人間関係の実用的・契約的理解に置き換えられ、多くの者にとってはマモンが支配的な神となっている。

今日、これらの発展が世界の他のどの国よりも顕著であるアメリカ合衆国においては、人口の（そして国民総生産の）一三パーセントが政治的・軍事的な仕事に関係し、労働人口の一七パーセントが無利益の組織に雇用されており、わずか三パーセントのみが農業と家族農園に従事している。他のすべての生産は会社《コーポレーション》によって行われており、得られた利益は教会や学校や芸術や福祉サービスや多様な研究機関の存在を可能にしている。会社《コーポレーション》はほとんどの人々が想像し得るよりも多くの富を作り出して来たし、近い将来においてもそうであり続けるであろう。かつて「家」に根づいていたものであり、「居住世界」によって変化したものが、会社《コーポレーション》的経済となった。今ではそれは家やポリスのみではなく居住世界からも独立していることが顕著である。

この文脈において「利益」とは何かを問うことは重要である。ある意味において、利益が会社《コーポレーション》を動かし、利益への献身こそが、会社《コーポレーション》的生活の中に何らかの力のある霊性があるという考えへのもっとも頻繁な批判を引き起こす。利益は非常に専門的で厳密な意味を持っており、利益のために組織化することを、貪欲さの動機や獲得への衝動とあまりにも早急かつ単純に同一視してはならない。マックス・ヴェーバーはそのことをすでに一九一八年に指摘しているが、神学者たちは他の者たちよりも一層この点を見落としてきた。貪欲および獲得への衝動、すなわち「収入や金銭や可能な限り多くの財貨の追求」は、それ自体では現代の会社《コーポレーション》の「利益」に特有の事柄とは何の関係もない。


「この衝動は、給仕、医師……、芸術家、娼婦、不誠実な官僚、兵士、貴族、十字軍参加者、ばくち打ち、乞食等に長い間存在してきたものである。これは、あらゆる時代、地球上のあらゆる国のあらゆる状況下にあるあらゆる種類の人々に共通のものであると言うことができる。……資本主義についてのこのようなナイーブな見解はこれからは一切放棄されねばならないということは、文化史の幼稚園において教えられるべきである(8)」。

このことが成り立つ理由は、利益とはバランスシート上の数字によって示された資産と負債の間の差であり、それ自体、標準化された原則に従ってなされた分析的評価の後に適切な仕方で支出に対する収入の余剰を算出したものだからである。利益とは、富を創り出す新たな努力のために資本として用い得る富についての評価された主張である。それは貪欲や無計画な取得への衝動や冒険や収入や消費の抑制と非常に頻繁に結び付けられる。さらに、利益は会社《コーポレーション》や取り引き市場等の活動中の機関の文脈においてのみ理解し得る。個人や家族や学校や病院や海賊や自分の土地に油田を発見した一族や遺産を受け取る教会等には、それらがより多く得ることを欲する収入やより少ないことを欲する支出が生じるかもしれないが、それらが会社《コーポレーション》として組織され、製品やサービスを生産、提供し、合理的に計算された出費と収入の要求がない限りは利益を持つことはない。そしてまさにこのような計算が、経済的な判断に対する非経済的な価値の影響力をうち破るものである。計算の過程において利益は、過去の算出が正しかったかどうか、経済活動が相対的な効率性と規律ある制御をもって行われているかどうか、経済的計算に干渉し得る特別な政治的、家族的または文化的な影響に関わりなく収入が得られているかどうかを示すために役立つ。利益についてのこの理解は、資本主義経済と同様に社会主義経済にもあてはまる。ただし、社会主義経済においては、国家が利益を計算し、集め、展開させる。国家資本主義は、国家全体を一つの会社《コーポレーション》とし、政府を生産と市場の経営者とするものである。

今日いくつかの地域においては支配的な、会社《コーポレーション》的資本主義の別の形態が存在する。東洋と多くの発展途上国においては、古い家族的なつながりが一種の「幕府」的な組織へと取り入れられる。これは高度に父権的、家父長的、位階制的であり、政府を支配する者たちとの婚姻関係によって家族的な結び付きを持つものである。インドにおいては、下部カーストが会社《コーポレーション》となっている。そしてラテン・アメリカやインドネシアやフィリピンでは、政府と密接に結びついたエリート軍人たちは、諸々の会社《コーポレーション》の支配権を与えられ、「仲間内の資本主義」を作る。このような状況では、西洋から輸入された実用主義的で契約に基づいた会社《コーポレーション》は、先に概説した神学的、倫理的な伝統との間に歴史的な関係をほとんど持つことはできない。それらには伝統的な家族的、政治的機関から分離した歴史がなく、逆にそのような機関を強化する。さらに、そのような会社《コーポレーション》の行動を制御するために受け継がれた法律や社会的エートスや真の競争はそこにはほとんど存在しない。このように、第三世界における会社《コーポレーション》は、西洋における会社《コーポレーション》的資本主義や国家資本主義とは非常に異なっており、両者はもっともな理由に基づいて強く退けられている。

現在のところ、これらの機関を制御することのできる機関は、より安く生産し、より良い仕事をする他の会社《コーポレーション》を除いては、国際的なレベルには存在しない。そして市場を独占しようという欲求は、あらゆる形態の現代における会社《コーポレーション》の生産が、帝国主義的な仕方で政治的力を用いるように導いたことを、われわれは認めなければならない。事実、発展途上国では、西洋に基盤のある多国籍の会社《コーポレーション》のほとんどが、私がここで明らかにしようとしていることの基本そのものを守っていない。大抵の場合、そのような会社《コーポレーション》は、エリートの一族や政治的権力からの相対的距離を、自国では保とうとするのであるが、第三世界では保たれていない。それらの会社《コーポレーション》は、独占的支配を獲得するために特権的な一族や軍事政治的権力者との間に同盟関係（または付属関係）を作る。そしてそれらは、地主である貴族が農民に対して経済的支配をするという何百年も続いた様式を保つためのカルテルの役割を果たす。それらは国家資本主義の全体主義的形態への傾向を持っており、それらがデモクラテックな資本主義からもすべてのデモクラティック社会主義からも、さらにあらゆる真剣な公共神学《パブリック・セオロジー》からも反対されているのは当然である。第三世界の国々が現在その中にある困難の一端は、西洋に基盤を持つ会社《コーポレーション》が、自らの基本的見解を伝えることと、人々が会社《コーポレーション》の発展に着手するように、そして自力で利益を上げるように備えることを怠ったことに原因がある。

このような失敗は、その土地と関わりを持つ西洋のキリスト者たちの能力が、これらの土地における生産性を越えて、人権やデモクラシーへの期待を増進するのを妨げる。アジアの発展途上の経済《ポリティカル・エコノミー》においてさえ、多国籍の会社《コーポレーション》の関与は、その結果がどうなるかまだ明確でない技術的な改革と専門性の増大をもたらしたものの、人権や現実的なデモクラシーに対する証明可能な敬意を生じさせてはいない。人権や技術や専門性の発展や会社《コーポレーション》の生産性は（キリスト教に加えて）、西洋が世界に提供すべきものと言い得るであろう。そして近代化しつつある文化の中でこれらの事柄の発展は、会社《コーポレーション》が政治権力や土着の封建的特権階級とあまりにも密接に結び付く現代の会社《コーポレーション》の政策によって妨げられているのかもしれない。このことは会社《コーポレーション》の活動が基盤としているより深い原則とは関わりがない。

会社《コーポレーション》の霊性の改革

以上の事柄に関するこれまでの考察が、現代の経済《ポリティカル・エコノミー》の責任あるコントロールにおいて、われわれが取り組まなければならない社会的および霊的要素のおおまかなガイダンスとして役立つならば、そして神の言葉をこの種の社会において受肉させることを望む公共神学《パブリック・セオロジー》に私たちが根本的に専念するならば、居住世界は会社《コーポレーション》的生に今何を提供するべきであろうか。

さらに先へ進む前にまず、われわれはいくつかの非常に根本的かつ重大な決断を下さなければならない。一つの決断は、われわれはどの形態の会社《コーポレーション》組織を擁護すべきであろうか、というもっとも根本的な問いへの答えについてである。制度の面では三つの主要な選択肢があるのみである。われわれは国家が計画する会社《コーポレーション》的生、すなわち社会主義の道を求めるべきであろうか。われわれは第三世界において支配的な家に基づいた会社《コーポレーション》組織を育てるべきであろうか。あるいはわれわれは、西洋世界が従来進んできた方向性において暗黙のうちに是認されていたように、独立的会社《コーポレーション》のモデルを是認すべきであろうか。この問いは次のように言い換えることができる。誰が計算し利益をあげることによって経済を制御することをわれわれは欲しているのだろうか。政府なのか、特権的な一族なのか、株主なのであろうか。全キリスト教会の指導者たちは、生産の問題を無視し、分配のみに集中することによって、この問いを避けている。しかし分配の面で倫理的な証言を維持することがいかに大切だとはいえ、これを避け続けてはならないと私は思う。

われわれは独立的会社《コーポレーション》のモデルを選択すべきだと私には思われる。ただし、ある状況のもとでは、特権的な一族を現在の経済的搾取の地位から離れさせるために、国家社会主義的モデルが用いられなければならないかもしれない。われわれがこのように選択すべき理由は、長期的にはこのモデルが人権や政治生活へのデモクラティックな参加の進展と、家族生活における封建的・家父長的・カースト的構造の削減を支持し擁護するシステムだからである。勿論われわれはここで用心しなければならない。なぜなら、このような選択をすることは、アメリカの会社《コーポレーション》的資本主義の単なる神聖化であり、アメリカ的生活様式をキリスト教の旗で包み、それを世界中に飾ろうとする意識的または前意識的な試みであると容易にみなされ得るからである。そのようなことを私は意図していない。さらに、私が提案する方向性におけるいかなる動きも、多くの現在の会社《コーポレーション》についての政策に対して、同時になされる預言者的判断と牧会的改革と結び付けられなければならない。

今日の多くの議論とは違って、本書における議論は、歴史の弁証法的読解に基づいてはいない。しかしもしそれに基づいていたなら、ここで提示されているものは部分的に、本書とは違った意味で理解され得るであろう。家に基づいた封建制は未だに、その対立物の資本主義的個人主義を生み出す傾向があると言い得るかもしれない。また、「強盗貴族」という組み合わせは、その対立物である国家資本主義を生み出すと言い得るかもしれない。それが二〇世紀の社会主義と全体主義をもたらし、現在ではそれらに対する反動的な力として個人主義的および国家的資本主義が備えられている。われわれは未だに、現在の状況に対して、全キリスト教的教会によって支持される社会民主主義の理想以外には何も有効な対立物を持っていないが、教会は、現在のあらゆる経済的形態とイデオロギーの物質的および単純な専心を変化させるために、広範な政治力・経済力・技術力を展開するのではなく、公共神学《パブリック・セオロジー》に基づいた新しい霊性を発展させなければならないのである。このことが可能なのは、霊的な事柄が本質的に社会的な事柄と関連し、可能的には物質的・組織的な具現物の新しい様式と関連する教会的な要素が、現代の会社《コーポレーション》の中に残っているからである。

会社《コーポレーション》に対する預言者的判断と改革を実行するために、われわれは第二の決断を下さねばならないであろう。企業は現実のまたは可能性のある霊的基盤を持っているとわれわれは考えられ得るであろうか。もしそれを持たないなら、われわれは変革のための対話の基盤を持ち得ない。われわれは会社《コーポレーション》組織を機構として、あるいは人間が配置された機械として、建築されることも解体されることも故障することも修理することもできるが、基本的にはいかなる霊的、倫理的な変化によっても改革されることはできないものとして見なければならないであろう。

この問いは、これまで無視されてきたものではあるが、新しいものではない。F・M・マイトランドとアーネスト・バーカーは他の者たちとともに、制度は魂を持つかどうかという問いについて研究した。(9) 全般的には、制度は人間のようには天の門の前に立つとは見なせないと彼らは論じた。制度は天国に行くことも、地獄で苦難を受けることもできない。しかしこのことは、会社《コーポレーション》が人格性を持つことができないことを意味しない。倫理的、霊的な根拠からすれば、ある種の団結した精神でさえも想定され得るのである。これらの作られた人格（「人格」よりも「作られた」ことが主要であるが）は、改革され、新しくされ得る内的な性質を持っている。

結局、会社《コーポレーション》がある種の精神または性格を持つと見なすことは、それほど無理なことではない。それらは、独自の精神や性格を持つようにみえる大学やオーケストラや運動クラブと根本的に違うわけではない。就職口を求める時に会社《コーポレーション》の性格を比較したり、気安く倫理的な「気風」や人間関係の人間的な組織や目的や専門的卓越性の感覚や従業員に対する責任ある態度などについて調べない者がいるだろうか。そして会社《コーポレーション》に反対し利益という動機に対していやな顔をする聖職者が、自分の教会に属する若い女性や男性が「優良の」会社《コーポレーション》に入社することを喜ぶことは奇妙ではないだろうか。『ワード・アンド・ワールド』誌（一九八四年春）の特別号では、特にベビーブームの世代や黒人や、後に男性支配的な会社《コーポレーション》的資本主義に対して非常に批判的になった女性が、会社《コーポレーション》に参加することによって生ずる倫理的、霊的な従事、刺激、自己を越える伸張、忠誠、緊張について多くの執筆者たちが意見を述べている。人々が一流の会社で働く時に、規律ある労働倫理と利益の追求に解放を見出すように見うけられるという事実をわれわれはどのように説明するのであろうか。そして、特定の会社《コーポレーション》の内的な性格が歪められたり欠如した時に、その内的性格を認容することも改革することもできず、収入のかなりの減少を伴う場合ですら地位を変えたりまたは辞職する者を、教会の指導的な信徒たちのもっとも敏感な者たちの中に見出さないであろうか。時には「優良の」組合や会社《コーポレーション》の労働者や経営者が、最良の教会で働く牧師たちと同様の性格的・霊的・共同体的な経験を持つのではないだろうか。

問題はまだ残されている。今日の公的生活のこのような事実との関わりにおいてわれわれはどのような神学的方策を持ち出すのであろうか。そして会社《コーポレーション》における生活のためにはどのような形の霊性を養うべきであろうか。確かに、多くの者は会社《コーポレーション》での生活は不可避的に精神面で空虚であり、今日の会社《コーポレーション》は疎外化と非人間化が進んでいると論じられている。また、利益の獲得、市場の非人格的性、作り出された需要のメカニズム、そして最後にはマモンの礼拝に基づかねばならないので、会社《コーポレーション》は魂や霊性を持つことができないことは確かであるとも論じられている。しかしこの判断は、（教会的なものであり、自由都市や先行する慈善組織に由来するという）現代の会社《コーポレーション》のより深い歴史に忠実ではないし、教会員たちが会社《コーポレーション》で持つ経験に忠実でもない。

われわれはこの点について自己満足してはならない。実際多くの会社《コーポレーション》における生活の特徴は、ほとんど永続的な価値のない品物を生産し、それらを不公平に分配し、世界の再生不可能な資源を法外に大量に消費し、外国に存在する非常に搾取的な力と提携しているのだという時に、今日の会社《コーポレーション》を無批判的に賞賛すべきではない。そして、差別、狭量さ、卑しさの恐ろしい物語を、また経営者側からも労働者側からも語られる愚かな争いを忘れてはならない。われわれの目的は、単純に現代の神学と倫理学における死角、すなわち倫理的、霊的な現実となり得るものとしての会社《コーポレーション》の本性と性格とわれわれが取り組むことすらも妨げることのできる死角を克服することである。協同による生活は、空虚化し悪魔的にもなり得るが、しかしその生活の中には神学的に骨格のしっかりした霊性によって満たされ改革され得る中核があるであろうことを強調したい。

以上の通りであるならば、現代の会社《コーポレーション》にあらわれる生産の霊性の改革との関わりにおいて、神学の伝統からどのような方策を適用するべきであろうか。第二章で述べた公共神学《パブリック・セオロジー》の支配的な主題から、説教と教え、牧会的配慮、献身と奉仕を生産的会社《コーポレーション》の世界に伝達することのできる執事としての指導力の発展と対応点となるような五つのモティーフを列挙して本章を終えることにしたい。

①召命。アブラハムとモーセの召命から預言者たちと弟子たちの召命に至るまで、伝承の歴史における様々な先例を通して、個々の人間がある特定の目的に奉仕するべく神によって世界に置かれ、神の経済《ポリテイカル・エコノミー》の中で人類全体に仕えるように召命されたという概念は、深く鋭い洞察である。召命は単なる仕事や職業ではない。それは神から来るものであり、犠牲的な苦難や弟子となることや己を虚しくすることを要求するかもしれない。この概念は個人的な生活に関しての適用がもっとも重要であるが、社会的な側面も持っている。さらに、各々の制度はそれ自身の特有の召命を持っている。学校は真理と理解を求めるべきであり、病院は患者の治療と看護に専念する。オーケストラは音楽の演奏のためにある。協同的な努力としての会社《コーポレーション》が、その中にいる人々とともに、彼らのしていることをするようにとの召命を神から得ることは可能であろうか。これは、彼らが提供する特別な技術と製品（鉛管工事の供給、肉の包装、エネルギー資源など）によって人間共同体の物質的幸福に寄与しなければならないこと、そして利益を得る仕方によってそのようにしなければならないことを意味する。もしこのことが可能であれば、共通の会社《コーポレーション》的召命は生ける神の監視の下で、召命の遂行のための個人的な探究と同様の勤勉さによって行われなければならない。神のもとでの召命は、単に反応的であるだけでなく、先行作用的である。それは、悪い経済政策や会社《コーポレーション》の決断によって害を受けた者に仕えるのみではない。

それは経済的主導権のために魂をかたくなにし、倫理的なリスクをおかす意志を生み出すことさえある。しかし召命の感覚が現代の会《コーポレーション》社において、株主や経営や労働の中に再生されるべきであるならば、会《コーポレーション》社の経営の形が変わるかもしれない。このような事柄を強調することは、聖職者や神学者の責任である。政府の中で、労働組合の中で、ビジネススクールの中で、あるいは経済部門の中で誰がこれらのことについて語るであろうか。それはわれわれの責務である。これについては第九章で再び、より十分に取り上げたい。

②道徳律。今日ある集団では、道徳律について語ることは奇妙なことと思われている。そして多くの者は自己正当的に聞こえることを恐れて（それについて語る者がしばしばそのように聞こえるので）、それについて語ることを避ける。しかし、善と悪についての根本的な原則について明確に語るのに気が進まないという理由によって、人々は会《コーポレーション》社における生活において、一方では単なる合法性に満足し、他方では何にせよ戦略的で効果的なことに満足するようになる。このことは、どのような経済生活においても有効な構造の条件として満たされねばならない、人権の基本的な原則を見失わせることになった。会《コーポレーション》社は、特に南アフリカや発展途上国において、その活動が人権を促進するように注意しなければならない。そしてもしそうしないなら、教会や労働者の団体や反対政党や抑圧を受けている少数者が、その会《コーポレーション》社を変革するために協力しても驚くべきではない。

③解放。西洋においては、何百万もの中流階級の人々が彼らの経済的解放を、多くの者の予想に反して、会《コーポレーション》社での召命の規律のとれた協同的な共有に見出した。しかし、西洋の経済の底辺にいる多くの者たちはこの経験をもっていないし、世界中の多くの者たちは会《コーポレーション》社に抑圧されている。この問題の解決があるとすれば、それは各々の会《コーポレーション》社が今行なう長期計画と、その計画を実現するための中間的段階が、この計画は自由でない人々をも経済的に責任ある者の共同体に引き込む仕方で彼らを解放することに貢献するものかという問い

に対して答えられるということでなければならない。

④罪。あらゆる経済生活には何か悲劇的なものがある。生産のあらゆる行為は、創造の際人類に与えられた何らかの資源の破壊を含み、配分のあらゆるパターンは他の者を犠牲にしてある者が不均衡な利益を得ることを含み、あらゆる消費の行為は浪費を含む。さらに、これまでに発達した経済活動のあらゆる組織的な場は、ある者が他の者を支配することを含む。われわれ人間は、経済活動とその報酬の中に、また特別な種類の会社《コーポレーション》を中心とするものも含めた経済的秩序を築くことにわれわれの救済を見出すことができるとは、決して考えてはならない。多くの会社《コーポレーション》は、よくてトーテミズム的、悪くて偶像的なものに境界を接する一種の忠誠を生み出す。マモンを礼拝する傾向はわれわれすべてにあり、それは会社《コーポレーション》がマモンの神殿になることを容易に要求し得る。特に会社《コーポレーション》はある種の不死性となり、祭壇での人間の犠牲を要求し得るからである。この危険は、六日間労働すべきであるが、聖日を聖なるものとして維持するために覚えなければならないという戒律にすでに示されていた。生産におけるわれわれに必要な努力は、神への恒常的規則的な礼拝によって、規制され抑制されるのであるが、神はわれわれが決して生産できないものを創造し、人間のシステムでは分配できないものを分配し、明らかにわれわれがなすことが可能である分よりも少なく消費しようというわれわれの思いを受け入れる。

⑤契約。現代の経済《ポリティカル・エコノミー》に直面してわれわれは、他のドグマによって枠づけられ、会社《コーポレーション》の教会的根源と呼応する仕方において、会社《コーポレーション》にとっての契約的構造を理解しなければならない。そして、権力の政治的分配について学んだことを反映するパターンによって、経済的影響に構造を与えることを試みなければならない。

会社《コーポレーション》の形態の未来は、意志決定の民主化や権力の共有や世界中における会社《コーポレーション》の政策のガイドラインを定める際に労働者が参加することを確実に要求するであろう。(10) そしてこのことは、経済的権威の多元化と世界の低開発地域における会社《コーポレーション》の形成に対する政治的・社会的・倫理的な解放を意味するが、この状況は、左翼的資本主義も右翼的資本主義も現在のところ奨励してはいない。

これらの項目にさらに創造を加えることもできるであろう。現代の会社《コーポレーション》は、すでに論じた様々なことがらに加えて、自然の構造を変える現代技術の座でもある。従ってそれは、神の創造としての生物的物理的な宇宙にわれわれはどのように関係するかについて、多くの意味を持つ。これは次の章の論題としたい。

さらなる研究のための問い

会社《コーポレーション》が現代の経済生活の中心であるとの見方に基づいて、本章では会社《コーポレーション》は何らかの意味で倫理的で霊的な機関であるかどうかについて問うたのであった。

①家族による農園や商売から現代の会社《コーポレーション》における生活への転換において、個人による意味や召命の知覚はいかなる影響を受けたか。

②もし宗教が利得よりも犠牲を話題とするならば、どうして宗教機関が時折非常に裕福になるのか。この現象は教会と国家の分離、教会と商売の分離と関係するか。教会の資産をどう見るか。

③実践されている社会主義は常に資本主義も含んでいるというのは本当か。公共神学《パブリック・セオロジー》のどのような原則がこのことと関連しているか。

④経済理論において、生産に投入されるものとしては、土地、労働、資本、経営がある。これらをどのように用

いることが、結果として「生産の不正」となるか。「生産の不正」においてこれらはどのような役割を果たすか。

⑤経済的な事柄と会社《コーポレーション》の本質について多くの神学者や教会の指導者たちが混乱しているということに賛成するか。もし賛成するならばそのようであると考える理由は何か。

⑥ファンダメンタリストたちが、「伝統的家族」と放任的資本主義を保存することに興味を持つことと、彼らが支持する聖書の教えとは、どのような仕方で矛盾するか。

⑦会社《コーポレーション》と家族との分離と教会と国家との分離との間には何らかの類似関係があるか。それがあるべきか。

⑧会社《コーポレーション》の構造はどのような仕方で経済《ポリティカル・エコノミー》における教会の構造を反映しているか。これはどのような仕方で、教会の構造に対して緊張関係にあるか。

⑨利益は邪悪であるか。「利益の動機」は常に貪欲に基づいているか。経済機関が利益に関心をもつことは間違っているか。

⑩効率的に生産し、より多く市場を得ようとする西洋の資本主義の目標は、世界の不正を増やしたか。このような努力は会社《コーポレーション》の神学的理解と適合し得るか。

⑪「第三世界」の解放の神学者たちが資本主義と会社《コーポレーション》に対して非難を述べる時、彼らは西洋人たちと同じ事柄を見ているか。西洋の教会は宗教と経済《ポリティカル・エコノミー》の関係について彼らの考えに傾聴するべきか。この分野において、われわれは彼らに述べることができる「新植民地的」でない何らかの考えを持っているか。

⑫会社《コーポレーション》は「内的精神」あるいは「性格」を持っていると考えるか。会社《コーポレーション》の「魂」は自国と外国とにおいて再形成され得るか。もしそうであるなら、どのようにしてか。そうでないなら、われわれは何をするべきであ

るか。

⑬キリスト者と教会は現代の経済機関のスチュワードシップを引き受けるべきか、あるいは引き受けることができるか。牧師、会社《コーポレーション》の指導者、労働者は、生活の経済的な場面において何をすることを期待されているか。

(1) The Judeo-Christian Vision and the Modern Business Corporation, ed. Oliver Williams and John Houck (Notre Dame : University of Notre Dame Press, 1982).
またCorporations and the Common Good, ed. Robert Dickie and Leroy Rouner (Notre Dame : University of Notre Dame Press, 1986) とChristianity and Capitalism, ed. Bruce Grelle and David Krueger (Chicago : CSSR Press, 1986) を参照のこと。

(2) The National Conference of Catholic Bishops, Pastoral Letter on the Economy とThe Canadian Conference of Catholic Bishops, Economic Justice for All を参照のこと。

(3) 例えばR. K. Taylor, Economics and the Gospel (Philadelphia : United Church Press, 1973) ; J. P. Wogaman, The Great Economic Debate : An Ethical Analysis (Philadelphia : Westminster Press, 1982) ; Prentiss Pemberton and Daniel Finn, Toward a Christian Economic Ethic (Minneapolis : Winston Press, 1985) ; Douglas John Hall, Imaging God : Dominion as Stewardship (Grand Rapids : Eerdmans, 1986) を参照のこと。

(4) Benjamin Nelson, The Idea of Usury (Princeton : Princeton University Press, 1949) を参照のこと。

(5) H. S. Maine, Ancient Law (Oxford : Oxford University Press, 1888) とOtto Gierke, Natural Law and the Theory of Society (Boston : Beacon Press 1957) を参照のこと。

(6) G. P. Davis, The Corporation (New York : Harper, 1908) とMax Weber, Economy and Society : An Outline

of Interpretive Sociology, 3vols., ed. Guenther Roth and Claus Wittich, trans. E. Fischoff et al.（Totowa, N. J. : Bedminster Press, 1968）を参照のこと。

(7) Harlod Berman, Law and Revolution : The Formation of the Western Legal Tradition（Cambridge : Harvard University Press, 1983）と Brian Tierney, The Crisis of Church and State, 1050-1300（New York : The Free Press, 1964）を参照のこと。

(8) Weber, "The Protestant Sects and the Spirit of Capitalism," in From Max Weber, ed. Gerth and Mills（Oxford : Oxford University Press, 1947）, p.17.

(9) Otto Gierke, Political Theories of the Middle Ages（Boston : Beacon Press, 1959）のメイトランドによる序文と Gierke, Natural Law and the Theory of Society のE・バーカーによる序文を参照のこと

(10) William J. Everett, “Oikos : Convergence in Business Ethics,” Journal of Business Ethics 5（1986）: 313-25, Arthur Rich, Mitbestimmung in der Industrie（Zurich : Flamberg Verlag, 1973）; S. T. Bruyn, The Social Economy : People Transforming Modern Business（New York : John Wiley & Sons, 1977）, Terry Deal and Allan Kennedy, Corporate Cultures : The Rites and Rituals of Corporate Life（Reading, Mass, : Addison-Wesley, 1982）を参照のこと。

第八章　サクラメントとテクノロジー

この章にはいくつかのタイトルの可能性があると考え、「意識、コンピューター、そして核兵器」に決まりかけていた。このタイトルが有力だったのは、コンピューターと核兵器が現代のテクノロジーのもっともドラマティックな二つの形態のように思われるからである。というのは、これらのものによって、われわれの自然に対する考え、社会、人間の思考方法、そして自然への介入の程度が変わってきたからである。この二つの言葉が示している現象というのは、政治や現代の会社《コーポレーション》と同じように、宗教的な影響に服している領域のことである。もっとも、われわれがコンピューターと核兵器についての長期的な重要性を把握したのはごく最近のことなので、神学的にも倫理的にも、それらについてどのような態度をとり、どう考えるべきかということはまだ何も解決していないままでいることは確かである。全世界において、もはや後戻り不可能な仕方で進展するコンピューター化と核武装化に明白にあらわれている現代のテクノロジーについての発言は、とりあえずはみな暫定的なものにとどめなければならない。しかし、現代の経済《ポリティカル・エコノミー》のために、公共神学《パブリック・セオロジー》を神の言葉と世界のスチュワードシップの一部として発展させようとするならば、沈黙を守るわけにはいかない。そうでなくて、できるかぎりの発言してみなければならないのである。

聖徒たちの共同体としてのわれわれの先達たちの在り方は、積極的にも消極的にも今日のわれわれに影響を与えてきた。そして、現在われわれがこれらに基づいて人々の間に形成する道徳的、霊的証しの質によって、われわれはわれわれの将来を修正することができるのである。われわれは、テクノロジーが政治的生と現代テクノロジーの中心的本拠地である会社《コーポレーション》からどのような影響を受けているかということについてはかなりの程度意識しているのであるが、テクノロジーはすでにいくつかの点で組織化された宗教によって形成されているということについてはほとんど意識していない。また、次の章でわかるように、テクノロジーは新しい専門職によっても形成されている。さらに、テクノロジーもまた政治、経済、専門職に影響を与えているのである。――そこには聖職者も含まれており、それ故に神学と倫理のいくつかの側面にも影響を与えている。

テクノロジーは神学や倫理とほとんど関係しているようには思えない。むしろテクノロジーはしばしば、科学、技術、アートの三つの結合物として理解される。テクノロジーは技術、すなわち求められている目的を達成するために、すでにわかっているやり方を用いるような方法において始まる。どの文明も広範で多様な技術を自由に用い、それらは途方もない数にのぼる。アステカ族、古代エジプト人、またバビロニア人の成し遂げたことや、アフリカやアジアの文化は、現代人にとっても依然として驚きである。現代のテクノロジーを洗練された古代の技術と区別するのは、現代のテクノロジーが技術と科学に二つの点で関連しているからである。第一には、科学は、世界の存在とその働きを理解するために、技術を用いて、実験を照査する。科学の目的は信頼すべき、確かな知識を得ることなのである。第二には、テクノロジーは科学を用いて、その方法の相対的な効果を計る。そしてまた、所与のものとしての世界を変える意図的な、また意図的でない実際の結果を確認するのである。したがってテクノロジーにおいて、科学と技術とは互いに開発的な関係にあり、それぞれがその目的のために他方を利用するのである。科学を技術に適用することは、テクノロジーが自己批判の原理を適用するということを意味し、また、もし科学によって予想通りに意図した結果が出ないことや意図しない結果によって望まない結末を招くことが証明されるならば、テクノロジーはその手順を変更するということを意味している。したがって、テクノロジーは革新的である。そして、そこでなされる革新はどれも、テクノロジーによってその適用の対象に対してさらに合理的かつ意図的な支配が可能になることを証明するのである。

またあらゆるテクノロジーはアートをも必要とする。大工、漁師、陶器職人、石工、農夫、料理人、パン職人――彼らはみな、科学からますます影響を受けているテクニックを用いている。彼らが用いるようなより単純な形態においては、それは「技巧」(crafts) と呼ばれる。われわれは、技巧に長けた人々を褒め称え、巧みに作り上げられたものを賞賛する。人類学博物館には狩猟、収穫、農業の道具があり、それらによって世界の人々のスキルとアートの両方について多くを知ることができる。この形態の技術は人工物を作り出し、専門化した知識を必要とする。作られたものは、美しさと実用性の両方のために形づくられたり、装飾される。キルト、手編みのセーター、花瓶、道具、そして美しく丹念につくられた本棚について見る目のある人ならだれでも、それがどんなに手の込んだものであるかを知っている。このような人工物は人間の意識を表現しており、生物物理学的コスモスへの人間の介入を伴っている。それらは、創造において与えられたものの変容をあらわしている。有機的な園芸の技術でさえ、自然的なものを再整理し、多かれ少なかれ、科学とアートとともに用いられるのである。

自動車製造からロケットの発射、現代の農事産業である養鶏まで、現代のテクノロジーにはアートの構成要素も含まれているのである。新車やロケット発射、あるいは養鶏場を「美しい」と呼ぶことは非常識ではない。どのテクノロジーにも潜在的に美の創造がある。美学的、あるいは文化的次元は、常にテクノロジーにおける技術と科学とにより合わさっているのである。

テクノロジーに関連する重要な問題と、それを新しい方向で作ろうとする重要な問題の一つは、（これまで述べてきたことがほとんどそうであったように）テクノロジーに組織化のための特定の制度的中心がないことである。実際、テクノロジーの多くが事実上すべての社会的制度において役割を果たしているというのは、現代社会の驚くべき特徴である。現代の台所はテクノロジーの不思議が集まっている所である。教会組織は、地域的な集まりから国際的な事務局まで、コピー機、電子タイプライター、必要に応じて利用できる複雑な視聴覚設備の音でざわめいている。そして、政府の省庁、病院、大学に目を向けても、テクノロジーが普及しているのである。

テクノロジーは言語と似ており、言語と有効な比較が可能である。言語は制度であるが、特殊な慣用が多く、またサブカルチャーの環境のなかでは特定の使用がなされる。言語は単一の社会的位置をもっていない。さらに言語はテクノロジーのように社会的意識の変化を形成し、またそれによって言語が形成される。現代のテクノロジーは、われわれが祈る象徴、話す言語、心を動かすときの文化的・言語的経路を除けば、何よりも現代社会の存在を支える意味の構造と複雑に結びついている。われわれはテクノロジーへと社会化され、その特定の慣用によって、テクノロジーは言語のように社会の構造全体を変えるのである。

別の点でも、現代のテクノロジーはアートを必要とする。現代のテクノロジーが必要としているのは、大勢の人々の相互作用である。それは複雑なネットワークやチームにおける相互作用であることもあり、相互依存的なものでもある。しかし、人々はお互いを知らないであろうし、また知っていたらお互いを好まなかったかもしれないのである。二つの一般的形態のテクノロジーの利用に含まれているにちがいない人間の、あるいは社会的なアートについて少し考えてみよう。——それは新聞を読むことと、他の国の友人に電話をかけることである。これらの例が明らかにしているのは、この章と前の二つの章とを結び付けるような事実である。つまり、これらの行為のそれぞれに必要なのは、比較的開かれた政治的秩序と組み合わさった会社《コーポレーション》の協同の複雑なつながりであり、またそれぞれの会社《コーポレーション》が何千人もの人々と関わっているという事実である。それらの人々すべてから信頼できる協力を得るために必要とされるアートは、人間の管理においてめざましいテクノロジーを求めるのである。

どのテクノロジーも、生物物理学の領域と「自然的」社会的領域の両方の分裂、それら両方への介入、そして両方に対する人間の支配と関わっている。テクノロジーが作用した後は、生態上の秩序も社会的秩序もまったく同じではない。われわれの環境は発見したときのコスモスとは次第に異なり、エートスが形成され始める。テクノロジーはコスモスの意図的な変容に関わっている。つまり、テクノロジーの特別な技術が科学とアートの独特な関係のなかで発展するにつれて、テクノロジーによってエートスの形成が促進されるのである。この意味でテクノロジーはいずれの古代宗教によっても十分に認識されなかった。テクノロジーは次第に複雑な社会を可能にし、そしてまた、コスモスと新しいエートスの形成に対してさらにドラマティックに介入するという期待を伴う。テクノロジーは人間の意識に新しい必要性を据えるものである。

その逆もまた真である。テクノロジーはある特定の意識を必要とする。それは、もし技術や科学、あるいはアートの知識が貧弱ならば、使用されるテクノロジーや製品も劣っているということだけではない。それは、テクノロジーに携わるために、ともかく人々はあることを信じなければならないという事実でもある。宗教的、形而上学的見解からすれば、重要な変化を含む場合に、科学やアートの発展や、それらの技術への適用を抑制するものもある。また現代のテクノロジーの発展を招き、また促進させる信仰の形態もある。

テクノロジーの発展に対する信仰の影響について

現代的な意味でテクノロジーが唯一生じ得るのは、市民（あるいは決定的な階層）が自然を対象として信頼できると信じているところのみである。——そこでは自然の作用を支配する「法」の存在が主張される。そうでないところでは、自然の科学的探求は発展しない。たとえば、自然に精霊、魔物、あるいは先祖や神々の魂が宿ると信じられているところや、自然は完全に気まぐれであると信じられているところでは、科学は発展できない。このような状況では、非合理的な力を操作し、また自然にわずかな秩序をもたらすための技術は発展するかもしれない。そしてそれらは手のこんだアートを含むかもしれない。しかし、そのような技術はオカルトや魔術と密接に結び付いている。科学が唯一発展し得るのは、自然について確かなことがわかり得るという基本的概念のあるところである。なぜなら、自然を秩序立てられたものと推定し、また自然それ自体を操作できないほど神的なものとは考えないからである。

同時に、科学が変形力をもつ技術で使用されるのは、唯一、次のことが信じられている時のみである。それは生物物理学的、あるいは社会的領域で自然にあらわれているものが再秩序化を必要としているということが信じられている時のみである。というのは、たとえ合理的なものであっても、少なくとも部分的には混乱し、変化を受け入れるからである。自然の合理性への信仰は、必要であるが、テクノロジーの発生を必要とするある種の意識の基盤となる十分な前提ではない。閉じられた決定論のなかにあると考えられる世界は、科学的哲学者を生み出したとしても、テクノロジーは引き起こさない。世界を合理的なものとして考えるとともに、より高度な秩序の合理性によってさらに意図的に修正が加えられることを受け入れるものであると考えなければならないのである。本来的に見出せる自然の秩序や社会の秩序よりも根本的にさらに重要である形而上学的・道徳的実在や、自然的そしてエートス的・超越的アクチュアリティーを、参考の重要なポイントとして取り扱わなければならない。このアクチュアリティーによって、人間は自然の合理的様式を発見したことを正当なことと認められ、また生物物理学的コスモスとエートスとをともに変えるためにそれを使うことが認められるのである。人間に対して自然を本来のものではないものへと「料理」することを可能にし、また社会の変容のモデルをもたらすことを可能にする形而上学的・道徳的ヴィジョンが必要なのである。

自然を越えた形而上学的・道徳的ヴィジョンが存在しないならば、人間には二つの選択しかない。存在するように自然の様式に合わせるか、人間の精神、欲求、必要、欲望をうまくあらわし、それに応じてものを創るかである。その一方の結果は、「存在支配的」な自然崇拝であり、アーノルド・ヴァン・ルーヴァンは世界中のテクノロジーの衝撃に関する、彼の主要な研究においてこの言葉を用いた。[1] これについてのもっと一般的な見方は、フランケンシュタインの映画に見られる。この映画では、非自然的なやり方で生命を創ろうとする人間の努力が恐怖を世界にばらまいたのである。もう一つの選択の結果は人間中心主義である。これについては最近、ジェームズ・ガスタフスンが科学と神学との関係についての新しい研究で論述している。[2] この見解の背景には古代的「英雄」の考え方がある。それは具体的には、テクノロジーの象徴である火を神々から奪い取り、人間に与え、人間を天上と地上の主人としたプロメテウスである。

このような問題と取り組むとき、人間が常に直面してきたもっとも深遠な、そして致命的な問題のいくつかに関わっているということを認識すべきである。宇宙の特徴は何か。そして人間社会、人間の意識、そして神的実在はそれとどのような関係にあるのか。テクノロジーについてのあらゆる議論の背後にある神学的問題は次のようなものである。自然の合理性を越え、また人間の技術とアートの人工物を越えているが、自然を合理的とする概念に反してはいないような形而上学的・道徳的実在について、われわれ人間が確かな何かを知っているということは事実なのであろうか。もしそうならば、真の神性は――自然の一部ではなく――自然を越えるものであって、自然は世俗的であり神聖ではないということを主張するための根拠をわれわれはもっているのである。したがって、より高い権威のゆえに、またそれに一致して、自然に残っている合理性を慎重に使うことで自然は変えられるであろう。このような信仰が主張されないところでも、高度に洗練された技術の様式が発展し、自然に対する深い霊的な親和性が感じられ、あるいは人間の欲望を満足させるために自然をうまく操作する方法が開拓されるかもしれない。しかしこのような対応が出てくるのは、人間の生活を自然の主要かつ存在支配的な構造へとさらに完全に統合するためであるか、あるいは自由な意志をもっている人間が自分の想像力に従って自分自身の世界を創造しようと望み、またそれが可能であるが故かのどちらかなのである。

自然を超えるもの、あるいは自然を越える方が自然の再秩序化を認めるという信仰を欠いて、現代の形態においてテクノロジーが発展したり拡大できるとは考えられない。自然とは受動的に受容して、単純にその本来のリズムや様式に合わせなければならないものではなく、意識的な行動によって再び配列しなおすことができ、またおそらくはそうすべきものであるということを信じなければならない。決定的な問題は、その行動が好みや想像力、そしておそらく直接的な物質的利害以上の何かによって支配されているかどうかなのである。

創造主なる神を語るこれらの宗教は、すでにこの点について重要な決定を下した。つまり、礼拝に値する唯一の実在は自然以上の方であり、自然とは異なるが、自然の権威者であるという確信に至ったのである。したがって自然に合理的秩序があるのは、自然の固有な特質の故ではなく、それを創る者の責任による。このような宗教は原理的には現代科学に好意的であり、現代科学を受け入れる。さらに、これらの宗教では、自然はその創造者に従属している実在である。それ故に、自然は絶対的ではなく、われわれの存在のための基本的な導き手でもない。自然は創造物であり、われわれは、創造それ自体の基準ではなく創造主の基準の下で創造の賜物に関わっているのである。キリスト教の伝統、とくにプロテスタントの形態においては、この概念が強調されてきた。そしてそれは、自然がまた「堕落」しており、それゆえ自然は意図されていたものになるために、再び秩序化されなければならないと主張することで、自然と創造とを区別するのである。転換（回心）、変容、そして再秩序化はすべての自然的なものにとって可能であるばかりではなく、道徳的にも霊的にも必要なのである。この主張には、あり得るさまざまな種類の意識について深い含蓄がある。というのは、それが本当ならば、科学は深遠な宗教と両立するだけでなく、そのことによって意図的にテクノロジカルな変容が求められることになるからである。

しかし、この考えには多くの抵抗がある。今日、倫理学、心理学、社会学、そして多くの神学で（プロセス神学、経験的神学、エコロジカル神学、そしてフェミニスト神学の多くで）純粋に内在的な世界観が再び強調されている。それは「自然的」なものの変容——文化的に固有な宗教から他の宗教への回心、伝統的な社会を現代的に変容すること、かつては畑と森があった都市の発展、われわれには本来関わりのない人たちへの忠誠心の発展、「自然的」感覚の抑制——を自然の冒瀆としてみる。この見解によると、現代のテクノロジーのルーツは現代的意識の根本的な誤りにある。つまり、われわれは超越的な神と堕落した世界を信じすぎているのである。それ故に、われわれは自然を操作したり支配するように許されている、あるいは委任されているとさえ思わせる二元論を採用したくなるのだというのである。これにかわって、われわれは、われわれの存在の自然的創造性や層の厚い有機的関係に再度出会うべきであり、全体論的な共産主義的生の存在論的な様式を再発見すべきであるということになる。このような強調を促す見解の多くは、現代のテクノロジーを操作的かつ尊大かつ帝国主義的なものとして、そして「真の」生を破壊するものとして、それに反対するのである。(3)

同時に、他の形態の倫理学、心理学、社会理論、そして（実存的、政治的、そして急進的な）神学では、社会変化に関する増大した人間の計画を求め、人間の能力を自由に強制されずに使うことを求める。そしてその能力によって、われわれは「固定化した」「自然的」あるいは超越的な強制の下におかれているという「旧式」の概念に関係なく、われわれ自身の将来を決断し、われわれ自身の現実に名前をつけ、われわれ自身の将来を思い描く。つまり人間の創造性が参考の中心点なのである。それ故に、人間が前もって与えられている「自然法」に合わせなければならないという考えは、抑圧と圧制をもたらすことになる。この見解では、現代のテクノロジーの失敗の原因を存在論の冒瀆の中には見出せないのである。失敗の原因は、科学に基盤をおいた驚異的な新しいテクニックから何ができるか思いきってやってみるという勇気、想像力、意欲の喪失においてである。(4)

現代文明と現代神学はこれらの問題について混乱している。われわれの多くは、さまざまな議論を前にすると自分の基盤を移行させてしまう。しかし結局は、創造主である神について語ることを根本的に真理であると信じるかどうか、また人間の本性と「自然的」社会的配列を含む、創造された秩序が堕落していると信じるかどうかについて、公に決断をしなければならない。そしてそれらが妥当な真理の主張であると考えるならば、良心にかけて公共的な分野でそれを擁護しなければならない。それは、存在支配と独創主義の両方に対してなされ、またフランケンシュタインを恐れる人と、完全な人間中心主義者の両方に対してなされる。しかしまた、これらの見解を包括することで、テクノロジーの使用による世界のさらなる意図的変容が進むと認識するのである。またこのことは、われわれわれの前にある主な仕事が、テクノロジーを導き、起り得る誤使用を抑制する目的、原理、制度を同定する試みであるということを意味している。われわれは、ある状況の下、堕落した自然を正しく再秩序化する行為者となるために神に召された者として、科学とアートを技術に適用し、コスモスやエートスに介入できるようにされるのである。

ここで神学的に危機に直面している問題とは、人間が世界の「自然的」構造に介入するためにテクノロジーを利用することが神によって正当と認められるかどうか、介入はどのくらいがふさわしいのか、道徳的にも霊的にもテクノロジーの使用に適しているのはどんな目的か、このような問題についての善悪の判断にどんな原理を用いるべきか、という問題である。どのようにこれらの問題を神学的、倫理的、実際的に区別するかは、世界のかなりの部分に対して意義ある事柄である。おもな選択についてもっと詳しく見てみよう。

一世代前にアーノルド・ヴァン・ルーヴァンが論じたように、近代科学に基づいたテクノロジーは、普遍的に真理である神と人間とコスモスの関係を前提としている点で、ユダヤ・キリスト教の産物である。今日のテクノロジーは地表を変化させ、またあらゆるところで採用されており、テクノロジーを採用する文化や文明はどれも（意図的であってもなくても）意識の変容を経ている。実際、ヴァン・ルーヴァンの議論によれば、テクノロジーは、純粋に全世界的な信仰のための基盤も築いている新しい形態の福音主義である。テクノロジーを採用する人はだれでも、それが依拠している基盤を究極的には採用しなければならない。したがってテクノロジーは、かつては運命とみなされていたものを変える新しい機会とともに、意識の根本的変化をもたらす一種の隠れた天使として機能する。テクノロジーを十分に採用することは、創造、創造の堕落、そしてついには創造主についての新しい意識を必要とする。その創造主は道徳的抑制の下で、すべての人間の利益のために、特別な方法で自然の再秩序化を正しいと認めるのである。[5] この見解によれば、現代の共産主義の中にある科学とテクノロジーへの熱狂は、信心深い信仰の世俗化した形である。そしてそれは時機を得て、アジアとラテン・アメリカの古代の存在支配的な文明を砕き、弱めているのである。しかし、それがもたらした変容では文明の再構築はできず、ただ破壊すべきものを破壊するにすぎないだろう。もし再構築がおこなわれるのならば、共産主義は神学的前提の異端的形態を提示するだけなので、もっと深い神学的前提が求められるべきであろう。

また今日なされているように、実際にある伝統が暗黙のうちに普遍的なもの、しかし否定的な意味で普遍的なものを創り出してきたと論ずることもできる。この見解が主張するのは、現代のテクノロジーはユダヤ・キリスト教の前提に由来してきたかもしれないが、今では神学的考察へのいかなる定着も失われているということである。現代のテクノロジーはまったく自律的で、新しい一種の堕落した天使であり、それはデモーニックなもので、人間あるいは神の統治から離れているのである。この見解では、テクノロジーは科学的に権限を与えられたテクニックであり、われわれに世界の支配権を約束するものの、神と道徳的責任から容赦なく遠くに引き離すことによって、われわれを非人間化させるのである。現代のテクノロジーは古い自然的必要性の前では自由をもたらすように見えるが、実際は自然の合理性、人間の自由、そして創造主なる神を念頭においていない。そして長い目で見れば、テクノロジーはその創造者を破壊するのである。われわれは技術に自信をもつかわりに、啓示によってのみ知られる、神の自由な意志への絶対的な信頼に戻る必要がある。ジャック・エリュールは、その有名な著書『技術社会』でこのような告発をしている。[6]

ルーヴァンの方法のように楽観的でもなく、またエリュールのように悲観的でもなく、支持された神学的方法でこれらの問題を取り上げている、数少ない現代のエキュメニカルな学者のひとりは、ロジャー・シンである。今日の牧師は、彼の著書『強いられた選択』を読むべきである。彼がさまざまなニュアンスを含ませ、読みやすくしてあらわしているのは、全世界が今や、水の供給、土地の浸食、人口爆発、食糧の供給、エネルギー、そして核戦争の領域で重大な諸問題に直面しているということである。これらの問題はすべて現代のテクノロジーによって悪化しているが、また逆にテクノロジーを積極的に使用しなければそのどれにも取り組めないのである。テクノロジーが人間に、その前では人間が無力になってしまう、技術的で自律的なテクノロジーの力の発展を信じさせることは決してないし、またそれが純粋に信心深い力のあらわれであって、少しばかり偽装しているものの、変わらざる祝福であると主張させることもないのである。(7)

ルーヴァンとエリュールはそれぞれ違う方向をとっているが、二人ともあまりにも極端に単純化してテクノロジーについて論じている。テクノロジーはルーヴァンが主張するように天使のようなものでもなければ、またエリュールが強調するようにデモーニックなものでもない。テクノロジーという新しい星座は、膨大な数の新しい問題と危機をともにもたらすのである。それはまるで、どの言語の使用も意味を表すと同時に意味を不明瞭にするのと同様である。一例としては、医学的テクノロジーの功罪がある。このテクノロジーは何百万もの生命を救う。――しかしまた、これは世界人口の危機に大いに力を貸している要因でもある。運輸のテクノロジーはもうひとつの例を提供する。すなわち、現在の運輸の形態によってわれわれは世界中のどこへでも行けるが、同時に、地球という惑星が汚染される脅威にさらされるのである。

核兵器とコンピューター――明らかにされるテクノロジーの曖昧性

現代のテクノロジーの二つのもっともドラマティックな創造ほど、テクノロジーの両義性を明らかにしているものはない。その二つとは、核兵器とコンピューターである。両方ともハイテク社会の産物である。それぞれはわれわれの意識にまで浸透し、われわれがどんな世界に生きることを望むか、そしてどんな世界に生きるべきかという新しい問題を提起せざるを得なくなっている。たとえ、それらの発展の破壊的な潜在的可能性を抑制し、その建設的な潜在的可能性を見出すことができるとしても。われわれはどちらの可能性にしても、その立場でずっと進んで行くものではない。ただ、核兵器は恐怖の均衡を維持し、相互に確実な破壊を提示するという道徳的にはひどい機能をもっているものの、それによって、競合的な世界が自分の生活様式を他者に尊大に強要することは倫理的に押さえられているのかも知れないのである。核兵器によってプロメテウス的なテクノロジーの絶対化というもっとも致命的な形態が生じる一方で、同時に交渉による緊張緩和が求められるのである。しかし、われわれが意識の深いところで知っており、映画やテレビという現代のテクノロジー化されたアートにおける描写で見ており、そして科学者やテクノロジーについてのレポーター――「核の冬」の預言者であるカール・セイガンから『地球の運命』の著者ジョナサン・シェルにいたるまで――から聞いているのは、恐怖の均衡がまさに崩れるということである。交渉による緊張の縮小ではなく、核兵器の拡大競争がわれわれの運命なのである。われわれは、人間のみならず地上のすべての生命を全滅させる、核による大惨事に直面しかねない。このことは、人間の将来の消滅だけではなく、既知のどの形態でも生命それ自体の将来の消滅でもあるということを意味している。核兵器という形態の現代テクノロジーは宇宙的介入を引き起こし、それから見れば、ホロコーストは子どもの遊びのように見えてしまうであろう。

ゴードン・カウフマンは今日の傑出した神学者の一人で、メノナイトの背景をもつ人だが、彼は一九八二年のアメリカ宗教学会の主題講演でこの点について考察した。のちに、彼はイギリスでの一連の講義においてその考えを展開させた。彼の議論によれば、西洋の宗教的伝統——古代のヘブライの文書において、そしてキリスト教文書を通して——が深く根ざしているのは、神による最後の審判への期待、歴史の完成、破壊が最終的な未来の前兆となる主の日である。そしてこの伝統においては、このような予想はつねに希望、つまり恐ろしい時は究極的な救済の展望もたらすという考え、すなわちそのときには神が悪や邪悪、そして不正に究極的かつ最終的に勝利するという考えによって修正されてきたのである。カウフマンは核による大破滅がそのなかに位置付けられているかを問う。しかし彼はそのように考えているわけではない。彼は極端なファンダメンタリストに対して鋭く批判的である。と言うのも、極端なファンダメンタリストらはこの展望を「歴史に対する神の支配の究極的あらわれ」とみなし、ハルマゲドンに備えるべきであると論ずるからである。またカウフマンは、「神の摂理の導きによってわれわれが核のホロコーストで滅亡することはない」と単純に主張する人々に対しても同様に批判的である。(8)

カウフマンが指摘するのは、核のテクノロジーによってわれわれが究極的な限界の問題に直面させられているということである。つまりその問題は、自分自身の死や愛する者の死という意味でつねに個人的に直面しなければならなかった問題であるが、今や規模が大きくなり、信仰の究極的な問題をすべて公的な争点として表面化させるほどになっているのである。たとえば、われわれはパウロの「……どんな被造物もわたしたちのキリスト・イエスにおける神の愛から、わたしたちを引き離すことはできない」という確信を信じ続けることができるだろうか。あるいは核による破壊の脅威はこの約束を無効にするのだろうか。

カウフマンは、すべてをゼロから考え直すべきだと主張し、まったく新しい状況にわれわれがいるということを強調しすぎているだろうし、実際、多くの点で彼がこの問題を確信しているとは思えない。しかし、彼は牧会的かつ公共神学《パブリック・セオロジー》的な問題を力強くはっきりとあらわしている。では、この問題についてどの視点から取り組めばよいだろうか。生と死、非存在、空虚、そして現代のテクノロジーへの鍵となる例証の一つによってもたらされる破壊についてどう言うべきであろうか。

それは単に、人々の生存への感覚に訴えるためではない。単なる生存が訴えの主要点であると、平和の努力のために人々を集結させようとするすべての努力は、なかなか進展しないものである。もちろん、われわれはみな生存を望んでいる。しかしそれはもっとも深遠な問題ではない。人々がより深いレベルで（それを十分には自覚していないであろうが）知りたいと願い、また知る必要があるのは、意味についてのことであり、生と死の意味、その終わりと目的についてである。あるいはわれわれは、われわれの文化的構造、文明的基盤、われわれの意識でもある、輝かしいテクノロジーにおいて善悪がどれほど混合し、また混乱しているかということについて知りたいと願い、また知る必要がある。われわれはこの問題について公共神学《パブリック・セオロジー》の問題として発言し得るまで、沈黙しているほうがよいだろう。われわれの多くは大抵そうしている。しかし語らなければ、独創主義やテクノロジーをデモーニックにする人、テクノロジーの宣伝者、あるいはハルマゲドンを待つ人が勝手に働いて人々の意識を形成してしまうだろう。

わたし自身の見解では、われわれが今おかれている状況は歴史があるかぎり続くだろう。そして、その状況のなかでわれわれは核の破壊という展望とともに生きなければならないし、それ故に新たな緊急性を伴った善悪の究極的な問題に常に直面しなければならない。われわれがもう一度、核による破壊という可能性をもたないテクノロジーの社会に生きられるとは思わない。たとえ現在ある兵器をすべて解体し、新兵器を作成しないように合意に達したとしても、それらを作る能力はすでに現代性という織物に織り込まれており、世界中に広まっているのである。そのノウハウは、科学者の知性、図書館、コンピューター、実験記録、そして軍事機密のタイムカプセルのなかにある。この知識を削除するには、洗脳や焚書、そして科学、エンジニアリング、テクノロジーの徹底的な統制を行うしかない。思想に対する全体主義的統制のみが再構築の見込みを制限できる。周知のように、ある集団にこのようなパージを始めさせるためには、その集団に全体主義的権威を与えなければならない。そしてそのような集団はまず核兵器を求めるのであろう。たとえ核と引き換えたものが、何ものも破壊せず、ただ石器時代に戻らせるだけのものだとしても、人は核兵器についての知識をもつ生存者を期待するのである。そしてそういう人がいなければ、タイムカプセルが開かれ、内容が判読されるであろう。したがって核爆弾とともに生きるという展望が戻ってくるのである。しかし、もっと恐ろしいのは、核兵器を作るノウハウがあってもなくても、われわれ人間は堕落した人種として常にそのノウハウを欲するということである。

　ではわれわれはどう言うべきであろうか。このようなおそろしい見通しを扱うためには公共神学《パブリック・セオロジー》はどのようになるだろうか。短く言えば、それはサクラメントの意味の回復と関係がある。しかし今は、テクノロジーの第二の偉大なる顕示、すなわちコンピューターについて簡潔に触れなければならない。

　ジョセフ・ヴィーゼンバウムは、コンピューターによって作られたといわれる人口知能というテクノロジーにおいて、この国の指導的科学者の一人であり、また反核運動に積極的な科学者の一人でもある。彼の理解によれば、科学、アート、技術の基本的な結合は核兵器を作り出すとともに、コンピューターをも作り出した。彼の主張では、両方とも危険であり、コンピューターが危険なのは、つねに直線的、論理的に、そして規定通りに操作されて作動するからである。より深刻にこれを受け止めるならば、現実に対するこのような見方は、現代の文化について、純粋に手段としての、また実際的、功利的次元を補強するものである。これを生と意味の模範とするならば、人間、全世界、文明について平坦な一次元的見解を引き出すことになる。そして生のもっとも重要なこと、「知ってはいるが語れない」ことを見失いがちになる。──それは、恋愛が意味するものに似ているものである。(9)

しかしヴィーゼンバウムを正しいとは思わない者もいる。コンピューターと人間の精神についての草分け的書物である『第二の自己』の著者であるシェリー・トゥルキーは、心理学的、社会学的方法を拡大して用い、人間がコンピューターにいかに関わり、その経験が人間の意識や現実の認知をどのように特徴付けるかということを調査した。トゥルキーは経験的な調査に思慮深い哲学的な洞察を加えている。コンピューターに初めて触れた子どもの態度や、理論家の考察、「ハッカー」という増大しつつあるサブカルチャーの人々と一般の利用者の両方の反応から彼女が示すのは、コンピューターによってある種の意識がもたらされ、その意識は心理分析や人類学から継承してきた概念の多くを刷新するであろうということである。彼女の見解には次のような洞察がある。「コンピューターについて重要なのは、プロセスを具現化し、規則の順序を明確に指定する機械の能力である。……そして、機械の核心をロジックの行使として考えることで、人間はまたコンピューターを知性として考えるようになる」。しかし、もしそれを強調するならば、コンピューターが実際には知性ではなく、また真の知能でもないのは、だれでも知っており、またただれでも認めている。ある評者がトゥルキーについて述べているように、「コンピューターはプログラムされているが、人間はそうではない。……［コンピューターは］プログラムされたことをするだけで、それ以上のこともそれ以下のこともしない」。人間と実際の知性はそうではない。コンピューターには魂も精神もないのである。[10]

それにもかかわらず、非常に複雑なコンピューターシステムの操作について考察する人々は、例外的なロジックを作りだす、かなり変わった種類のプログラミングについて語る。――それは、ある解説者が「社会」と呼んだものの論理である。それは、「多種多様で同時に相互作用が起こるプログラム」[11]の、動的で、秩序付けられてはいるが、予測できない相互作用であるという意味で「社会」なのである。この種の「社会」はある種の意識をもっているようにみえる。それはコンピューターの歴史の初期に、ノーヴァート・ヴィーナーが彼の著書『神とゴーレム的な企業』[12]で神学的考察を行ったものであり、またそれは若き「ハッカー」たちが機械のなかの一種の「魂」として考えたものなのである。トゥルキーが指摘するように、「彼らは、知性をつくる知性という概念に夢中になり、そしてその知性を世界的システムに同化させるという意識に没頭している。……彼らは核兵器とはまったく違う方法で知性と知性でないものとの間、そして生命と生命でないものとの間の境界に位置しているため、コンピューターは知性の本質と生命の本質についての考察に刺激を与えるのである」[13]。

自己を非常に複雑でつねに変化するロジックの複合作とし、それが新しい知性形成の可能性さえつくると考え始める人もいれば、その一方で社会それ自体を多種多様なロジックからなる複雑なシステムとして理解する傾向の人もおり、そのようなシステムでは部分が再びプログラムされ、他の部分にフィードバックし、相互作用の新しいモデルの構築において常に互いに修正するのである。社会に関わる創造と、システム内の部分の絶え間ない再創造は新しいテクニックとなる。――それは部分的にスキルであり、部分的にはアートであり、また部分的に科学である。そして部分的に変容した意識である。――そしてそれをわれわれは科学的には理解できないし、技術的に完全に統制することもできない。

もしそうならば、ノーヴァート・ヴィーナーの考察を非常に真剣に取り上げることは不合理なことではないだろう。人工頭脳研究の創始者として、彼があらわすのは、低エネルギーシステムは高レベル（実に抽象的なレベル）の原理と目的を伴えば、高エネルギーで低レベルのシステムとその方向性の欠如を統制することは可能だが、低レベルのシステムのロジックは、高レベルのシステムを機能させる能力を形成し、またそれを制限するということである。単純な例は路上の運転手のそれである。運転手の脳のわずかな部分が眼の筋肉組織を統制する。そしてそれは路上のものを認めると、アクセルとブレーキを統制する足のより大きな筋肉に指令を送り、今度はその足が高速道路を疾走する数千ポンドの機械を統制するのである。この例の重要な点は、眼がいかに正確に実体を知覚するかということであり、また知覚された情報がいかにうまく解釈され、自動車の構造を統制する他のより大きな筋肉の集まりといかにうまく連携するかということである。それぞれの部分の「ロジック」は全体の行為に影響を与えるのである。

ヴィーナーが示すように、さらに重要なのは、もっとも高度なレベルのロジックが多くの点でもっとも力が弱いのであるが、しかし全体にとってはもっとも重要だということである。この理解を「社会的精神」の理解に移すと、われわれは次のような問題に直面していることに気づく。それは、いかなる意味の基本的ロジックと、いかなる支配的な原理と目的が、自己統制のメカニズムをもたないより大きなエネルギーのシステムと相互に作用し、それと調和しているかという問題である。われわれは神学的問題に直面している。もっとも高度なレベルで、われわれの形而上学的・道徳的ヴィジョンのロジックは決定的であり、そのレベルが物質的なシステムに関わる方法は、神秘的な何かであるとともに、テクノロジー文明の軌道にとって決定的な何かでもある。

これらの考察がわれわれに意味するのは、教会は、高レベルの「抽象的」象徴、知覚、そして解釈と指導というダイナミックなロジックの、比較的低いエネルギーシステムとしてしか描くことのできないものに関わっているが、システム全体の運命をプログラムすることが多いということである。――そしてそのことは無意識に、考察以前になされているのである。前に、核兵器の問題へのわれわれの対応はサクラメントに関わるだろうと示唆した。この示唆から、現代のテクノロジーのもう一つの主要な象徴であるコンピューターが、抽象というもっとも高度なレベルへの神学的アプローチを必要としていることを論じてきた。そしてそのレベルは「社会的精神」に関係している。

さて再び公共神学《パブリック・セオロジー》の概念に触れて、これらの二つの概念を結び付けたいと思う。そしてその一部が示しているのは、サクラメント、そして、儀式の重要性である。

テクノロジー社会におけるサクラメントの象徴

宗教では、サクラメントは技術のおもな形態である。――それは、意味のもっとも抽象的な論理と物質世界の実体との間のもっとも深遠なつながりを象徴化するスキルとアートである。さらに、サクラメントとより重要な儀式が執行されるのは、われわれが将来を知らず、生と、意味の新しい社会に導かれるか、あるいは死と、意味の破壊に至るかわからない時である。キリスト者が確証はないが希望をもって洗礼を受けるのは、状態の身体的変化（誕生あるいは成人期）、社会的身分の変更（信仰共同体への参加）、そして不安定な将来に対して態度が変わったことを表明するためである。――そしてわれわれは、新しい原理、より開かれた他者への関心、神へのさらに深い忠誠心によって特徴づけられた方向に向うように祈るのである。

もう一つの重要なサクラメントである聖餐は特に、この世で真の将来の確証がほとんどない時でさえ包括的な終末論的祝宴を待望している。そこでは、アートとテクニックによってパンとぶどう酒に変えられた自然の産物を扱い、そしてそれらを終末論的意味と社会的一致の象徴に変えるのである。たとえ、すべてが十分に満たされ共有し合える時が歴史的に来るという経験的証拠が不確かであったとしてもである。それにもかかわらず、このようなサクラメントの行為においてわれわれが主張するのは、形而上学的・道徳的意味が生とわれわれの相互作用の様式とを究極的に支配し、導くということであり、あらかじめ現時点でその究極的な意味が象徴的に行われるという特徴を十分知っているということである。われわれは、将来がどうなろうとも、何世紀も続いてきたあらゆる国々の聖徒たちの共同体と一致してサクラメントに預かり、またわれわれの多様な論理が何であろうとも、彼らとともに共通の「社会的精神」の形成に努めようとすると断言する。われわれ自身は聖徒にふさわしくないが、これらの行為によって、地球全体に対して証しする献身者の共同体に入ることを誓っているのである。そしてわれわれはそのような象徴的な行為に参加している。なぜなら、物理的に基礎付けられた経験のなかで、究極的な意味のための究極的な基盤であるものを人間は知ることができると信じ、これによってわれわれの状況——肉体、時間、収入、エネルギー、意志、そして世界——が物質的に変更され、またそのような変更を必要とするということをわれわれは知っているからである。われわれは肉体や共同体や精神を養うところに加わらなければならない。

わたしの知るところでは、現代の神学の偉大な創始者たちのなかで、サクラメント的な方法で経済《ポリティカル・エコノミー》の公的問題に取り組んだ人は誰もいない。ファンダメンタリストたちはサクラメントに懐疑的であり、多くの福音主義者は無視している。そしてエキュメニカルなプロテスタント思想の多くはこの問題を恩着せがましく「実践神学」へと追いやっている。カトリックのサクラメントについての神学のかなりの部分は、祭司的実践の律法主義的構造に焦点をあてているようにみえる。そして東方教会のサクラメントの思想は、好古趣味的な様式（antiquarian modes）に覆い隠されたままになっていて、サクラメントに深く関わっている多くの人は、現代に特有の問題のためにサクラメントの意味合いを説明しようとはしないのである。テクノロジーと結びついた生に対する非キリスト教的宗教の儀式と礼典の潜在的な意味については、さらに注意が払われていない。なぜなら、その多くは存在中心的な前提にあまりに深く関連しているために、テクノロジーとの結び付きがほとんどないからである。

もちろん、さまざまな市民宗教の儀式と式典には強力なテクノロジーの要素があるが、それらはほとんど軍の祝典に関係していることが多い。市民の休日は軍のパレードで際立ち、国の指導者たちは二一発の礼砲で敬意を表され、あらゆる国のもっとも神聖な記念碑の多くが戦争の指導者や戦没者たちのためのものである。国民国家を含むあらゆる社会的結合には、一致と集団の意識を養うために、祝典的な時と祝祭が必要である。しかし、市民宗教の「サクラメント」は、敵を愛するように促す全世界的かつ倫理的な社会的意識に賛成するというよりも、核兵器に賛成する精神性を養っているようにみえる。

キリスト教のサクラメント的な考えには、必要なものを与える潜在的なものがあると言い得るだろう――まさにその形而上学的、道徳的、社会的、そして宇宙的内容のゆえに――。公共神学《パブリック・セオロジー》の源泉は潜在的に巨大である。しかし、そのような考えに含まれている多種多様なレベルの意味が、技術と、科学やアート、そして社会形態との関係の基本的問題に直面して、区別され、改良されなければ、現代のテクノロジーの発展にもっとも接近している人たちでさえ、「神秘的なもの」が何であるか推し量ることはできない。

キリスト教のもっとも良いサクラメンタルな思想に含まれているものの深い意味が読み解かれ、経済《ポリティカル・エコノミー》の問題と、とくにテクノロジーの問題について具体的な言及がなされることが望まれている。おそらく、自然、社会、「共通の精神」（common mind）、そして人間の将来についてのサクラメンタルな理解を回復し、作りなおすことが、今日の主要な課題の一つになるにちがいない。サクラメントの思想には常に創造についての高度な理解がある。しかし、そこにはまた、手の加えられていない形態の自然（と人間の本性）は十分ではないという認識もある。生物物理学的な実体を注意深く、また責任をもって変容させることが――化体説さえも――求められている。洗礼と聖餐についてのエキュメニカルな新しい共同研究は期待できるが[14]、より広い意味合いはまだ明らかにされていない。

聖餐において、地上の果実が人間の手によって変えられ、そこで生けるキリストと出会い、そしてそれは聖なる配慮をもって扱われる。そして、真剣に自分の罪を悔い、霊的、物理的に養われる必要があることを知っている人々全員がそれを分かち合うのである。この共有は、神が人間の定めとして望んでいる、寛大な相互関係の祝宴を先取りしている。そしてそれは次のような方法のための神学的パラダイムである。すなわち、より高度な目的と論理に従って、技術、科学、アートの一体化した統合が自然に介入し、自然を再統合し、その過程のなかで多種多様の思想の様式を、さまざまな論理を理解し統合する一貫した意味と目的のダイナミックな社会へと組み入れるのである。サクラメントの行為の豊かな重要性が説明され、現代のテクノロジー社会で生き生きとした現実となれば、われわれの神の言葉のスチュワードシップは、儀式的な振舞いと典礼的様式において肉づけされるだけではない。それはまさに直接的なデモクラシーにおいて、また次のような持続的なテクノロジー文明において公的に具現化される。すなわち、それは核兵器の使用の誘惑に抵抗することができ、人工知能を偶像崇拝するよりも、背後に位置する知的存在を求め、信頼し、敬う文明である。

さらなる研究のための問い

この章で指摘されているように、テクノロジーは社会変化への重要な要因である。それは新しい約束と新しい危険をもたらす。それによってわれわれの政治的、経済的制度は新しい形になったり、また自然との関係に再び戻されたりする。

①テクノロジーは「わざ」とどのように異なるか。また科学やアート（art）とはどのように異なるか。

②「科学は『自然法』を発見する試みである」という言葉についてはどう考えるか。もし自然が必然的な形の因果関係によって働いているとすると、人間の自由についてはどのように考えるべきか。自然的様式を変えるためにどのようにテクノロジーを発展させられるか。

③テクノロジーが始まると、それは他の何よりも優勢になる傾向を持つものなのか。あなたは現代のテクノロジーを恐ろしいと考えるか、それとも希望に満ちていると考えるか。医学におけるテクノロジーの役割をどう評価するか。宇宙開発についてはどうか。テクノロジーは生を非人間化すると思うか。テクノロジーは生をより人間的にするか。

④テクノロジーの変化は、われわれの倫理や神学を変えるか。神学と倫理における発展はテクノロジーを変えるか。

⑤テクノロジーの創造は天職《ベルーフ》の原理をどのように反映しているか。

⑥古代のもっとも進んだ文明（エジプトやインドなどの文明）の多くは、現代的な意味での「第三世界」ではな

い。宗教的信仰は時を超え、社会的、政治的、テクノロジー的、そして経済的変化の様式にどのように影響を及ぼしてきたか。

⑦「自然」は「堕落」していると思うか。ある意味、「堕落の程度が小さい」方法で事物の再秩序化が可能であり、またそうしなければならないと考えるか。

⑧あるテクノロジーの長所が他よりも優っていると判断する基準は何か。

⑨核兵器による人類全滅の恐れは信仰をも危機にさらすか。この危機に対して神学はどのように対応すべきか。

⑩コンピューターとその他の類似したコミュニケーションのテクノロジーには何らかの社会的、倫理的、精神的意味があるか。

⑪サクラメントが現代のテクノロジー化した経済《ポリティカル・エコノミー》のスチュワードシップに対して意味を持つということに賛成するか。サクラメントの意味について教えられたことは何か。子どもにサクラメントについて何を学んでほしいか。

⑫あなたの伝統では洗礼の意味は何か。今日、公共神学《パブリック・セオロジー》のために説明され得る、また説明されるべき意味が他にあるか。青年がハイテク文明の現実に直面しなければならない時代に、あなたの伝統は洗礼についてのエキュメニカルな理解にどんな貢献をしているか。

⑬あなたの伝統では聖餐の意味は何か。今日、同定され得る、またそうされるべきであるほかの意味があるか。あなたの伝統は他の伝統から、また神学的に関わっている社会的分析から、聖餐について何を学ぶことができるか。

⑭最後の分析で示した、現代のテクノロジーの前では象徴的行為と宗教的儀式は実際無力であるという見解は、

本当ではないのか。もしそうならば、なぜそれらを行うのか。またもし本当でないならば、それらはどのように違うのか。

---

(1) van Leeuwen, Christianity in World History (New York : Scribner's, 1964).
(2) Gustafson, Ethics from a Theocentric Perspective. 2 vols. (Chicago : University of Chicago Press, 1983-84).
(3) Gibson Winter Liberating Creation : Foundations of Religious Social Ethics (New York : Crossroad, 1981) を参照のこと。
(4) Joseph Fletcher Moral Responsibility : Situation Ethics at Work (Philadelphia : Westminster Press, 1967) を参照のこと。
(5) van Leeuwen, Christianity in World History (New York : Scibner's, 1964), 54
(6) Ellus, The Technological Society (New York : Vintage Books, 1964)
(7) Sinn, Forced Options : Social Decisions for the Twenty-First Century (San Fransisco : Harper & Row, 1981)
(8) カウスマンの講演 Nuclear Eschatology は一九八三年三月発行の JAAR の三～一四頁にある。一連の講義は Theology for a Nuclear Age (Philadelphia : Westminster Press, 1985) に収められている。この段落の引用はその八頁による。
(9) Weizenbaum, Computer Power and Human Reason : From Judgement to Calculation (San Francisco : W. H. Freeman, 1979).
(10) Turkle, The Second Self : Computers and the Human Spirit (New York : Simon & Schuster, 1984), p.274.
(11) Turkle, The Second Self, p.276.
(12) Wiener, God and Golem, Inc. : A Comment on Certain Points Where Cybernetics Impinges on Religion (Cam-

bridge : MIT Press, 1964).

(13) Turkle, The Second Self, p.32 等。

(14) 世界教会協議会 Baptism, Eucharist and Ministry (Geneva : WWC Press, 1982)を参照のこと。

第九章　多元化とスチュワードシップの将来

本書でこれまで論じてきたことは、公的生活に関連している現代神学と、現代の複雑な社会によって形づくられている経済《パブリック・セオロジー》が両方とも不可避的に多元的で、ダイナミックだという事実が前提とされている。一致ではなく、多様性が現代生活の支配的特徴である。そして固定化した安定性ではなく、ダイナミックな変化が社会的存在の特徴なのである。おそらく人間の歴史の中で現代ほど多元的でダイナミックな社会はない。実に、「多元的」や「ダイナミック」という言葉は、物事の存在のあり方を記述するだけでなく、物事の当為について規範を与えるものにもなってきた。もしわれわれが現代社会においてスチュワードとなり、また現代社会に対するスチュワードとなるならば、ダイナミックで多元的な社会的分析に関連した多元的かつダイナミックな神学的枠組みによって導かれる必要があるだろう。

もっとも悪質な専制君主をのぞいて、だれも権力主義的な社会や全体主義的国家、独占的経済、あるいは一つの決まった方法で操作するテクノロジーを望んではいない。実際、こういうことが起こるところではどこでも、そのような文明を支配する圧制者がその必要性を論ずるのは、ただ次のような理由からである。すなわち、文化、政治的秩序、経済状況、あるいはその他の社会領域が一時的に非常に困難な状態にあるため、必要性のある専制、しかも異常な専制によってしかあらゆるものを分裂から救えないというのである。多元性の否定を正当化する理由として用いられるのは、いつも「緊急性」であって「通常の」生活ではない。強制された一致は十分な統合を再確立するための手段として述べられ、新しい基盤の上にいつかは多様性が繁栄するというのである。世界中の――アフガニスタンからニカラグアまで、リビアから南アフリカまで、イランから朝鮮まで、チリからインドネシアまで――中央集権的政府は次のような命題を要約している。すなわち、一致を極端に強調するのは「純粋な」多元主義の追求の一つの側面にほかならないというのである。――しかし、それは耐えがたいほどの分裂によって崩れることはなく、単純に相争う勢力へと分極化するものでもない。

多元主義――祝福と呪い

前に見てきたように、一致を伴った多元主義と多様性を伴った一貫性という、形而上学的・道徳的概念は、政治的には「立憲デモクラシー」を生み出してきた。だれもが少なくとも真のデモクラシーというゴール――道徳的、社会的、そして法的な一貫性のなかで多元主義を包含し、少数者、意見の相違、反対意見に保護を与えるもの――を目指して働いていると主張する。経済的には、多元主義と一致の追求から社会内の会社《コーポレーション》的な資本主義が生じてきた。それは経済活動を統制し、市場の活動で不利になった者に保護と機会を与えるものでもある。しかし、これまでみてきたように、この構造には潜在的に困難がある。なぜなら、その「資本主義」的側面が一貫性のない個人主義的な競争に衰退するからであり、また「会社《コーポレーション》」的側面が、容易にオイコス（oikos）やポリス（polis）の有力なエリートと結び付き、効果的な多元主義が保護されないことになるからである。そして技術的には、多元主義は、多様なコミュニケーションの手段によって新しい「社会的精神」が形成される社会に固有のものであり、またそれは、あらゆる形態の生命が潜在的に犠牲となってしまう技術的兵器の拡散によって脅かされているのである。また、多元主義は、現代の西洋のような文明と、エキュメニカルな教会のような宗教的集合においては祝福として理解される。そこでは指導者が、以前は無視されていた人々の声に耳を傾け始めている。女性、黒人、ヒスパニック、アジア人、アメリカ原住民に関する報告のなかには、白人や男性エリートの横柄な独断によって味わされた痛みや怒りをあらわしたものがあるが、そういうことを聞くと、われわれは多元主義を賞賛することができる。一般的な話に洞察、経験、そして知恵がもたらされ、一般的な活動に才能、希望、活力がもたらされた。そして公共の制度に献身、寄付、熱心さがもたらされたのである。――かつて排除されていた人々による、このような貢献が生の範囲を多様化し、豊富にする。しかしそれ以前の生は、多元主義について語ったかもしれないが、完全に統一された支配を例証したものであった。

また社会的な多元主義が祝福であるのは、それが人間の人格の発展のために多様な機会を与える時である。たとえば、収入のある仕事につく。有益なものを構築する。よい音楽を聴く。より大きな共同体に影響を与える政治的決定に参加する。家族や友達の愛と優しさを経験する。良書を読む。よい演劇を観る。日常生活で運動を楽しむ。これらのことができるとき、人間の人格は確かに高まる。知性、肉体、精神が豊かになる。日常生活のこのような多様性が、生をより完全にするのである。もし人々にそのような機会の多元性が否定されていたり、あるいは人々が一つのことに非常に熱心に関与するあまり、他のことに無理解になるならば、すべての宗教、文化、そして文明にとって、そのような状況は締め付けの厳しいものとなる。心の純粋さは一つのことを意志することであるというキェルケゴールの考えが妥当性を持つのは、その一つのことが十分に多岐にわたっていて、多元主義的な実現を認める場合のみである。

しかし、多元主義とそのダイナミズムは呪いでもあり得る。多元主義が一種の偶像となり、万物の無規範性を擁護するための頼みとされる時、多元主義は決定的に予想に反するようになる。アノミーという祭壇にむかって礼拝し、誰でも信じていることはみな主観的であるが故に、われわれは確証をもって何かについて発言することはできないと主張するならば、そこにはこの神多元主義を真剣に扱う理由さえないのである。もし、すべてが完全に「遠近画法的」(perspectival) であるために、われわれがそれ自体、真実なもの、公正なもの、正しいもの、あるいはよいものである何かを想像できないとすれば、はるか昔ヘラクレイトスが直面したのと同じ問題にわれわれも直面することになる。それは、すべては流転の状態にあり、われわれは決して二回同じ川に足を踏み入れることはできないということである。しかし、彼は「生成流転」が永遠に真理であり、他のどんな遠近法よりも確かであると主張したかったのである。彼は、二〇世紀にアインシュタインが認識したであろうことをまったく認識していなかった。すなわち、相対性に関してさえも次のような認識が必要なのである。それは、流転における実在には、安定的な超越的実在に根ざした一貫性を持った、不変的で浸透した様式があるということである。彼は言う。「神が世界とサイコロで遊んでいるとは信じられない」。

　不変的あるいは認識できる方法で真実なもの、公正なもの、正しいもの、善いものはありえないという見解、すべては目前の状況の要求やわれわれの見ている視点に依存しているという見解によって、実に一種のダイナミックな多元主義に導かれる。しかしそれは、現代の経済《ポリティカル・エコノミー》という国際的な世界において、われわれの思想や生を確かに導くことのできる多元主義ではない。この見解が暗示しているのは、神、人間性、あるいは世界というヴィジョンはどれも他の見方より妥当性があるとは判断できないということ、また、われわれにあるのは、現時点でのいくつかの意見、あるいは前後の文脈から生じてきた事柄であって、それがわれわれに何かを要求することもなく、またそれについての根拠が与えられることもないということである。メソジストもいれば、バプテストもいる。仏教徒もいれば、マルクス主義者もいる。リベラリストもいれば、保守主義者もいる。ファシストもいればフェミニストもいる。――そしてそういうところにわれわれがいるのである。他よりも正しい、あるいは悪い集団はないのである。哲学では、ニヒリズムと呼ばれるこの見解の偉大な擁護者としてニーチェが位置している。ニヒリズムでは、もっとも偉大な「意志」を持つ者がすべてを支配するようになると断定するのである。

このような多元主義の見解は、現代社会のスチュワードシップに対する脅威である。どの文明もその根底では形而上学的・道徳的ヴィジョンや、精神的、倫理的指導のシステムを必要としているようにみえる。それは、一般的な生活が多様性とダイナミズムに引っ張られて、その継ぎ目のところでばらばらにならないように、多様性とダイナミズムにどのように構造を与えるかということについて何らかの手がかりを与えるものである。もしこのような導きが与えられないならば、強制力、経済的影響、帝国主義的意志によって操作されるテクノロジーが、専制的な利己主義的理由のためにすべてを決断することになる。

現代の二つの研究書によって、これに関連するダイナミズムを知ることができる。ひとつは、ロバート・ベラーとその協力者によって書かれた『心の習慣』である。(1) ベラーと彼の同僚たちは現代の中流階級のエートスについて解釈を提示した。そしてわたしは、その解釈に反論するのは難しいと思う。ベラーが論じていることは、かつて聖書的洞察や「公的善」を定義しようとする典型的な試みに根ざしていたものを、人民としてわれわれは失ってしまっているということである。人々はかつては共同体意識をもっていたので、それらによって公共神学《パブリック・セオロジー》がもたらされた。しかし今日、事態は大きく異なっている。この著書で報告されている調査では、個人主義的相対主義の姿は「セラピー的表現主義」（therapeutic expressivism）と「経営管理的功利主義」（managerial utilitarianism）という形態になっており、それらはわれわれの文化に蔓延しているのである。第一のものは基本的に心理学的で、われわれが好んでいる生活様式にとって重要であるが故に、われわれのもつ内的価値のあらわれに関係している。第二のものは商業的、コントラスト的な方法を反映しており、われわれはそれによって互いに取引し、利益を維持する物質的結果を得るために環境を操作するのである。この「セラピー的」(therapeutic) と「経営管理的」(managerial) という意味のモデルによって、われわれは客観的に真実なもの、正しいもの、公正なもの、善いものがあるとは想像できなくなる。このような見解では、次のような問題を論ずるための議論の余地はまったく与えられない。それは、現代社会の複雑な制度の中で、より高次の法、あるいは究極的な目的の前に人間には責任があるかどうかということである。人々の大部分が見失っているように見えるのは、ベラーが「第二の言語」と呼ぶ、形而上学、道徳、神学である。そして彼らには感覚と問題解決という第一の言語しかないのである。リアリティーについてのセラピー的・経営管理的 (therapeutic-managerial) なモデルという、複雑に入り組んだ現代の情勢にとらえられている多くの人々は、自分自身を宗教的であると感じているかもしれない。しかし、このような文脈では、宗教それ自体が主に、自己を世界と適合させ、あるいは世界を自己と適合させる手段となる。もしベラーが正しければ、真実かつ公正で、正しく、また善いものであるが故に、政治的、経済的、あるいは現代のテクノロジーの生において受肉すべき「神の言葉」に対して、人間がスチュワードになると主張することにはほとんど意味がないことになる。

このような所見によって第一章で論じられた主題に戻ることになる。もし個人的、社会的存在において公共神学《パブリック・セオロジー》がはっきりとあらわされ、擁護され、具現化されることが不可能ならば、教会は扉を閉めるか、次のことを認めるべきである。それは、教会には、現代性がすでに裕福な人々に提供しているもの以上に、世界に提示できる実質的なものは何もなく、おそらくは個別の支払いで成り立つ、安価なセラピーと自立のテクニックのためのセンターとなるに過ぎないということである。しかし教会が、批判的に吟味された信仰によって、真実で正しく、善いもので、公正なるものを認識するならば、そのとき教会は現代性から絶対的に独立できる。公共神学《パブリック・セオロジー》のスチュワードシップに必要なのは、われわれが、公共神学《パブリック・セオロジー》にささげられた共同体を形成し、擁護し、活発に組織化するということである。

まったく異なるレベル――国際的、異文化間のレベル――でも類似の問題に直面する。これらの問題はW・C・スミスの『意味と宗教の終焉』で力強く述べられている。(2) スミスは何年間も世界宗教の比較分析を行い、信仰の現象について記している。そしてそれは、宗教を真剣に扱いたい人々と、信仰の多様性をみるために全体論的な、また判断を加えない方法を見つけようとする人々との間にいる、大勢の人々の現在の態度を考察し、またそれらを明確にする方法がとられている。スミスは、信仰とは「絶対者」への実存的信頼という個人的行為としてとらえるべきであると考える。信仰において根元的なものは、ドグマやサクラメントの執行、あるいはさまざまな世界宗教の認識的な主張とは関係がない。そういうものは非常に変わりやすく、文脈によって決定されるのであって、他よりも真実な、あるいは公正な、あるいは正しい、あるいはよい宗教を見出すことはできないのである。世界宗教のいくつかの伝統は、人間の信仰という一つの歴史の側面であるにすぎない。重要なのは「信じていること」(faith-ing) であり、信仰の内容は関係ないのである。

しかし、この見解が多元主義に対して見かけほど開かれているかどうかは疑わしい。この見解は信仰の心理力学を同質化しているだけである。また、次のような事実を真剣に取り扱っているようには見えない。それは、世界宗教がそれぞれ真理を主張すること、信仰の一般的経験においてはすべての事例が同等であるが、しかし世界宗教は自己をそのなかの一つの偶発的な事例としては見なしていないということである。また、特定の信仰の内容は文明の形に対して決定的であり、一貫した一致のなかで多元主義を許容する信仰もあれば、許容しない信仰もあるという事実についても真剣に考えられていない。確かに、信奉者が考え、行い、信じ、そして実行していることのほとんどが見当違いだということを示す世界観を、スミスがさまざまな宗教に課していることはもっともらしく思われる。しかし、このような見解からは次のことが理解できないことも確かである。それは、専制か混沌に押しやるように思われる宗教もある一方で、どのように宗教が社会と歴史において一貫性のある多元主義への傾向をもつかということである。

しかし、もしも公共神学《パブリック・セオロジー》の立場から、宗教によって影響を受けているものとして社会的歴史の構造を見始めるならば、多元主義についての現代のセラピー的、経営管理的見方という社会心理学（そこでは多元主義が偶像となり、真理と正義について語るいかなるものの実在も疑わしくなる）、あるいはしばしば世界宗教の相対性に対してとる態度のどちらでも、多元主義の本質と特徴について現在よりもさらに根本的な問題を問わなければならない。このような形態の多元主義はしばしば、直接的に相対主義、無規範性へと導くのである。

キリスト教の伝統の一部、そしてとくにプロテスタンティズムには、相対主義へと向かう現代の傾向に責任がある。半世紀以上前、パウル・ティリッヒは「プロテスタント時代の終焉(3)」を宣言した。彼によれば、キリスト教の預言者的衝動は宗教改革において生き生きとした新しい様式になり、「プロテスタント原理」を生み出した。この原理はすべての宗教や文明に対して遺産として働いている。神の超越的実在をとらえ、究明できるものは、自然や歴史のなかにもないし、人間の発明によってつくられたものにもない。したがって、人間の系統的な論述、理論、社会秩序のすべてに対する預言者的不信は、深遠かつ妥当性をもつ運動のすべてに本質的なのである。

しかし、われわれはプロテスタント時代の「終焉」に行き着いた。なぜなら、プロテスタンティズムの多くの部分が、告白される使信の正当性をいかに実証できるか、そして、それがどのように文化、哲学、科学、社会生活の構造に伝わるかということについて建設的な見解を述べられないということを証明してきたからである。プロテスタンティズムは、抵抗の原理の理解に基づいて、文明の偶像崇拝とイデオロギーについての批判を与えることができる。しかし、抵抗の精神を強調し過ぎると、政治的、経済的、技術的、科学的、そして芸術的構造に責任をもつ人々に対して建設的に語ることがほとんどできなくなってしまう。他の領域ではティリッヒに対してどんなに批判的であろうとしても、彼は相当重要な問題を確認したと言い得るだろう。思想や社会においてさまざまな「恩恵の形態」を探すべきかもしれない。それによって、われわれは現代生活の多元主義とダイナミズムを保つことが許される。しかも、それは多元主義とダイナミズムに対して、容易にアノミーへと後退し得る多様性を越えた一貫性をももたらすのである。

今日、三位一体の神学をはっきり述べ、それを擁護し、またそれが公的な議論や現代の経済《ポリティカル・エコノミー》に関連があると主張するならば、もう一つの段階へと進まなければならない。そして、一貫した一致のなかでの根本的な多元主義が生の公的な制度に必要であるということを示さなければならないだろう。

社会における多元主義の必要性

確かに、多元性への傾向はどの文明にも固有であると論じることができるし、どの文明にも制度的な組織化についてある種の多元主義が必要である。このことが真実なのは、われわれ人間が多種多様な役割を担った多面的な被造物だからである。そして、われわれが全人格的存在として生まれ、また生存可能な共同体に生きるとすれば、その役割を実行しなければならないのである。構造とダイナミズムの多様性が保てなければ専制へと至る。そして、どうすればこれらの多様性を一貫して秩序付けることが可能であり、またそうすべきであるかということがわからなければ、アナーキーにいたる。神学的にも個人的にもこれは真実である。確かにそれは社会的な事例である。どの文明にも核心的制度がなければならない。それがなければ、どの社会も時を越えて存続することはできない。

第一に必要不可欠な制度は家族である。人間は性別をもつ被造物であり、どこでも男性と女性が一つになる方法を見つけている。しかし、われわれの性のダイナミズムは多面的である。もしこれらの関係を秩序付ける方法がなければ、一方では搾取と支配、他方では混乱と無秩序によって、われわれの感情、日々の生活様式、そして子どもの運命が分裂するのである。

共同体にとって第二に必要な構造は政治的組織である。内部や外部からの暴力の脅威が十分に取り除かれているような社会はない。そのような社会ならば、共同体を守り——必要ならば力を用いて——社会的生存と幸福のために必要な福祉への貢献を要求するための権威を構築する何らかの方法が少なくとも存続するであろう。

さらに、あらゆる文明の第三の機能的必要条件は経済《ポリテイカル・エコノミー》である。これが意味するのは、社会の他のすべての分野に対して製品やサービスをつくるために設けられた特別の制度と、共同体を形成する（すなわち、多様な論理に注意を払い、生物圏を破壊しない「社会的精神」を形成する）生物物理学的領域から資源を得たり、分配する技術的方法の両方がなければならないということである。

以上の領域すべてにおいて、そこで経験される意味をあらわすために、コミュニケーションについての慣例的な手段が必要となる。つまり、家族的組織、政府の組織、生産と分配の組織、そして文化的・言語学的体系が、人間の存在に必要不可欠なのである。それらのうちの一つ、あるいは複数が内部から行き詰まったり、外部から破壊されたりすると、文明は崩壊されてしまう。

しかし、これらの制度それぞれには、違う方向へと向かう異なるダイナミズムがある。男女の交際を妨げるために、経済的、政治的、そして文化的組織を成立させて、男女を引き離そうとしても、そのような努力は長続きしない。文化の摂取を妨げたり、経済的資源をある政治的あるいは氏族的・家族的組織のなかに完全にとどめようとする計画が持続して効果的であるということはあり得ない。新しい家族、異なる政治的党派、分散している経済的利益と階級、意見を異にするサブカルチャーは常に発展している。これらの組織の一つを他の組織への強制によって抑制しようとするのは、一時、生を非常に困難にするが、決して完全には効果があがらない。実際、もしこれらの組織のいずれかが崩壊し、他の組織の一つ、あるいは複数の組織に取り込まれてしまうのであれば、文明から失われるものがある。たとえば、家族的生が単に経済的収入や政治的権力の手段、あるいは文化的な固定観念への順応になるのであれば、人間の性の本来的なダイナミズムが破壊され、社会のいたるところでゆがんだ形であらわれてくるだろう。もし政治的生が他の組織――家族的かつ性的な、経済的な、そして文化的な――に完全に服従するならば、政治的決断の均衡をとる能力は削除されてしまう。そしてすでに論じてきたように、生の経済的、あるいは技術的領域が、全体的に家族的、政治的、あるいは文化的制度によって支配されるならば、それらは構築しているというよりも、破壊し始めているのである。

ほとんどの文明で、これらの多様な組織をいっしょに抱えているのが宗教である。――それは共同体において人間の存在に必要な第五の制度である。確かに、宗教が家父長制と同一視されることは多い。（時折、家母長制と同一視されることもある。）また、生殖それ自体のエクスタシー状態、政治制度の支配権、権力それ自体への渇望、ある経済的階級の成功、生産それ自体のプロセス、ある特定の人々の言語、あるいは詩、歌、踊りを生じさせる瞑想とよく同一視される。しかし、宗教がもっと深いレベルで主張するのは、意味についてのもう一つの次元を指示しているということであり、それは存在のこれらの領域の秩序を反映するだけではなく、これらの領域に秩序を与えるものである。実際、文明的生の形成を可能としている宗教はすべて、必然的に多元的な生の制度を一貫性をもって導きながら、それらの相違を保っていく方法を持たなければならないと考えているのである。

キリスト教はその長い歴史の中で、その信仰と特徴的制度である教会を他のどの制度とも同一視することに抵抗してきた。過去における多くの決定的な議論には、まさに、ある特定の家族的、政治的、経済的、あるいは文化的組織をどれほど聖別すべきかという議論があった。われわれはくちごもることも多いが、しかしこの視点から見たキリスト教についてもっとも顕著なのは、キリスト教がこれらの組織のどれかに完全には飲み込まれなかったということである。事実、信仰の歴史における改革運動の多くは、神の真理と正義という核心的なヴィジョンを繰り返し主張する努力から生まれて来た。というのは、教会が他の組織のイデオロギー的付属物になると、そのような核心的なヴィジョンが腐敗する危険にさらされてしまうと考える人々がいたからである。教会は家族のモデルとなり得るし、そこに導きを与えることができるが、しかし家父長制、部族、あるいは氏族集団ではない。また教会は権威をもって語り、政治形態を発展させ、法と秩序の一般的な様式を形成できるが、支配、統治、政治的権力、あるいは政党ではない。教会は富の蓄積とその処分についての説教、教え、行動の指針の提供によって、また団体生活のための契約的な手本を提供することによって、影響を与えることができるが、階級、生産の組織、あるいは経済的倹約の組織ではない。教会は、公正で持続的な直接参加のテクノロジーを可能にするコスモスとエートスに対してサクラメンタルな態度を引き起こすかもしれないが、しかし技術やテクノロジーをもたらすものではない。また教会は自らについてあらわすためにその何千もの形態を利用できるが、しかし文化、言語学的体系、あるいは詩ではないのである。

教会はこれらの組織のいずれでもないが、それにもかかわらず、キリスト教のおもな伝統が賛同してきたのは、宗教的な人であろうとなかろうと、キリスト者であろうとなかろうと、すべての人によってある社会的諸構造が認識されるべきだということである。キリスト者はこれについてさまざまな方法で語ってきた。カトリックの伝統は、「自然法」の中に、人間の理性や良心によっても認識できる神の創造的な意志のしるしを見た。宗教改革者たちはしばしば「神の法」について語った。それは創造主なる神の法に基づいた共同生活の様式であり、被造物であるすべての人間はその神の法に義務付けられているのである。また神が生命の保護のために確立した、創造の「秩序」や「身分」、「相対的領域主権」、あるいは「委任統治」について言及した者たちもいた。このような教理的な論述は悪用されることが多く、これらについてどのようにしたらもっともよく理解できるかということに関する合意は不完全である。しかし、これらはすべて創造された人間の存在の重要な事実を指摘している。すなわち、われわれがもっている相対的な程度の自由では変えることのできない、多様な生の次元があるということである。そしてわれわれは、それらの様式の統合性を破壊し、まさに人間の生の構造を破滅させるために、その自由を用いることができるのである。

多元主義を維持し、それに一貫した秩序を与えるために、教会は次のような教理の部分からおもな糸口を取り出さねばならない。それは、核心的制度の現在の構造を単に反映しているだけではなく、人間の存在の多様性が現在の生の文脈にあらわれて来るような方法で、その制度のいくつかの分野に規範的な形を与えることのできるものである。

そこで、過去の議題であり、今は将来の議題となっているスチュワードシップについての一つの領域を考え始めよう。それは公共神学《パブリック・セオロジー》の継続的な育成と精錬である。この公共神学《パブリック・セオロジー》は、社会、文化、サブカルチャーの広い多様性のなかで人々の生の必然的な多元主義的構造を支えることができるような方法で、生の核心的制度の多元主義に一貫性を与えることができる。今日、われわれはみな間接的にこれらの核心的制度の多元主義を認識するだろう。新聞や雑誌には、これらの制度のそれぞれに関する特別な部門があることが多い。住宅、政府の建物、工場、商店、劇場、そして宗教的施設には、独特の建築様式がある。また、われわれの振舞いは、家族的状況の中にいるか、政治的運動の最中か、また仕事中か、コンサート会場あるいは教会にいるかによって多少変化する価値に従っているといえる。しかし、人間が専制と混沌という絶え間ない恐怖を回避できるようにするために、このような多元主義的制度へ完全な一貫性を与えることができるのは何かということについては確証がないのである。現在広く受け入れられているセラピー的、経営管理的モデルが、分裂を引き起こさずに、持続して社会を支えられるとは思えない。また、「信じていること」に実質的内容がなければ、その「信じていること」への確信によって一貫性を見出すことは不可能である。かつてそうだったようにプロテスタント原理のみへの信頼でわれわれが助けられるということはないであろう。恩恵の可能的な形態という建設的ヴィジョンが必要なのである。

実際、それは急を要している。なぜなら、今日われわれは多元主義のもう一つの次元に直面しているからであり、その次元によってわれわれの困難が形成され、またそれはスチュワードシップと経済《ポリティカル・エコノミー》の両方に対して重要な意味をもっている。家族的、政治的、経済的、技術的、そして文化的生においてその様式を批判的に評価できる公共神学《パブリック・セオロジー》を、われわれは絶えず補充し、発展させなければならないというだけではない。われわれはまた、未だ十分に定義されていない、多元主義の新しい複雑性に直面しなければならないのである。

そこでわたしは専門職（professions）について言及しよう。生の役割、制度的形態、現代の専門職の発展との関連に含まれる個人的アイデンティティと社会構造の両方の変化は、おそらくテクノロジーと会社《コーポレーション》以外のどの発展よりもドラマティックである。というのは、この二つは専門職と密接な関係があるからである。

専門職――多元主義の新しい複雑性

専門職がどのように発展し、それが社会の核心的制度にどのような影響を及ぼしてきたかということについて簡単にたどっていけば、専門職の興隆によって意味されることがいくらか理解できるだろう。既に記したように、どの文明にも、家族的生、政治的権威、経済的生産性、そして文化的活動に関する方法がなければならない。また、強制的で一貫性のある意味の様式のなかで人間の生のそのような多様な側面を主張する形而上学的・道徳的ヴィジョンもなければならない。しかしその一方で、そのような多様な側面は社会的コスモスという活躍の場を与えられる。そこでは、それぞれが他からの不当な圧迫を受けることなく、ふさわしい目的とダイナミズムとを追求できるのである。西洋の歴史では、教会はこのヴィジョンの主な担い手であった。しかし教会もまた重要な制度の一つであり、社会的、制度的発展を担う、さらに別の階層の成長を促した。そしてそれによって、現代的専門職がつくられ、様式全体が修正されたのである。

教会のある所にはどこでも、学校の発展が促され、またそれとともに教えるという専門職が出てきた。ディダケーのために使用された、教会のもっとも古い資料から明らかなのは、青年の教育と将来の指導者の育成に従事するという使命、つまり神からの召しを感じている指導者たちがいたということである。もちろん、どの複雑な文明にも青年の教育と学者の訓練のための専門的な施設がある。しかし、それらは大抵常に、オイコス（oikos）やポリス（polis）に集まっている。たとえば、古代インドの父親は導師を雇い、家に入れて子どもを教育した。また古代中国の一族は優秀な青年を宮廷の学校へ送って学ばせ、部族的宗教のメンバーは青年を通過儀礼のために送り出した。このような教育の形態は本質的に、学ぶ者をカースト、国、あるいは部族の古典的知恵や伝統的知識と統合させるために機能した。同じ傾向は西洋にも見られるが、しかしより顕著なのは、このような訓練とは異なる学校の創設である。そして現代の知的生が発展したのは、これらの学校においてなのである。

これらの学校について重要なのは、学校が原理的にも社会的組織においても生の核心的制度と異なっており、それゆえ批判的学習の場を与えて、学ぶ者をその核心的組織の直接的な支配の外に出したことである。学校によって人々はその第一の関わり合いから分離され、また核心的組織の構造やダイナミズムを批判的に評価するための分析的手段を発展させることができるのである。

教会が拡大した何世紀にもわたって、教会がある所にはどこでも学校が常に発展したのである。そして、その時代に優勢だった家族的、政治的、経済的、そして文化的様式とのあいだに相当な緊張関係をもちながら、それがなされたのである。今日でさえ、教会が後援する伝道運動は——国内であれ外国であれ——多くの場合専門的教育者が配属された学校を設立する。この遺産は深く浸透しており、政府によって設立された公立学校や大学、またカリキュラムの決定に親が深く関わることのあるところでも、基準、カリキュラム、評価、質に関しては、専門家にある程度、独立的な統制権が与えられている。

法律は、神学と教会に深く影響を受けてきた第二の専門的領域である。その現代的な精密さは、現代社会の多くの構造に対して決定的である。[4] ほとんどの文明において、法律は政治的支配者が言うようなものであり、文化の知恵を表す者たち――賢者、年長者、詩人――から忠告を受けるものとして（たしかにそうであるが）、またそれ以上に、経済《ポリテイカル・エコノミー》の大音響を調節する人たちから影響を受けているものであることが多い。しかし、聖書的伝統に由来する宗教では、法律の基本原理には、政治的指導者、賢人、そして世俗的な知恵者も従うとされている神的起源があると考えられている。教会法の形成と、その解釈と適用を専門とする専門家の訓練とは、政治的権威によって広められる「市民法」と、家庭内の事柄における父の言葉というほとんど最高に近い権威の両方と直接、衝突することが多いので、法律とそれを実施する専門家は、善悪の超越的基準である平等と正義に依拠していると見られてきた。しかし、専門的な基準という概念と司法の「独立」は、この長い歴史的発展の二つの現代的なあらわれである。このような法律の理解は、われわれがその人生のほとんどを過ごす核心的共同体からの分離を含んでいる。

教会に影響された第三の専門的領域は医学である。どの文明にも魔術的な医者や癒し手はいるが、歴史的に病院は教会によって建てられてきた。十字軍以前の「ホスピタル騎士団」という集団の創設から、宣教の一部として宗派による「新生者の国」(newer lands) においての病院の創設まで、教会は医学という現代の専門職の形成にあたって主要な力であった。実際、医学は――教育、法律、そして牧師職のように――現代的な専門職を生じさせた典型的な「天職」の一つとして扱われてきた。そして、世界的な規模の宣教活動によってキリスト教が伝えられるところではどこでも、看護婦、医師、準医療従事者が訓練され、診療所や高齢者や重病者のための施設が設立され、あらゆる種類の病院が創設された。

しかし、第四の専門的領域が発展してきており、それは教会からの影響がもっとも少ないものである。すなわち、エンジニアリングである。もちろん、間接的に教会の証しはここでも重要である。自然は合理的かつ「堕落している」ものであり、それ故に人間を救済するための神の計画に調和するようにそれを変えることができるというキリスト教の信仰は、暗にエンジニアリングを支持している。さらに教会によって育成された教育、法律、そして医学の施設は、伝統的な科学的技術の変容に刺激を与えた問題についての考え方を発展させてきた。——それにもかかわらず、ガリレオのように、教会が新しい科学的発展に抵抗した有名な例がある。

歴史的な事例が何であれ、確かに真実なのは、今日、商業、政治的業務、工業、そしてテクノロジーと関わっている、種々のテクニカルな専門職が、実行可能なキリスト教的天職として考えられているということである。そしてまたそのような領域での仕事が生、自然、社会、そして人間の運命についての通常の考え方からの分離と関係しているということも真実である。これまで見てきたように、今日これらの専門職が主力となっている制度的な場は法人《コーポレーション》組織である。実際、多くの学校や大学、病院や医学的研究施設、そして法律事務所は法人《コーポレーション》として組織されている。

われわれの目的にとって、これらの専門職の発展について注目すべきは、それらが核心的制度のそれぞれの構造とダイナミズムを変えるという事実である。子どもたちは学校に送られ、専門家の手に渡され、両親、文化的知識人、あるいは経済的関心の直接的な支配の外に出る。国家でさえ、ある程度「学問的自由」を尊重しなければならない。病人は病院へ送られ、容疑をかけられた犯罪者は法廷へ送られる。そして経営者と労働者は自分の仕事をするために会社《コーポレーション》に行く。これらの制度はそれぞれ原理的に、他の社会的制度の影響と異なり、また他のいずれの専門的制度の直接的支配とも異なっている。それ故に、あらゆる社会に必要な、組織化された多元主義のこれらの核心的な様式に加えて、構造的な多元主義の付加的な階層が現代社会に組み入れられている。「専門的」制度は現代の複雑な社会組織の存続のために必要である。複雑な文明はかなりの程度、現代生活のこのような専門的分野の健全性と功績に依存している。もしこれらの集団のいずれか——教育的組織と教師、司法的組織と法律家、病院と医療関係者、あるいは会社《コーポレーション》とエンジニア——が失敗し、腐敗し、あるいは社会全体を支配しようとするならば、それは文明への脅威になる。

生の専門化の物語はまだ終わっていない。それは驚くべき度合で世界中に起きている。伝統的社会の変化と、資本主義と社会主義の文脈との両方において、現代的であることのしるしは、その土地に根ざした大学、病院、そして専門的法律家とエンジニアの組織が発展していることである。外国の影響によって伝統的文化が変化させられることに抵抗する発展途上国の指導者は、それにもかかわらず、できるだけ早く、外国の影響を伴う制度的様式と専門的な知識を採用しようと励むのである。リベラリスト、保守主義者、進歩主義者、急進主義者、反動主義者は、インテリぶる大学、特権を持つ金持ちの法律家、金に貪欲な医者、そして粗野なテクノクラートに対して敵意を持つ。しかし、それにもかかわらず、彼らは自分の娘や息子がそれらの分野のいずれかで専門家になり、あちらこちらの学部、法律事務所、医療スタッフ、会社《コーポレーション》の役員、あるいは工業技術の会社《コーポレーション》に入ると、この知らせをすべての友人と一緒に喜ぶのである。

さらに、いたるところで専門化の精錬が進んでいる。今はもう単に教師になるのではない。政治学、芸術、経済学、科学、あるいはその他の専門分野の教師になるのである。そして単に一般的な意味で弁護士業を開業することはほとんどない。むしろ、憲法の法律家、法人《コーポレーション》の法律家、法医学を専門とする法律家、特許についての法律家になるのである。一般開業医はきわめて数が少なく、エンジニアリングの細分についてはマサチューセッツ工科大学の学部のように多数に分かれている。

専門化が生のその他の領域すべてに広がって、様々な社会経済的階層を通して進んでいるということも言えないわけではない。美容師、音楽監督、バスケットボールの選手、交通管理者、廃品処理者、保険の外交員においても専門的組織が発展してきており、これらはそのほんのわずかな例に過ぎない。そして今日、もし自尊心の強い親がいたとして、児童心理学者や発育の専門家、そしてその他の数多くのスペシャリストの書いたマニュアルを定期的に参考にすることもまったくせずに、自分の子どもを育てることができるだろうか。このような専門職の多元主義は社会の構造に影響を及ぼすだけではなく、現代の経済《ポリティカル・エコノミー》における生についての考え方とそこでの生活様式に直接的な意味を持っている。このような専門的活動の領域はすべて、ある直接的な意味で、伝統的なオイコス(oikos)と政治的支配の両方から独立している。しかし、それらは全て家族的生、コミュニケーションのための文化的・言語学的体系、政治的態度の形成、そしてテクノロジーの形態に多大な影響を与えるのである。典型的な社会主義のイデオロギーも典型的な資本主義のイデオロギーも、これらの発展の重要性については対処できないように見える。

　われわれは「専門家」の社会をつくり始めている。そして各人は、たとえ全体という概念をほとんどもたず、自分の役割が全体にどれほど貢献しているかを知らなくても、全体のために重要な何かを認識しており、またそれをすることができるのである。過去に全体というヴィジョンを与えていたもの、すなわち宗教は、自らをさまざまな種類の専門家のひとつに引き下げている。そして、ほとんどの人々が多くの時間と多くの精神的エネルギーを費やすものに直接的には関わらないのである。聖職者はさまざまな専門職がその日常生活で直面するたぐいの問題について語るための備えをほとんどしていない。実に、多くの聖職者は大勢の人々が何をしているのか理解できないのである。もちろん、このことはすべて、公共神学《パブリック・セオロジー》でわれわれに何が求められているかという問題と直接的に関連している。

　宗教改革とこのような現代的発展の間で、天職と契約というキリスト教の教理が現代的制度の形成にあたり、とくに決定的な役割を果たした。前者が強調したのは、神がこの世での特別な職務と役割のために各人を召し、それを行うために必要な賜物を与えているという考えである。聖職への「召命」は「万人祭司」へと広げられ、ついにはあらゆる個人の天職という考えにまで広がったのである。そしてその天職は、神の法と目的の下での勤勉な働きの中に生き続ける「専門職」という考え方に受け継がれたのであった。契約の教理は規律ある共同体の形成の適切さを強調する。そしてそれは、相互の啓発や行動にたずさわり、また人に仕えることで神の法と目的に仕えるためなのである。生の忠実なスチュワードシップという個人的、社会的次元としての天職と契約から専門的制度の形成という結果が生まれた。そしてその専門的制度は、全体への責任というより大きな統一的ヴィジョンをもたらす一方で、現代性を多元主義的方向に変えたのである。(5)

しかし近年、天職という観念は、専門的生の支配的概念としてのキャリア（career）という観念に取って代わられている。そして契約の観念は、コントラクト（contract）の観念に取って代わられている。「キャリア」は古代ローマ社会の競争のコースを指す言葉に由来している。それは、激しい競争の中で、たとえば競技トラックを回るような場合に、前に出て、他者に勝利することによる達成を指す言葉である。この言葉の本性は言語学的に見出すことができる。たとえば、われわれはコーナーを「全力で走る」というのである。また、この言葉の本性を実質的にも見出すことができる。つまり、専門職を「ラット・レース」（愚かな競争）と呼ぶことができるのである。また「コントラクト」という言葉は、政党間の有効な合意を意味している。そこでは持ちつ持たれつ、という関係が確立されるが、それはしっぺ返し（tit-for-tat）に基いた物品やサービスの交換なのである。コントラクトは個人間でなされ、その規則は政党によって作られる。対照的に、契約が想定しているのは、そのような相互作用がすべてより高度な法の下で、共同体のより大きな善のためになされなければならないということである。

天職と契約がキャリアとコントラクトになるという「世俗化」によって、ヒンドゥー教徒、仏教徒、イスラム教徒、そしてヒューマニストは、かつてキリスト教の神学的根拠によって確立された様式に参加できるようになる。このような専門化の様式が発展し、他宗教の人々に取り入れられて行くにつれて、他の文明というパンのなかのイースト菌として、キリスト教的前提という残りの酵母がますます働くであろうと考える学者もいる。また神学的基盤はまったく完全に遺産となっていて、専門職は非神学的基盤によって進まなければならないという議論もある。というのは、専門職は純粋に合理的かつ経験的な根拠による発展に基づいており、それぞれ自律性を与えられているからである。

しかし、この提案は適切ではない。たとえとして大学付属病院の状況を考えてみよう。医師、民生委員、家族セラピスト、そして看護婦が、重病の患者に生命維持装置をつけたままにするかどうかという問題に直面したとき、教育的、法的、医学的、そして技術的問題は共通の結論を出せないだろう。彼らは、それぞれの程度に応じて、文化的価値、家族の要望、あるいは経済的な実現可能性と衝突するであろう。しかし統合された結論は出さなければならない。もし、これらの専門職を導く統合的な形而上学的・道徳的ヴィジョンがないとしたら、考えられ得るのは、専門職やその制度が崩壊するか、政治的権威によって特定の方向へ統制が委任されるということである。このようなさまざまな専門職と専門的制度の結論は同じではないことが多い。それらはそれぞれの異なる方向へと向かって行き、生についての異なった理解に従って作用することもある。そしてもし指導的な公共神学《パブリック・セオロジー》がなければ、専門職の相対的な独立性と現代の経済《ポリティカル・エコノミー》の多元主義的構造とを切り捨てるという行動によって、決定が強制されるように思われる。

しかし、教会にとってまさに重要なのは、これらすべてのレベルの多元主義がわれわれの生のスチュワードシップについて意味していることである。少なくともそれは、われわれ人間が、生のすべての領域と広範囲に並ぶ可能性において様式の変化に直面していることを意味している。そしてまた、多くの人々にとって、キャリアでの達成が人生の主要な目的になり、すべての関係が対照的になって、価格が正しければ契約の再交渉に従うようになっていることをも意味している。実際、信者はキャリアを高めたり、正しい交渉を行うための可能な手段として教会を利用する気になっているのである。

近年、教会はむしろ現代の複雑な文明の変化に取り残されている人々に特に焦点を当ててきた。それは、孤独な人、失業者、非専門職従事者、政治的生における無力な人、家庭生活で性別に固定化された役割にとらわれている人、善悪の文化的定義によって人種的に固定化されている人である。それ以上に、教会は、複雑な文化によって混乱し、利用されてしまった、より単純な文化に手を差し伸べて、その叫びを聞くことと、苦痛を取り除くことの両方をしようとしている。——それは、そのような文化の発展を助けるために、教育、法律、医学、そしてエンジニアリングの専門家を派遣することでもあり、またあらゆる種類の国内の、あるいは国際的フォーラムでその擁護者となることでもある。実際、生の核心的制度はあまりに混乱しているために多くの点で生が衰弱する傾向にあるところでは、教会が「基盤的共同体」(base communities) を形成している。そこでは、変化と圧迫の苦しみのなかにいる人々が核心的な社会生活の感覚を再び確立することができ、厳しい逆境の下で核心的制度に対する新しい統制を獲得できるのである。

しかし教会は、現代の専門職に対するスチュワードシップと現代の会社《コーポレーション》的、技術的生の様式について多く発言してこなかった。しかしそれらは経済《ポリティカル・エコノミー》に関連し、そして今や経済《ポリティカル・エコノミー》を世界規模にし、さらに絶え間なく拡大させているのである。

スチュワードシップの将来

本書を通じて議論しようとしてきたことは、われわれが何よりも神の言葉のスチュワード（stewards of Word）と呼ばれる者だということである。そしてそれは、聖書、伝統、理性、そして経験という古典的な根拠から公共神学《パブリック・セオロジー》を再生し、書きなおす必要があるということである。このことは永久的な重要性をもつ重大な主題を明確にすることだけではなく、それを実行可能な「キリスト教社会科学」と関連させることをも含んでいる。そしてそれは、われわれが生きている現代の経済《ポリティカル・エコノミー》を形成する間、これらの問題と格闘している人々の努力を拡大し、精錬することでなされるのである。

しかし、われわれは彼らの言うことをただ繰り返すことはできない。この数十年の発展（とくに、異文化間の相互作用の認識、敬虔と政治の関係についての新しい疑念、途方もなく増大する会社《コーポレーション》の役割、核兵器とコンピューターの発達、そして生の専門化）は公的生活の多くの側面に変化を与えてきた。もし、これまでに述べてきたことによって過去の方策と現在の難問との評価が与えられるのであれば、導きを与え、精錬し、破壊的なものを選んで変容させ、そしてまた創造的で贖罪的なものを選んで維持するという方法で、現実の経済《ポリティカル・エコノミー》の構造とダイナミズムとにわれわれの神学を責任ある仕方で結び付けることができるだろう。

第一の必要条件のひとつは、神学校と教会での神学的教育の変容である。広く行きわたっている今の神学教育のかたちでは、現在の挑戦に対する準備がなされていない。神学のレベルでも社会分析のレベルでも、現代のキリスト教的スチュワードシップに必要な思想の基本的枠組みを理解するために、全体から見てキリスト教の指導性が準備されているとは言いがたい。牧師が、現代社会の根本的なダイナミズムと構造について、あるいは何世紀にもわたって発展してきた、神学と倫理が結び付いた教理について説教したり、教えたりすることはほとんどない。牧会心理学について、あるいは教会制度の維持に有効な技術について、神学教育施設で通用するものは非常にたくさんある。どちらについての強調も完全には間違っていない。しかし、どちらについても多くが、われわれの文化のセラピー的・経営管理的前提を単純に反映しているに過ぎないのである。(6)

神学についての現在の理解の多くは、「抽象的」なものへの深刻な不信をあらわしている。そして、これがすべてのなかでもっとも大きな危機であろう。われわれは相対的・抽象的レベルで取り組む意欲がなくては、神学的あるいは倫理的視点から、現代の教育、国際法、現代医学、あるいは複雑なテクノロジーの問題と格闘することはできない。また実際の一般的モデルを発展させることもなく、評価したり変容させたりする際に用いる指導的基準の発展もなければ、現代の会社《コーポレーション》の本質、核兵器の脅威、コンピューターの意義、デモクラシーの構造、あるいは専門職の社会的重要性を把握することもできない。そして、もし経験的研究によってこれらの問題についてのあるレベルの一般的理解を得ることができたとしても、次のような基本的問題についてさらに抽象的な方法で取り組まなければ、われわれが神学的、倫理的レベルでそれらに取り組み、評価できるという証拠はほとんどないのである。その基本的問題とは、人間は、多元主義的世界でこれらの問題を規範的に語る方法に関して公的に擁護できる本質的なものをどのようにして確かに知ることができるかということである。全体に対して何かスチュワード的な手引きを与えることを望むならば、弁証学的、批判的神学と倫理という法廷の前で擁護可能な、形而上学的-道徳的ヴィジョンが何よりも求められているのである。

三位一体の神が真の神であると信じるわれわれにとって、多元主義は、倫理的あるいは社会的信条であるだけではなく、規範的な神学的信条でもある。多元主義に関する形而上学的・道徳的基盤はわれわれの手中にある。ダイナミックな一体性のなかにあり、共同体における個人や個人の集まった共同体という意味で理解されている多元主義は、神の言葉と世界の両方の理解に対する、聖書以後のキリスト教神学のもっとも重要な貢献であろう。それは文明の公的生活に関連している。なぜならまさに、それによって多元主義の本来の基盤と限界が形而上学的・道徳的に明確化されるからである。キリスト者は究極的な実在を単一的に定義することに反対するが、その多元主義的な信仰は一致へのより広い信仰に支配されている。三位一体の神は統合的なのである。したがって、多神論は一致なき多元主義の神学的形態であり、差異を認めない傲慢な単一性と同様に強く非難される。これらの意味を用いると、多元主義についての見方に究極的な一貫性があるかどうか、そして一致についての見方に多様性の余地があるかどうかによって、多元主義と一致の両方は祝福にも呪いにもなり得ることがわかる。世界教会協議会の信仰職制委員会に代表されるように、指導的なエキュメニカルな団体が偉大な古典的信条をどのように扱うべきかという問題を再び取り上げているのは偶然ではない。――彼らはみな根本的には三位一体論者である。

今日、三位一体の神学を明確にして擁護し、それが公共的な議論、すなわち現代の経済《ポリティカル・エコノミー》と関係があると主張するならば、われわれはもう一つの段階に進まなければならない。われわれは、一貫した一致のなかでの根本的多元主義が生の公的制度に必要であることを示さなければならないのである。われわれの先祖が三位一体の教理を発展させた時になしたことをしなければならないだろう。まったく新しい文化的、社会的、そして政治的環境の中で、そこでの公的な議論の言葉は確かに聖書的な信条主義の言葉ではなかったが、われわれの先祖は聖書に基づいた主題を新しい方向で発展させ、それを現時点の政治的、経済的構造の知的かつ社会的現実についての微妙な分析と結び付けることができたのである。

敬虔と権力、霊性と会社《コーポレーション》的な生、コンピューターと核兵器の発展という新しい現代の構造に直面して、キリスト教的スチュワードシップの主な任務は、新しい経済《ポリティカル・エコノミー》の育成であり、それは信仰と奉仕の、規律的ではあるが多様な共同体に根ざし、文化相互的で、歴史的に「キリスト教社会科学」として知られるものの新しい誕生の必要性に絶えず気を配っているのである。もしこれがわれわれの時代の信仰生活に本来的なものになれば、人々は人生に導きを与える天職についての新しい意味と、共同体の中で現代生活の複雑性と格闘するための新しい契約的な方法とを見出すことができるだろう。もし聖職者が三位一体の神学を、現代社会がどのように作用するかという方法への新しい理解と結び付けることができるならば、現代の経済《ポリティカル・エコノミー》のダイナミックで多元主義的構造を評価し、それを変化させる効果的な方法を見つけることができるだろう。そして神の民は行いにおいてスチュワードとなることができるのである。

さらなる研究のための問い

現代の政治、経済、テクノロジーが世界を同質化すると考える人がいる。しかし、今日、われわれはいたるところで多元主義の新しい現実に直面している。この章では、われわれが遭遇する新しい多元主義に対し、われわれが創造的なスチュワードとならなければならないと論じられている。

①もし教会が信じ、教え、生のなかで定めようと試みることが世界に影響を及ぼすならば、キリスト者は新しい生活様式へ他者を導くために準備をしなければならない。宗教の多元主義を考慮して、どうしたら傲慢にならずにそれをなすことができるか。

②われわれ人間には、他者を自分の存在様式や信仰の形態に一致させたいと思う傾向がある。これはあらゆる種類の人種主義や帝国主義に反映している。これらは、デモクラシー、自由、そして純粋な多元主義の尊重を必要とする公共神学《パブリック・セオロジー》の原理と、どのように対立しているのか。

③偶像崇拝が一般的になり得る、誤った形態の多元主義は存在するか。それは「個人主義」に見られると思うか。また「ナショナリズム」についてはどうか。

④「一致のなかの多元主義」はどのようにして三位一体の教理から派生したのか。みなが三位一体論者になるべきか。

⑤われわれは歴史的にしばしばキリスト教を家族、経済、政治、あるいは文化の付加物にしようとしてきた。現代の危険とは何か。

⑥もし現代の専門職の発展が少なくとも部分的には、「キリスト教的天職」から論理的に派生してきたものであるならば、このような専門職について言えることは何か。

⑦現代社会の「専門化」は社会を「立身出世主義」へと導いていると言い得るか。あなたの知っている専門家は天職よりもキャリアに身をささげていると思うか。

⑧もし多くの現代の制度が過去において教会の教えと活動によって設立されたということが本当ならば、今日の教会は将来、制度を作り直すために、何を教え、何をすべきであるか。

⑨キリスト者に今日の、そして明日の世界に奉仕するためによりよい準備をするために何が必要であるか。神学校、大学や専門大学院、そして教会においてどのように神学教育を拡充させることができるのか。

⑩多くの点で、現代の教会は実在理解について単なる「経験論者」になっていると言われている。神学の「抽象

観念」を通して生を見るという新しい意欲が必要であると思うか。

⑪われわれが「プロテンスタント時代の終焉」に直面しているというパウル・ティリッヒの見解に賛成するか。

⑫今日の世界のために神の言葉の公共神学《パブリック・セオロジー》の再構築が可能であると思うか。もしそうならば、その再構築にどんな貢献ができるか。

⑬本書で概説されている概念が、キリスト教的スチュワードシップの本質と特徴をより深く、そしてより広く理解することに対する基礎になっているとすれば、この種の公共神学《パブリック・セオロジー》を促進する制度に対して、あなたは自分の時間や才能の投入を増やし、また十分の一献金を納めようと思うか。

---

(1) Bellah et al., Habit of the Heart : Individualism and Commitment in America Life (Berkerley and Los Angeles : University of California Press, 1984) R・N・ベラー他『心の習慣——アメリカ個人主義のゆくえ』島薗進・中村圭志訳、みすず書房、一九九一年。

(2) Smith, The Meaning and End of Religion (New York : New American Library, 1963).

(3) Tillich, The Protestant Era (Chicago : University of Chicago Press, 1948) ティリッヒ『プロテスタント時代の終焉』(古屋安雄訳)、『ティリッヒ著作集』第五巻、一九九九年、白水社

(4) H. J. Berman, Law and Revolution : The Formation of the Western Legal Tradition (Cambridge : Harvard University Press, 1983) を参照。

(5) John Weagraff, "Covenant and Vocation : Toward a Theologically Informed Social Ethic for the Professions," Ph. D. diss., Boston College, 1987 を参照。

(6)この問題については、国際コンサルタントと共著の今度の研究論文で、いくつか示唆を与えようと試みている。Apologia : Contextualization. Globalization, and Mission in Theological Education. という題で出版される予定である。

訳者あとがき

1．二重の意味で再発見された「公共神学《パブリック・セオロジー》」

アメリカで「公共神学《パブリック・セオロジー》」（Public Theology）という言葉をはじめて使ったのはシカゴ大学のM・マーティだと言われてきた。彼はアメリカの現実主義的政治学者たちの父と呼ばれ、G・ケナンやH・モーゲンソー、A・シュレジンジャーなどに深い影響を与えたラインホールド・ニーバーの神学の性格を説明するためにこの言葉を選んだのである。しかしその後この言葉の使用は拡大され、宗教を個人的な嗜好の問題解消しようとする傾向や、宗教を社会生活から切断された「聖なる島」にしようとする考え方に対して、アメリカの神学が元来持っていた社会的な機能を検証し、擁護しようとする立場の総称となった。L・ケディーがReligion, Theology, and American Public Life（1993）の中で述べているように、「公共神学《パブリック・セオロジー》」とは「偏狭主義（parochialism）、個人化（privatization）、専門化（professionalization）してしまった今日の神学に反対する立場の総称」のことである。「公共神学《パブリック・セオロジー》」を主張する神学者たちは、現代社会において宗教の問題の取り扱いがますます私事化する中で、アメリカ社会において神学が元来果たしていた役割を再発見、あるいは再認識したのである。

ところでアメリカで「公共神学《パブリック・セオロジー》」の意義が、神学の分野のみならず、その領域を超えて注目されるようになったのは、ブルッキング研究所の上級研究員のE・J・ディオーネが編集したCommunity Works —— The

Revival of Civil Society in America（1998）が出版されてからであろう。そこでディオーネは今日のアメリカにおける公共性をめぐっての議論や市民社会論の先駆的な役割を果たした書物がピーター・バーガーとリチャード・ニュッハウスのTo Empower the People（1977）であることを指摘している。そして彼らの立場を「公共神学《パブリック・セオロジー》」と呼んでいる。それはいわばアメリカでの公共性をめぐる議論における「公共神学《パブリック・セオロジー》」の再発見であったと言ってよいであろう。バーガーが良く知られた社会学者であるが、ニュッハウスは日本ではあまり認知されていないかもしれない。しかし彼は公共性をめぐる諸問題に積極的な発言を続けてきたアングリカンの神学者である。たとえば彼のThe Naked Public Square（1984）は版を重ねており、最近出版されたThe Best of "The Public Square"（2001）も好評で既に再版が出ている。

このように「公共神学《パブリック・セオロジー》」はアメリカにおいて近年二重の意味で再発見されたのである。すなわち一方で神学の内部において、他方で神学の外部において。

2. スタックハウスとは誰か、あるいは「公共神学《パブリック・セオロジー》」とは何か

さてニュッハウスが「公共神学《パブリック・セオロジー》」の重要な文献としてしばしば引用するのがこの度翻訳したマックス・L・スタックハウスの『公共神学《パブリック・セオロジー》と経済』である。スタックハウスはハーバード大学の神学専門大学院で博士号を取得し、現在はニュージャージーにあるプリンストン神学専門大学院の社会倫理の教授である。

それでは本書の中でスタックハウスが考えている「公共神学《パブリック・セオロジー》」とはどのようなものであろうか。私見によれば「公共神学《パブリック・セオロジー》」には二つのタイプが存在している。ひとつはキリスト教の歴史の中に存在し、現在もヨーロッパなどには存在し続けている国教会タイプのキリスト教における「公共神学《パブリック・セオロジー》」で、その場合には教会は国家の

一機関として、M・ヴェーバーが言うような意味での「救済アンシュタルト」として存在することになる。そのような社会システムの中では「公共神学《パブリック・セオロジー》」の「公共」は、「公」「私」という図式における「公」のための神学であり、「国家神学」と置き換えてもよいのであり、「公共事業」とか「公共放送」などと同じような意味で用いられている。

しかしスタックハウスはそれとはまったく違った意味で「公共神学《パブリック・セオロジー》」という言葉を用いていると言ってよいであろう。彼が考えているのはいわば「公」「私」という枠組みではなく、「公」でも「私」でもない「公共」の領域の形成に寄与してきたキリスト教会の伝統の中から生まれてきた神学のことである。スタックハウスが考えているのは、既に述べたような国教会システム、すなわち国家の統治システムの一部としての教会ではなく、むしろそれを破壊して、国家教会に対して、信じる自由を要求し、自発的な結社として登場した教会のことなのである。その起源は一七世紀のピューリタンの分離派の教会と考えてよいであろう。このような国教会システムを破壊した教会は、「公」を担う「国家神学」でもなく、個人の心情を取り扱う「実存論的な神学」でもない、いわば「公共性」の領域を形成したのである。そしてスタックハウスのいう「公共神学《パブリック・セオロジー》」とは、そのような「公共性」の領域を形成し、その事柄を取り扱い得る神学のことなのである。

それ故にスタックハウスが本書の序論と最初の三つの章で繰り返し説明しているように、「公共神学《パブリック・セオロジー》」はR・ベラー流の「市民宗教」論や今日アメリカでしばしば耳にする「公共宗教」や「公共教会」論とも異なっているのである。スタックハウスによればそれはいずれも「国家の神学」、すなわち「公」のための神学であっても、「公共」の神学になっていないと考えているのである。いわば「公共神学《パブリック・セオロジー》」は「公」と「私」の間に「公共の領域」を生み出した教会の神学なのである。その教会は「公」を担う「国家教会」を破壊し、いわば社会に新しい「作法」を提示したのである。スタックハウスは現代のアメリカ社会においてこのような意味での「公共神学《パブリック・セオロジー》」が見失われていることによって生じるさまざまな問題点を指摘しながら、「公共神学《パブリック・セオロジー》」の新しい可能性を模索していると言ってよいであろう。彼はいわばこの「公共神学《パブリック・セオロジー》」こそアメリカにおける公共性をめぐる議論の「生みの母」であると考えているのであろう。

3．サンプルとしての「コーポレーション」を主体とする経済活動

このような前提のもとに、スタックハウスは現代人にとっての究極的な問題である「経済」問題を取り扱っている。たとえば私事化した宗教とその神学とは「経済」の領域の問題を取り扱うことができない。そこでは現代のコーポレーションなどは、非人格的な組織で、マモンに仕える信仰者の敵となる。宗教はそのような巨大コーポレーションに対して人間性の回復や、その組織の中で傷つく人々を癒すことを目的とすべきだと言われるのである。それに対してスタックハウスは、コーポレーションが経済活動の主体となった歴史的な経緯の解明を通して、いわばコーポレーションの神学的考察を展開する。彼は社会における経済活動の主体となり得た場所として、家庭、修道院、国家などを挙げているが、コーポレーションによる経済活動の発生というのは、先の公共神学《パブリック・セオロジー》の考え方で言えば、「公」でも「私」でもない場所でも経済活動の開始ということになる。そしてこのような場所での経済活動の開始と、一七世紀の分離派の教会によって生み出された公共性の領域との関係をスタックハウスは指摘しているのである。

そのような指摘は単に歴史研究の次元に終わるのではなく、社会学的な分析に終わるのでもなく、今日のコーポレーションをめぐっての諸問題に対して神学がどのように発言すべきなのかという、いわば問題とのかかわりの作

法の提示でもある。それ故に「公共神学《パブリック・セオロジー》」はさらに市場経済や市場原理について、あるいは民営化の議論についても神学の課題として取り組む必然性を認識しているのである。なぜならスタックハウスは今日のアメリカの社会システムの形成に神学が果たした歴史的な役割を自認しているからであり、さらにはこのシステムがキリスト教という宗教を超えて、グローバスタンダードになっていると考えているからである。

4．宗教は「公共性」をめぐる議論の厄介者なのか？

スタックハウスの「公共神学《パブリック・セオロジー》」をめぐっての議論は、まさにアメリカ的な神学というべきであろう。それは社会システムの深層構造に神学的な次元をもっているアメリカでこそ有効になる議論である。既にのべた宗教の私事化は、今日のアメリカの文脈でいうならば宗教を「公」に従属させる原理主義的な発想を招いたり、逆に宗教をまったく「私」的な嗜好の問題へと解消する傾向を助長しているのであり、アメリカの神学的な伝統が担っていた「公共性」への寄与を失う結果を招いている。それが今日のアメリカのいわゆる主流派教会の衰退と、いわゆる福音派と原理主義の台頭という現象を生み出しているのである。

その結果宗教の立場からの発言は「公共性」をめぐっての議論においてはむしろ厄介な事柄となってしまったのである。スタックハウスはそのような状況の中で、主としてアメリカの教会内部に向かって、アメリカのプロテスタンティズムとその神学が持っていた「公共性」をめぐっての議論における役割の回復を願っているのであろう。彼はアメリカにおいて宗教は公共性をめぐる議論の「厄介者」ではなく、むしろその「生みの母」であると考えているのである。

そしてスタックハウスは「公共神学《パブリック・セオロジー》」は、アメリカにおいては「公共」の領域を形成することに寄与した神学であるが、「公共」神学の形成が同時に「公」としてのアメリカ国家の形成に寄与してきたこともアメリカ史の重要な事実であると考えている。それをめぐってのスタックハウスの議論は、「公共」と「公」との関係を考えるためのひとつのサンプルになるであろう。

最後にスタックハウスは「公共神学《パブリック・セオロジー》」は、アメリカの公共領域の形成に寄与し、そこにひとつの作法を与えたが、特定の信仰告白の立場でも、公共領域のキリスト教化を考えているものでもないことを明らかにしている。むしろ彼は「公共神学《パブリック・セオロジー》」が生み出した原理が逆説的な意味であるが「世俗化」し、スタンダード化したことを重視しているのである。それ故に、本書で断片的に取り扱った諸問題を彼はさらに他の学問領域、他の宗教の立場の人々、他の地域に住む人々との共同研究によって展開しようとして。その成果は『グローバリゼーションと神』というシリーズとして刊行されており、既に第四巻まで刊行されている。

5．翻訳について

最後に翻訳の技術的な問題についていくつかのことを述べておきたいと思う。本書のタイトルにもなっているPublic TheologyとPolitical Economyはいずれも日本語に置き換えにくい言葉であるが、あえて前者は「公共神学」とし、後者は一般的な用語使用例に従って単に「経済」とし、それぞれ「パブリック・セオロジー」、「ポリティカル・エコノミー」とルビをふることにした。また副題のStewardshipも訳しにくい言葉である。あるところで「管理者性」とか「世話役」と訳しているのもみたが、結局訳さずにそのまま「シュチュワードシップ」とした。さらにまたCorporationも翻訳しにくい言葉である。スタックハウスの用法はあえて日本語に移すならば「法人」と訳した方がよい場合と、「会社」と訳すべき場合とがあり、英語ではどちらもCorporationでよいのだが、日本に移すとどちらも意味合いが変わってしまうので、文脈によって訳し分け、それぞれCorporationの訳であることが分かるように「コーポレーション」とルビをふることにした。

翻訳は日本語版のための新しい序文は深井が、序から第三章までを相澤一氏に、第四章を森田美千代氏に、第五章は深井が、第六章と第七章を佐野正子氏に、第八章と第九章とを久保島理恵氏に担当していただいた。最初の翻訳原稿を出していただいた後、著者スタックハウスから修正や訂正、挿入などの指示があったのと、訳文の統一や翻訳技術的な問題による修正をかなり試みたので、最初の翻訳原稿とはかなり異なったものになってしまった。それ故に最終的には深井が監訳者として、訳文についての責任を負うことにした。

当初の計画では、本書は二〇〇〇年五月のスタックハウス教授の最初の来日に合わせて出版される予定であった。その時点で最初の翻訳原稿は出そろっていたのであるが、翻訳の技術的な問題や出版会の事情などもあり、計画は四年近く遅れてしまった。出版をお待ち下さった熱心な読者の方々にはお詫びしなければならないが、遅れたために、その後著者に「日本語版のための新しい序文――日本の読者へ」を書いていただくことが可能になり、またさまざまな改定の指示を受け取ることができた。

この度の出版にあたって、翻訳者たちの共通の恩師である学校法人聖学院理事長・院長大木英夫先生、聖学院大学大学院教授古屋安雄先生のご指導をいただいたことに、また訳者のわがままな注文に忍耐強く答えてくださったスタックハウス教授に、そして山本俊明氏をはじめ、聖学院大学出版会の方々に心からのお礼申し上げたいと思う。

二〇〇四年三月

訳者を代表して　深井智朗

著作紹介

マックス・L・スタックハウス　(Max.L.Stackhouse)

1946年生まれ。ハーバート大学神学専門大学院修了。Ph. D.(ハーバード大学)。現在、プリンストン神学専門大学院教授(社会倫理)。

〔著書〕Ethics and Urban Ethos (1973), Creeds, Society and Human Rights (1984), Apologia (1988) 等多数

監訳者紹介

深井智朗　(ふかい・ともあき)

1964年生まれ。アウクスブルク大学哲学部・社会学部博士課程修了。哲学博士(アウクスブルク大学)。現在、聖学院大学総合研究所助教授

〔著書〕Paradox und Prolepsis. Marburg, 1996, 1999 (2. Aufl.),『アポロゲティークと終末論』(北樹出版),『政治神学再考』(聖学院大学出版会)『文明は宗教を必要とするか』(教文館),『ハルナックとその時代』(キリスト新聞社) 等。

翻訳者　(50音順)

相澤一　聖学院大学特任講師
久保島理恵　聖学院大学非常勤講師
佐野正子　聖学院大学政治経済学部専任講師
森田美千代　聖学院大学総合研究所助教授

公共神学《パブリック・セオロジー》と経済《ポリティカル・エコノミー》

2004年 3 月 30 日　初版第 1 刷発行

監訳者　深井智朗

発行者　大木英夫

〒362-8585 埼玉県上尾市戸崎 1－1

発行所　聖学院大学出版会

電話 048-725-9801 FAX 048(725)0324

E-mail:press@seigakuin-univ.ac.jp

慶昌堂印刷

ISBN4-915832-43-0　C0016

自由と結社の思想

ヴォランタリー・アソシエーション論をめぐって

J・L・アダムズ
柴田史子訳

アメリカの著名な神学者・社会倫理学者、ジェイムズ・ルーサー・アダムズのヴォランタリー・アソシエーションに関する論文を中心に社会理論・社会倫理に関する主要論文を集める。

四六判上製本体三九九〇円

イギリス・デモクラシーの擁護者A・D・リンゼイ

その人と思想

永岡薫編著

リンゼイは、E・バーカーと並ぶ今世紀におけるイギリス政治哲学者の双璧である。本書はリンゼイのひととなりと幅広い思想を多彩な執筆者によって紹介した初の本格的研究書である。

A5判上製本体五四六〇円

正義

社会秩序の基本原理について

E・ブルンナー
寺脇丕信訳

正義とはなにか。実証主義と相対主義の中に国家や法の正義の理念は崩壊したのか。現代世界における正義の原理を考察し、正義が共同社会の中で、いかに適用されるべきかを論じる。

A5判上製本体六〇九〇円

近代世界とキリスト教

W・パネンベルク
深井智朗訳

近代世界の成立にキリスト教はどのような役割を果たしたのか。この問いに対して、ウェーバーやトレルチなどの見解が提示されてきたが、現代ドイツ神学者のパネンベルクは、近代世界の成立とキリスト教の関係を積極的に評価し、さらに現代のキリスト教の諸問題を明らかにしている。

四六判上製本体二一〇〇円

ニコラウス・クザーヌス

渡邉守道著

一五世紀の最も独創的な思想家、哲学者、神学者ニコラウス・クザーヌスについての著者三〇年間におよぶ研究をもとに書き下ろした研究書。クザーヌスの政治社会思想、公会議と教会改革、それに著者の最も力をいれた現代政治思想に対するクザーヌスの貢献を力説する。

A5判上製本体五八八〇円